모름의 인식론과 살림의 신학

모름의
인식론과
살림의
신학

박재순 지음

홍성사

머리글   *006*

1부 / 생명신학, 어떻게 할 것인가?

1장 생명신학, 어떻게 할 것인가?   *010*
2장 생명신학 ─ 주체적인 학문하기의 한 시도   *040*
3장 한국인의 생명 체험과 생명 이해 ─ 묘합妙合과 서로 살림   *064*
4장 생명 살리기에 대한 신학적 고찰   *095*
5장 한민족의 생명 이해와 생명신학 ─ 서로 울림과 서로 느낌   *110*

2부 / 평화를 이룩하는 신학

1장 한국 문화의 평화적 성격과 한국 민주화 운동의 평화사상   *130*
2장 한국 에큐메니칼 운동의 전통과 신학적 유산   *155*
3장 반전反戰, 평화를 위한 신학적 성찰   *192*
4장 동아시아의 평화 ─ 우찌무라 간조와 한국 제자들, 함석헌과 김교신   *224*

3부 / 살림의 신학과 실천

1장 모름의 인식론과 살림의 신학 ─ 관념에서 실천에로   *250*
2장 삶 속에서 몸으로 성경 보기   *281*
3장 21세기와 생명 교회론   *313*
4장 장애인의 현실과 장애인 신학   *345*

주   *395*
참고문헌   *411*

●
머리글

　이 책은 지난 10여 년 동안 쓴 글을 모은 것이다. 한국기독
교 공동학회, 우리말로 학문하기 모임, 한국본회퍼학회 등 여러
학술단체와 기관 그리고 교회와 대학에서 발표한 글이다. 장애
인신학에 관한 글은 1990년대에 여러 해 동안 한국기독교 교회
협의회에서 장애인신학위원으로 활동하면서 생각하고 논의한
내용을 정리한 것이다.

　1990년 '정의, 평화, 창조질서의 보전 서울 세계대회' 이후
나는 한국 아시아적인 생명이해와 성경적 생명이해를 민주적이
고 과학적인 사고를 바탕으로 오늘의 삶에서 새롭게 제시하고
발전시키려고 애를 썼다. 이 책의 내용은 2000년에 나온 《한국
생명신학의 모색》에서 탐구한 내용을 계승·진전시킨 것이다.
　나는 《모름의 인식론과 살림의 신학》에서 생명의 세 차원
몸, 맘, 얼을 주체와 전체로 드러내려고 애썼으며, 생명의 서로
다름(다양성)과 서로 울림(일치)을 함께 말하려고 했다. 생명은

구체적이며 입체적이어서 개념과 논리로는 나타낼 수 없는 깊이와 높이를 가지고 있다. 생명의 깊이와 높이는 말로도 글로도 다 나타낼 수 없고 디지털 인터넷의 세계로는 결코 담아낼 수 없는 것이다. 물질과 이성의 빛으로는 밝힐 수 없는 생명의 깊이와 높이는 모름의 어둠 속에 잠겨 있다. 모름의 어둠 속에서 몸과 맘과 얼은 치유되고 건강해질 수 있다. 이 책의 글들을 통해서 모름의 어둠 속으로 들어가서 생명과 정신의 깊이와 높이를 함께 발견하고 느낄 수 있으면 좋겠다.

갑자기 디지털 인터넷 세상이 되면서 책이 예전처럼 존중받지 못하고 있다. 문화文化와 문명文明이란 말에서 보듯이 글文이 문화와 문명을 낳았다. 글을 담은 책을 존중하지 않는 풍조는 인간의 문화와 문명에 큰 도전이 된다. 디지털 인터넷 세상의 혁명적 도래를 막을 수도 없고 막아서도 안 될 것이다. 디지털 인터넷 세상은 인류의 삶과 정신이 도약할 수 있는 새로운 기회와 가능성을 열어준다. 그러나 디지털 인터넷의 홍수에 휩쓸려 가면 인류가 이룩한 정신문명의 깊이와 높이를 잃을 수 있다. 디지털 인터넷 세계는 흙과 몸이 없는 세계요 생명이 살지 못하는 세계다. 생명과 정신문명의 깊이와 높이는 글과 책 속에 담아서 전할 수 있다. 인간의 정신과 혼이 살아 있다면 글 속에 담긴 생명과 문명의 깊이와 높이를 깨닫고 체화해서 발전시키고 고양시켜 갈 것이다.

오늘 인문학적인 책들 특히 철학과 신학 책을 출간하는 것은 용기와 신념이 필요한 일이 되고 있다. 어려운 출판 여건 속에서도 이 책을 기꺼이 출간하기로 결정한 홍성사 정애주 사장께 깊은 감사를 드린다. 글을 다듬고 정리하고 멋지게 담아낸 편집부 일꾼들에게 고맙다.

2014년 10월 30일

박재순 씀

1부 — 생명신학, 어떻게 할 것인가?

1장

생명신학, 어떻게 할 것인가?

나의 생명신학의 중요한 과제 가운데 하나는 한국 근현대사 속에서 치열하게 역동적으로 살았던 한국 민족과 민중의 삶을 밝히고 그 의미를 드러내는 데 있다. 이미 민족의 삶 속에, 한국 기독교인의 삶 속에 한국 전통문화와 서구 정신문화의 창조적 만남과 융합이 이루어지고 있다. 동양과 서양의 정신과 문화를 아우르는 세계정신과 문화를 형성하는 일은 인류의 과제이며 한국 생명신학의 과제이다.

1. 나의 생명 체험과 공부

　　모든 생명은 주체이므로 객관적 논리와 개념만으로는 생명
의 진상에 다가갈 수 없다. 생명에 대한 학문 활동은 서로 다른
주체와 주체의 감응과 교감, 체험과 깨달음 없이 이루어질 수
없다. 생명 또는 진리를 깊이, 온전하게 인식하려면 주관적 욕
망과 편견을 버리고 있는 그대로 보아야 한다. 인간은 본능적
생존 의지와 욕망, 사회적으로 형성된 편견, 일상적인 고정관념
에 깊이 물들어 있기 때문에 자기와 타자의 생명을 있는 그대
로 그 깊이에서 보기 어렵다. 욕망과 편견, 고정관념을 깨트리
는 노력과 경험을 통해 생명과 진리에 다가갈 수 있다. 욕망과
편견을 깨트리는 체험을 한 만큼 생명과 진리를 겸허하고 정직
하게 탐구할 수 있는 학문적 자세가 확립된다. 여기서 나의 생
명 체험이 생명신학 형성에 바탕이 되었다고 생각하기에 나의
생의 체험을 말하는 것이 의미가 있을 것 같다.

나는 어려서 시골에서 자랐다. 난 지 두 주 만에 6·25전쟁으로 피난살이를 했다. 네 살 때 전신 소아마비에 걸려 여러 달 누워만 지냈다. 뛰어다니다가 갑자기 온몸이 늘어져서 손도 발도 움직일 수 없게 된 것이다. 나에게 삶의 충격이었으므로 네 살 전후의 기억이 지금도 생생하다. 조금씩 손발을 움직이다가 어느 날 일어서고 싶은 강한 충동이 생겼고 일어날 수 있을 것 같았다. 어머니의 부축을 받아 처음 일어서는 순간의 감격을 지금도 잊을 수 없다. 잿빛 세상이 찬란한 총천연색의 세상으로, 좁은 공간이 활짝 열리는 듯했다. 누워서만, 앉아서만 지내다가 두 발로 일어서는 것이 얼마나 위대한 일인지를 깊이 체험했다.

서투르게 걸으면서 자주 넘어졌다. 무릎에 상처가 가시지 않았다. 자주 넘어지면서 깨달은 것은 아무리 아프고 부끄럽더라도 죽지 않았으면 일어나야 한다는 것이다. 삶은 일어서는 것이다. 생명 진화의 역사도 곧게 위로 일어서는 방향으로 나갔고 성경에서 부활을 나타내는 말도 일어섬이다. 어렸을 때의 이런 체험이 일어섬으로서의 생명의 본질을 마음에 새겨 주었다. 장애를 가진 것이 삶을 온전히 체험하고 이해하는 데 장애가 될 수 있지만 삶에서 벗어난 관념과 허위에 빠지지 않도록 막아 주는 구실도 하는 것 같다. 삶의 불편과 장애는 온전한 삶을 갈구하게 하고 삶에 가까이 있게 한다.

초등학교 3학년 때부터 어머니와 할머니를 따라서 새벽 예배에 열심히 참여했다. 4시나 4시 반쯤 일어나 새벽 예배를 드리면 몸과 맘이 상쾌하고 생명이 충만해지는 것 같았다. 중학교 3학년 때까지 부흥회도 열심히 다녔다. 나의 몸과 맘이 충만한 생명을 갈구했던 것 같다. 예배드리고 설교를 듣는 시간이 그렇게 기쁘고 충만할 수 없었다. 성경을 읽어도 다 이해가 되는 것 같고 예배 시간이 늘 그리웠다.

중학교 1학년 때 대전 보문산에서 부흥회가 열렸는데 젊은 부흥 강사가 이사야 25장을 중심으로 뜨거운 설교를 했다. 하나님이 굶주린 백성들에게 잔치를 열고 골수에 기름진 것과 오래 묵은 포도주를 베풀고 눈에서 눈물을 씻어 주고 수치를 없애 주고 죽음을 영원히 사라지게 한다는 성경 말씀을 바탕으로 하나님의 사랑을 역설했다. 나는 이때 세상에 하나님의 생명과 사랑이 가득함을 체험했다.

중고등학교 때 대전 성산성결교회에서 신앙생활을 했는데 임동혁 목사의 가르침을 받았다. 임 목사는 상명여자대학교 교수로 있다가 목사가 된 분인데 설교와 성경 강의가 학구적이고 깊이가 있었다. 나의 신앙과 성경 이해에 지성적 깊이를 더해 주신 분이다.

1970년부터 대학에서 철학을 공부하면서 사회 정의와 민주화에 관심을 가지고 친구들과 성경 공부도 하고 기독 학생 활동을 했다. 사회와 역사에 대한 관심과 철학 공부는 교리적 신앙과 근본주의적 성경 이해에서 벗어나게 했다. 신화적이자 교리적인 세계관과 신앙이 깨지는 과정은 고통스럽고 당혹스러웠다. 모든 것이 무너지고 허무의 나락에 떨어진 듯했다. 그때 베르그송의 생명철학과 떼이야르 샤르댕의 진화론적 신학이 도움을 주었다. 신이 없고 지옥과 천국이 없다 해도 생명은 있지 않은가? 생명 속에는 하나님도 계실 수 있고 사랑도 있지 않은가? 신화적·교리적 세계관이 무너졌을 때 나는 생명을 붙잡고 일어섰다.

정치적인 문제로 1974년에 5개월, 1981년에 2년 6개월쯤 감옥살이를 했다. 당시 엄혹한 상황에서 인생의 나락에 떨어져 고독과 절망을 깊이 느껴 봤다. 사회에서 격리되어 좁은 방에 갇히고, 인생의 바닥에 떨어졌음에도 알 수 없는 삶의 기쁨과 평안을 느꼈다. 알 수 없는 기쁨이 자꾸 솟아났고 자유와 평안을 느꼈다.

교도소 높은 담 벽 빈틈에 피어난 풀꽃, 언 땅을 뚫고 솟아나는 풀잎을 보며 생명의 힘을 내 속에서도 느낄 수 있었다. 1983년 봄에 홍성교도소에서 지냈는데 하루에 한 번 운동 시간에 언덕에 오르면 홍성 시내가 훤히 보였다. 어느 날 언덕을 오르다가 풀숲에 묻힌 노란 풀꽃을 보았다. 길고 푸른 잎, 노란 꽃잎과 정교한 금빛 꽃술. 보아 주는 이 없는데도 홀로 그렇게 깨끗하고 곱게 자신을 피워 낸 풀꽃의 성실함과 아름다움에 나는 넋을 잃었다. 근심과 걱정에 사로잡혀 지내던 나는 이름 모를 들꽃의 곱고 섬세함, 깨끗하고 아름다움, 곧고 성실함, 높은 품위와 깊이에 깊은 감동을 받았다.

나는 이렇게 공부했다

어려서부터 성경을 열심히 읽었다. 믿음과 신뢰를 가지고 이해하기로 작정하고 읽으니 성경의 내용이 다 이해가 되는 것처럼 여겨졌다. 대학에서도 성경 공부를 친구들과 했으나 어려서처럼 단순하게 읽지는 않고 나의 삶과 사회 현실과 관련지어 이해하려고 애썼다. 한문을 잘 모르지만 논어와 맹자, 대학과 중용, 노자와 장자를 번역판으로 재미있게 읽었고, 불교학생회 친구의 영향으로 불경도 조금 읽었다.

대학 4학년 때부터 함석헌 선생의 성경 강좌, 노자와 장자 강좌를 듣기 시작했고 1975년에는 친구들과 함께 함 선생님으로부터 1년 동안 힌두교 경전인《바가바드기타》를 배우기도 했다.

한신대학교에 학사 편입하여 신학을 공부했다. 당시 안병무, 문동환 교수는 민중신학 태동에 앞장서고 있어서 자유롭고 민중적인 학문 풍토를 익힐 수 있었다. 나의 전공인 조직신학 지도 교수는 박봉랑 교수였는데 루터와 칼뱅을 중심으로 한 서구 전통 신학 가운데서도 바르트 신학에 충실한 분이었다. 나는 박봉랑 교수의 지도 아래 학사 논문과 석사 논문을 바르트 신학에 관해서 썼고 박사 논문은 본회퍼의 신학에 관해서 썼다.

루터와 칼뱅, 바르트로 이어지는 서구 전통 신학은 믿음과 은총을 강조하는 신학으로서 인간의 의지와 이성 및 행위의 한계를 분명히 하고 하나님의 존재와 생명을 온전히 드러내며 인간의 존재와 생명을 새롭게 하는 데 주력하는 신학이었다.

민중신학이 사회와 역사 속에서 민중의 삶의 현장에 다가가게 했다면 바르트의 신학은 인간의 인위적인 노력과 행동, 감정과 생각이 제한된 것임을 알고 존재와 생명을 있는 그대로 온전히 드러나게 하는 겸허한 마음가짐과 태도를 익히게 했다. 본회퍼 신학은 서구 정신사를 반성하고 중심을 파악하는 데 도움을 주었고, 기독교 신학의 핵심과 책임적 행위를 밝혀 주었다. 본회퍼의 신학은 서구신학의 중심을 놓치지 않으면서도 자유롭고 주체적으로 신학을 하는 데 도움을 주었다.

교도소에 있는 동안 사회과학 서적과 역사책도 읽었지만 성경과 신학 서적을 많이 읽었다. 칼뱅의 《기독교 강요》 1·2권을 읽고 바르트의 《교회교의학》을 1권에서 5권까지 읽었다. 그리고 예수에 관한 책을 많이 읽었다. 교도소는 치열한 상황 속에 있으므로 책을 읽고 생각하는 것도 추상적이고 사변적인 데 머물 수 없다. 나의 실존적인 삶, 몸과 마음과 영혼, 역사와 사회의 삶이 묻어나는 생각을 하게 마련이다. 교도소는 삶의 바닥이고 사회와 역사의 벼랑 끝이므로 생각도 삶의 중심에 가까이 가게 되고 삶 전체를 느끼고 숨 쉬게 된다.

1980년부터 1985년까지 한국신학연구소에서 성경주석서들을 번역한 것도 성경과 신학 공부에 큰 도움이 되었다. 서구 신학계의 성경 연구 방법론과 연구 성과를 익혔다. 소장 안병무 박사에게서 성경과 신학을 배울 수 있었던 것도 행운이었다. 신학연구소를 중심으로 서남동, 안병무, 현영학, 문동환, 서광선, 김용복 등 민중신학자들이 모여 발제와 토론하는 자리에 참여하여 배울 수 있었다. 나에게 민중신학은 고난 받고 투쟁하는 민중 현장의 신학, 민중의 삶의 신학이었다.

한국기독교사회문제연구원 연구실장으로 일하던 1990년에 '정의, 평화, 창조질서의 보전 서울 세계대회'가 열렸고 1,000여 명의 전문가와 실무자들이 모여서 생명을 주제로 발제하고 토론했다. 나는 자료들을 번역하고 출판하는 일을 맡았으므로 생명에 대한 신학적·과학적 통찰과 이해, 정보와 자료를 접할 수 있었다. 그동안 민중신학을 이어받아 발전시키기 위해 글을 썼는데 자연스럽게 생명신학에로 관심을 넓혔다. 세계교회협의회에서는 지역별 생명신학 프로젝트를 추진했는데 한국에서 이삼열, 서광선 교수를 중심으로 한국생명신학연구모임을 가졌다. 나는 여기서 한사상, 단군신화, 두레 공동체, 동학, 증산교를 중심으로 한민족의 생명 이해를 연구했다.

2000년경에 이화여대에서 이경숙, 차옥숭 교수와 함께 한국생명사상에 대한 학술 진흥원 연구프로젝트를 수행한 적이 있다. 나는 이 연구에서 현대산업기술문명에 대한 반성, 한민족의 생명 이해, 함석헌의 생명 사상을 탐구했다. 한민족의 생명

이해를 공부하면서 한사상의 깊이와 폭을 알게 되었고 한의 개념과 사상 속에 한민족의 생명 체험과 이해가 담겨 있으며, 신앙과 꿈이 들어 있음을 알게 되었다. 한韓은 큰 하나, 밝고 환함을 뜻하고 하늘, 하나님, 한겨레를 나타내고 한의 원리는 '하나를 잡아 셋을 포함하고'執一含三, '셋이 만나 하나로 돌아감'會三歸一으로 표현된다. 한은 개체이면서 전체인 생명을 나타내는 역동적이고 열린 개념이다.

2002년부터 2007년 12월까지 씨올사상연구회 회장으로서 함석헌 사상을 연구하는 데 힘썼다. 함석헌 사상은 기독교 정신과 동양, 한국 정신, 이성과 신앙을 융합하는 사상으로서 한사상과 기독교 신앙, 동양 종교 사상과 민주 정신을 바탕으로 씨올사상을 형성했다. 그의 씨올사상은 근대적 이성과 민주 정신 및 종교적 깊이를 추구하면서 민중, 생명, 영성을 결합하고 감성과 이성과 영성을 아우르는 종합적인 사상이었다.

2003년에는 함석헌의 스승인 유영모의 사상을 새길교회 기독교 사회문화원에서 10회에 걸쳐 강의하며 유영모의 사상을 공부하게 되었다. 유영모는 기독교 정신과 동양 종교를 바탕으로 동서 사상을 아우르고 몸과 영성을 종합하는 정신세계를 열었다.

유영모와 함석헌의 사상은 삶과 체험에서 우러난 것이었다. 이들의 사상은 삶의 깊이를 드러내고 삶 전체를 울린다. 몸과 맘과 영으로 느껴 보고 생각으로 더듬어 보고, 이웃과의 만남에서 사회와 역사에서 검증하고 두드려 보고 하는 말이기 때문에 늘 생명의 본질을 꿰뚫고 있다. 따라서 이들의 말과 글에서 오류를 찾기 어렵다. 남의 책이나 이론에 의존하면서 시대의 경향이나 사조를 따르고 자신의 논리와 사변과 환상을 가지고 인위적으로 이론 체계를 세우려 하는 사람의 사상에서는 흔히 억지와 오류를 발견하게 된다. 함석헌과 유영모는 매우 심오하고 종합적인 정신세계를 열었지만 거대한 사상 체계를 세우려는 노력을 하지 않았다. 그들의 말과 글은 흙에서 피어나는 풀과 나무처럼 자신들의 삶과 정신에서 자연스럽게 피어났다.

2003년에서 2005년까지는 한신대 학술원에서 학술 진흥원 연구프로젝트 '한국근현대사의 사회문화적 변동에 끼친 개신교의 영향 연구'를 수행했다. 이 연구를 통해서 한국 근현대사가 동서 문명의 창조적 만남과 융합의 과정임을 확인했다. 기독교와 함께 서구 산업문명이 동양에 유입되면서 세계화가 본격적으로 이루어졌다. 고등한 전통문화를 가지고 주체적으로 서구 근대 문화와 기독교 정신을 받아들여 역동적으로 근현대사를 펼친 것은 동아시아 3국인 한국, 중국, 일본이었다. 인도는 3백 년 동안 영국의 통치를 받았으나 기독교는 인도 사회의 중심에 받아들여지지 않았고, 카스트 제도는 온존하고 있다. 남미의 전통문화는 압살되었고, 아프리카는 아직 근대화를 성취하지 못하고 있다.

중국은 마태오 리치가 황실과 엘리트 학자들에게 기독교와 서구 근대 문화를 소개했으나 중국 민족과 역사 속으로 깊이 들어가지 못했다. 공산혁명으로 중국 전통문화는 억압되고 기독교는 배척되었으며, 사회주의를 바탕으로 산업화와 민주화를 추진하고 있다. 중국의 전통적 정신문화와 서구 정신문화의 만남과 합류는 아직 이루어지지 않았다.

일본에서는 도쿠가와 막부 때부터 국가 권력이 서구와의 교류와 근대화 과정을 철저히 통제했다. 국가가 서구와의 상업적 교류를 주도하면서 기독교를 배격했다. 명치유신에서도 천황과 엘리트의 주도로 근대화를 추진하여 민중을 패권적 전쟁에 동원했다. 이는 민족 신앙 신토이즘을 바탕으로 한 부국강병이 목표였다. 그러나 일본은 국가권력을 중심으로 3백 년 이상 서구와의 만남을 추진하면서 안정된 질서 속에서 역량을 길러 갔다.

동서 정신문화의 창조적 만남은 민족과 역사의 주체인 민중의 삶을 떠나서 이루어질 수 없다. 중국에서는 공산혁명을 통해서 강력한 국가권력이 민중을 통제함으로써 민중의 삶 속에서 전통적인 정신문화와 서구 기독교 정신문화의 창조적 만남이 이루어질 수 없었다. 일본에서도 강력한 국가권력이 민중을 통제함으로써 민중의 삶 속에서 전통적인 정신문화가 활달하게 꽃필 수 없었고, 기독교 신앙과 정신을 받아들일 수 없었다. 일본의 민중은 제국주의 전쟁에 동원되어 희생되었을 뿐이다.

이에 반해서 한국에서는 조선왕조가 쇠퇴하고 지배적인 종교 이념이 무력해짐으로써 민중이 역사와 사회의 전면에 나서게 되었을 때, 서구 근대문화와 기독교가 본격적으로 들어왔다. 한국 민중은 주체적으로 서구 근대문화와 기독교 정신을 받아들여 힘차게 근현대사를 추동해 갈 수 있었다. 조선의 지식인들, 실학자들이 주체적으로 서구 학문과 기독교를 받아들이며 근대화를 시도했으나 반동적인 수구 세력과 국가권력에 의해 좌절되었다. 갑신정변의 좌절과 함께 지식인들의 근대화 시도는 실패로 끝나고 말았다. 정약용은 실학자로서 민중을 사랑하는 위대한 학자였으나 동서 정신문화를 창조적으로 융합하고 새로운 민주 시대를 여는 동력을 주지는 못했다.

실학자들과 정치 엘리트의 개혁이 실패로 끝났을 때, 서구 정신과 문화를 주체적이고 창조적으로 수용하여 새로운 시대를 연 것은 동학이었다. 동학은 서구 문화와 종교에 대한 응답으로 생겨났는데, 서구 근대 문화와 기독교 정신의 충격과 영향을 깊이 받아들여서 형성된 주체적인 민중 종교였다. 동학을 통해 민중은 역사의 주체가 되어 새 시대를 열게 되었다. 동학농민혁명에서 시작된 민중운동은 3·1독립운동, 4·19혁명, 70~80년대 민주화 운동으로 이어졌다. 3·1독립운동은 개신교와 천도교(동학)가 손잡고 주도한 민중운동인데 3·1운동의 정신과 동력은 임시정부의 모태가 되고 헌법 정신의 근간이 되었다. 3·1운동 이후 개신교는 점차 동학 세력을 흡수하고 근현대사에서 민족 자주와 민주화를 위한 운동을 주도하게 되었다.

조선왕조, 식민통치, 남북분단과 전쟁, 군사독재를 거치면서 온갖 시련과 고통과 좌절을 겪고 민주화와 산업화를 이룬 진정한 주체와 동력은 민중이었다. 동학과 기독교를 통해 발동된 한국 근현대사 속에서, 온갖 시련과 좌절을 겪고 민주화와 산업화를 이룩한 민중의 삶 속에서 동서 정신문화의 창조적 융합이 이루어졌다. 나는 한국 근현대사의 경험 속에, 조선왕조의 몰락, 식민지 경험, 분단과 전쟁 경험, 군사독재와 민주화 투쟁 경험, 굶주림과 산업화 경험 속에 인류의 상생과 평화를 위한 힘과 지혜가 들어 있고 인문학의 보고가 들어 있다고 본다. 나의 생명신학의 중요한 과제 가운데 하나는 한국 근현대사 속에서 치열하게 역동적으로 살았던 한국 민족과 민중의 삶을 밝히고 그 의미를 드러내는 데 있다. 이미 민족의 삶 속에, 한국 기독교인의 삶 속에 한국 전통문화와 서구 정신문화의 창조적 만남과 융합이 이루어지고 있다. 동양과 서양의 정신과 문화를 아우르는 세계정신과 문화를 형성하는 일은 인류의 과제이며 한국 생명신학의 과제이다.

2. 생명신학의 성격과 태도
― 구체성, 통합성, 주체성, 정직성

  창조된 생명의 회복과 하나님의 생명 사랑이 그리스도의 구원 활동의 중심 내용을 이룬다. 그런 의미에서 기독교 신학은 생명신학이어야 한다. 생명신학은 신학적 성찰을 철저히 생명에 집중하고 생명을 중심으로 성경과 신앙을 이해하는 것이다. 한국인의 삶의 시각에서 생명과 성경(신앙)을 이해하고 해석하기 위해서, 성경적 신앙의 눈으로 한국인의 삶과 그 전통(사상)을 해석하고 이어받기 위해서 한국 생명신학이 요청된다. 오늘 한국인의 삶은 장구한 사회문화사적 전통과 역사를 안고 있고 오늘의 구체적이고 특수한 상황 속에 있기 때문에, 한국인의 생명신학은 한국 생명신학일 수밖에 없다. 한민족의 특수한 삶의 체험을 밝히고 삶에 대한 사랑과 이해를 이어받기 위해서, 한국인의 삶의 굴절과 상처를 치유하기 위해서, 성경적 신앙의 지평을 넓히고 풍성하게 하기 위해서 한국 생명신학을 모색해야 한다.

한국 그리스도인의 삶에서 예수의 삶과 한국인의 삶이 만나고 합류된다. 이 합류에서 창조적인 변화가 일어난다. 기독교 신앙은 더욱 풍성해지고 한국인의 삶은 새로워진다. 오랜 민족사의 고통과 시련 속에서 위축되고 변질된 한민족의 본래의 생명이 기독교 신앙을 통해 살아나고 활기를 찾고 새롭고 풍성하게 펼쳐질 때 기독교 신앙은 한민족의 신앙이 될 것이다. 한국 생명신학의 과제는 기독교 신앙과 한민족의 생명을 창조적으로 합류시킴으로써 주체적인 기독교 신앙의 형성과 통일된 민족 공동체를 실현하는 것이다.

한국 생명신학은 한국 민중의 잠든 영성을 일깨우고 한국 교회의 실상이 담긴 실천적 신학이어야 한다. 오늘 한국의 신학도들은 민족정기를 이어받는 신학, 문화적·종교적 주체성을 지닌 신학, 한국 교회의 마음을 사로잡는 신학을 맑고 투명한 이성과 뜨거운 가슴으로 추구해야 한다. 갑오농민전쟁에서 3·1운동과 4·19를 거쳐 전태일 열사와 광주민중항쟁, 박종철과 이한열로 이어지는 민중적 민족사의 맥을 잇는 신학이어야 한다. 그러기 위해서 우리 몸속에 흐르는 민족의 얼, 우리 핏속에 흐르는 열사들의 외침, 민족사의 저류를 흐르는 민중의 함성과 한 맺힌 신음 소리를 듣는 신학이어야 한다. 그리하여 한국 교회를 일으켜 세워 남북 분단의 벽을 허물고 자유, 정의, 평화가 넘치는 민족 공동체를 이루는 신학이어야 한다.

지식의 대통합을 지향하는 생명신학
—이성 중심적 사고와 과학적 환원주의를 넘어서

한민족의 문화와 사상은 종합적이다. 여러 다른 종교들이 결집되어 있다. 원효, 지눌, 최제우, 유영모, 함석헌의 사상도 종합적이다. 크고 하나임을 추구하는 한의 정신도 종합을 지향한다. 생명 자체가 하나이면서 다양하며, 지식과 사상의 종합을 요구한다. 개체이면서 전체인 생명은 스스로 생성 발전하고 자신을 실현해 가는 통일적 주체이며, 유기체적 전체로서 지식의 대통합을 요구한다. 삶과 정신이 하나로 이어지고 소통되듯, 모든 지식과 생각과 사상도 서로 소통되고 이어져야 한다. 존재와 생명의 근원과 주체로서 신(하나님)을 상정하는 신학은 지식과 사상의 소통과 교류를 지향한다.

생명은 무한히 다양하고 복잡한 형태를 가지면서 하나로 이어지고 움직이는 전체이다. 생명은 물질에서 하나님에게까지 소통되고 감응되는 종합적 존재이다. 생명은 여러 가지 서로 다른 단계의 존재층이 융합되어 있다. 생명 진화의 역사는 존재의 비약과 새로운 존재층이 형성되는 역사였다. 물질에서 생물이 생겨남으로써 존재의 비약이 이루어지고 새로운 존재의 차원이 열렸다. 생물에서 의식이 생겨남으로써 다시 존재의 비약이 이루어지고 새로운 존재의 차원이 열렸다. 의식은 무한과 초월, 빔과 없음, 절대와 초월을 향해 열린 영성에로 비약하고 있다. 생명은 무한히 깊고 신묘한 것이다.

생명체 가운데 자기 반성적 의식을 가진 인간만이 존재와 생명을 이해하고 언어와 문자로 설명하고 표현할 수 있다. 이성적인 앎과 지식, 이해와 해석이 지구의 생명체 가운데 인간에게 고유한 것이지만 생명을 이해하기에는 매우 제한된 것이다. 인간의 감각과 지각, 이성의 개념과 논리는 생명을 단편적이고 단면적으로만 인식할 뿐이며 결코 생명의 근원적 깊이와 전체를 이해할 수 없다. 또한 생명은 끊임없이 변화 생성하고 자라며 새로워지고 진화하는 것이므로 이성의 개념과 논리, 법칙에 근거해서 파악된 지식과 이론 속에 담겨질 수 없다. 인간의 이해와 해석은 삶의 자리, 시간적 맥락, 관점에 따라 다양하며, 해석자에 따라서 달라지게 마련이다. 따라서 해석되는 존재와 사건, 생명과 작품은 결코 인간의 해석으로 소진되는 법이 없다.

인간의 감각과 지각, 이성의 개념과 논리에 근거한 생명 이해는 매우 단편적이고 부분적이며 한시적 성격을 지니고 있음을 알아야 한다. 생명에 대한 모든 이론과 지식은 생명에 대해서 겸허하고 정직한 자세를 견지해야 하며, 알 수 없는 깊이와 차원을 인정해야 한다. 알 수 없는, 모르는 차원이 드러나고 알려지도록 기다리는 자세가 요구된다. 동양의 종교 사상과 기독교 신학에서는 모르는 차원의 존재가 알려지기를 기다리는 겸허한 인식론적 자세를 견지하고 있다.

이런 관점에서 서구의 이성 중심적 사고와 근대의 과학주의적 사고를 경계해야 한다. 서구의 주류 철학 특히 근대 계몽

철학은 이성에 대한 지나친 낙관과 신뢰를 바탕으로 생명과 정신을 지식과 관념 속에 해소시키려 한다. 서구의 이성 중심적 사유 전통을 따라서 에드워드 윌슨은 새로운 생물학적·유전 공학적 연구 성과에 근거하여 지식의 대통합을 역설한다. 그는 "우리는 우리 자신의 힘으로 알 수 있고, 앎으로써 이해할 수 있으며, 이해함으로써 현명한 선택을 할 수 있다"는 계몽사상의 믿음에 근거하여 지식의 대통합을 추구한다.[1] 그에게서 대통합의 세계관의 핵심은 "모든 현상들이 예컨대 별의 탄생에서 사회조직의 작동에 이르기까지…… 궁극적으로는 물리법칙들로 환원될 수 있다는 생각"에 있다. 더 나아가서 인간의 종교와 문화가 자연과학과 인과적 설명으로 연결될 때만 온전한 의미를 갖는다고 보았다.[2]

생명과 종교와 문화를 몇 가지 자연과학적 물리법칙들로 환원시키고 자연과학의 인과적 설명으로 귀결시키는 것은 생명의 세계에 대한 오만한 폭력이고 이성 중심적 서구 철학의 편견이다. 그는 대통합의 개념으로서 '부합', '일치'를 뜻하는 'consilience'란 개념을 쓰는데 이 말은 '함께con' '뛰어오르다', '도약하다salire'에서 온 말이다. 이 책을 번역한 최재천 교수는 이 말을 통섭統攝으로 번역하고 '큰 줄기를 잡다'는 뜻으로 쓰는데 번역어 '통섭'은 '섭정'攝政, '삼군三軍을 통섭한다'는 말에서 알 수 있듯이 통치자적이고 지배자적인 개념이다.[3] 현대의 산업 기술 문화를 지배하는 자연과학주의 이데올로기가 여기 반영

27

되어 있다. 중세에는 종교가 과학을 통제했다면 현대에는 과학이 종교와 문화를 통제한다.

'consilience'란 말은 매우 부드럽고 민주적인 말인 것 같다. 이 말은 '보다 높은 존재의 차원으로 뛰어올라서 부합되고 일치되는 것'을 뜻한다. 그런데 윌슨은 거꾸로 물질보다 높고 큰 존재인 생명, 그보다 더 높고 큰 존재인 정신과 영을 보다 낮은 물질의 차원으로 환원시켜 물리법칙으로 해명하려고 한다. 생명에는 물질에 없는 존재의 차원이 있고, 정신과 영에는 생물에 없는 존재의 차원이 있다. 윌슨의 자연과학적 환원주의는 해서도 안 되고 할 수도 없는 것이다. 이것은 높고 큰 존재의 차원을 낮고 작은 존재의 차원으로 끌어내리고 환원시키는 인식론적 폭력이고 지적 야만 행위이다. 'consilience'는 하향 일치가 아니라 상향 일치를 나타내는 말이다. 윌슨의 주장과는 반대로 보다 높은 존재의 차원에서 자연과학과 생물학이 이해되고 받아들여질 수 있도록 상대화되고 겸허해져야 지식의 소통과 통합이 가능해진다. 자연과학과 인문학이 자신의 지식과 이론이 낮은 지위에 있음을 알고 보다 높은 차원의 진리를 위해 자신을 열고 상상력과 영감을 가지고 솟아올라야 한다.

생명공학과 유전공학의 연구 성과는 신중하게 평가되고 제한적으로 사용되어야 한다. 생명공학에 의해서 물질과 생명의 비밀이 밝혀졌다고 하지만 물질과 생명의 신비에 대해서 우리가 아는 지식은 매우 제한적이고 부족하다. 인간의 생명공학적 지식은 '모름의 어둠'에 싸여 있다. 물질과 생명의 신비한 깊이, '모름의 세계'를 존중하는 겸허한 자세와 제한적이고 신중한 자세, 생명과 몸의 자발적 주체성을 존중하는 자세로 생명공학과 유전공학을 사용해야 할 것이다. 생명과 몸의 본질과 필요를 알지 못하면 생명과 몸을 위해 바른 판단과 결정을 내릴 수 없고 바른 행동을 할 수 없다. 우리는 지금 '모르는 세계'를 향해 나가고 있으며 우리가 모르는 일을 하고 있다는 것을 명심해야 한다.

생명과 정신과 영의 세계, 신과 하나님의 존재는 물질을 초월하여 이미 하나의 전체로 있다. 이성적 학문과 지식은 이 하나의 세계를 단편화하여 조각낸 것이며 이 조각난 지식과 이론을 건축공학적으로 붙여 놓는다고 해서 학문적 지식의 대통합이 이루어질 수 없다. 지식의 대통합을 이루는 길은 자연과학적·이성적 이론과 지식이 겸허해져서 생명과 우주, 정신과 영의 하나인 전체 세계가 드러나도록 비켜서는 것이다.

생명과 정신의 하나 됨과 전체성을 말하는 철학과 신학도 중세처럼 독단적이고 배타적으로 군림하는 자세를 가져서는 지식의 대통합을 이룰 수 없다. 철학과 신학도 겸허하고 열린 자세로 자연과학과 인문학의 빛나는 연구 성과를 존중하고 승인해야 하며, 확장되는 자연과학의 영역을 인정해야 한다. 이제는 더 이상 신학과 철학이 자연과학적 이성의 활동을 억압하거나 제한해서는 안 된다. 이성에게 온전하고 충분한 자유를 허락하되 이성이 자기 능력과 영역을 넘어서서 자기 절대화에 빠지지 않도록 감시해야 한다.

신학적 주체성의 확립

우리는 신학적 주체성이 특별히 요구되는 상황에 있다. 오늘 한국 기독교를 통해 동양과 서양이 하나로 결합되고 있다. 본래 기독교는 동양 즉 근동에서 발생했다. 그래서 서양인은 '빛은 동방에서' 왔다고 말했다. 그러나 기독교는 서구 문화의 토양에서 2천 년 동안 자라고 형성되었다. 서구 문화의 토양에서 자라고 형성된 기독교가 동양 종교 문화의 비옥한 토양과 결합하는 위대한 시기를 우리는 몸으로, 혼으로 경험하고 있다. 우리는 서구 신학자들이 경험하지 못한 상황에서 신학을 해야 한다. 또한 우리는 북한의 공산사회와 남한의 자본사회를 뛰어넘어 새로운 민족 공동체를 이루어야 할 세계적 사명을 안고 있다. 이런 민족적 사명이 신학적 주체성을 요구한다.

주체적으로 신학하기 위해서 우리는 먼저 사대주의적 신학 풍토를 청산해야 한다. 첫째, 특정 신학자에 대한 일방적 충성을 버려야 한다. 아무리 훌륭한 신학자라도 그 신학자는 자기 상황에서 최선을 다한 신학자일 뿐이다. 그가 우리를 위해서 모든 것을 다 말해 주었다고 생각할 수 없다. 우리는 서구 신학을 배워야 하지만 비판적이고 주체적인 자세로 배워야 한다.

둘째, 서구 신학적 환원주의를 청산해야 한다. 어떤 사람은 매우 진보적이고 급진적인 것처럼 보이지만 신학적인 논의를 언제나 서구 신학에로 환원시킨다. 우리의 신학적 논의를 바르트, 불트만, 틸리히, 브루너, 니버의 신학으로 환원시켜야 만족하는 사람은 주체적·창조적 신학을 거부하는 사람이다. 그들의 기본 신학 틀을 이해하고 신학적 영향을 확인할 필요는 있지만 모든 신학적 통찰이 그들의 신학으로 환원되는 것은 아니다. 우리의 현실에 비추어 신학적으로 성찰하고 평가하는 풍토가 확립되어야 한다.

셋째, 서구의 유행주의적 신학을 경계해야 한다. 서구 신학을 비판하고 한국의 전통문화를 강조하는 것처럼 보이는 신학자들 가운데 이런 오류를 범하는 경우가 있다. 서구 신학자들이 그들의 신학 전통을 아무리 철저하게 그리고 예리하게 비판했어도 서구 신학자들의 신학적 반성과 논의는 어디까지나 그들의 상황에서 나온 반성과 논의이다. 그들의 비판과 논의를 거르지 않고 직수입하는 것은 주체적인 태도가 아니다.

넷째, 혼합주의적 토착화 신학과 관념적 급진주의 신학도 비주체적이다. 혼합주의적 토착화 신학은 전통문화에 대한 일방적 굴복이며, 비현실적인 관념적 급진주의 신학은 외래적 관념에 대한 맹종이다. 한국의 전통문화와 종교 사상은 현대 산업 문화와 기독교 신앙의 빛에서 새롭게 해석되고 형성되어야

한다. 그리고 민족 공동체의 새로운 정치 경제적 이념은 한국
민족의 현실과 한국 민중의 삶을 충실히 반영하는 현실적이고
공감할 수 있는 이념이어야 한다.

다섯째, 지나친 반反서구주의 신학도 비주체적이다. 서구 신
학에 대한 안티테제로서의 신학도 결국 서구 신학에 간접적으
로 지배되는 비주체적 신학이다. 서구 신학이니까 무조건 반대
하는 심리도 성숙하고 주체적인 신학 태도가 아니다. 서구의 신
학으로부터 물려받아야 할 유산을 겸허한 자세로 받아들일 수
있어야 한다.[4]

오늘 우리 상황에서 교회, 민중, 한국 문화 전통, 나(신학자)
자신에 걸맞은 신학, 혼으로 체화된 신학을 추구해야 한다. 이
런 작업은 쉽지 않다. 이 땅에서 기독교의 역사는 짧다. 그래서
아직도 신학 이론은 우리에게 낯설다. 기독교 교리보다는 각자
의 마음속에 불성이 있어 깨달으면 구원을 얻는다는 불교적 가
르침이나 유교적 도덕과 도교적 삶의 지혜가 우리에게 더 쉽고
가깝다. 아직 기독교 신학은 우리의 혼과 삶에 체화되지 않았
다. 그래서 겨우 머리로는 이해하지만 우리의 신학을 정립하려
할 때는 겉돌고 헤매는 경우가 많다. 오늘 신학을 하기 위해서
는 믿음이 깊어져야 하고 맑은 이성을 가져야 하고 신학적 사고
가 오늘의 민중적 영성과 교회의 현실에 부합되어야 한다.

김재준은 나이 여든에 이르러 주체적인 한국 신학을 구상
했다. 비록 체계화하고 완성하지는 못했으나 그 신학을 어떻

게 할 것인지 실마리를 제시했다. 그는 서구신학이 "교권과 정권이란 거목巨木에 겨우살이처럼 붙어 살며 자랐다"고 비판하고, "우리 혈맥에 뿌리박은" 토착적인 한국 신학을 모색했다. 그는 기독교가 "한국 민족과 역사에 토착화한 종교"로서 "예수의 삶과 죽음을 민족적 사회화"함으로써 "우리 민족의 모든 생활의 활력소"가 되기를 기대했다. 그는 서구 전통의 기독교를 넘어서 동양 사상과 원시 기독교, '예수'의 기독교, 사도들의 기독교가 만나서 복음적이면서 한국적인 기독교가 형성되기를 기대했다.[5]

삶과 진리에 대한 예의―겸허하고 정직함

모든 존재와 사건을 생명의 관점에서 보는 생명철학, 생명신학은 생명을 왜곡하거나 은폐하지 않고, 관념화하거나 추상화하지 않고 그 깊이와 폭에서 역동적으로 보고 드러내려 한다. 생명과 생명의 주체인 정신을 있는 그대로 이해하려면 모든 편견과 왜곡에서 벗어나야 한다. 학문하는 방법과 자세의 기본 원칙은 어린아이다운 겸허함과 곧음(정직)이다.

생명신학은 신학 하는 사람의 몸과 혼이 담긴 신학이어야 한다. 그러기 위해서는 신학도가 먼저 겸손히 마음과 몸을 비워야 한다. 동양에서는 물 긷고 장작 패고 마당 쓸고 부엌일 같

은 허드렛일을 하게 해서 겸손해진 다음에 비로소 학문적 수
련을 시켰다. 이심전심으로 마음이 통해야 학문적 진리를 나눌
수 있다고 보았기 때문에 마음이 열리지 않으면 학문적 진리에
대해 논의할 자격이 없다고 보았다. 주체적 신학, 마음과 혼으
로 하는 신학을 하려면 먼저 마음이 흙처럼 겸허해져야 한다.
흙은 누구에게나 밟힐 태세가 되어 있다. 진리를 말하는 사람
은 누구든지 '나'의 위에 세울 수 있는 정직하고 겸허한 마음이
필요하다. 선입견과 편견을 버리고 진리(참된 현실과 참된 통찰)에
순복하는 자세가 요청된다. 이런 겸손한 마음에서만 학문적 정
직과 용기가 나올 수 있다.

3. 생명신학적 경전 읽기
─ 경전(텍스트)과 '나'의 일치

　　생명신학은 경전과 나의 일치를 추구한다. 캐나다에 오래 머물렀던 장공 김재준 목사는 말년에 귀국해서 지나치게 각주에 의존하는 한국의 학문 풍토, 서구 학자들의 주장과 이론에 의지하는 학문 자세를 비판하는 글을 썼다. 학문의 자립을 위해서는 "서書와 아我가 일치되는 경지"에 가야 한다고 그는 말했다.[6] 문자와 주해에 매인 서기관과는 달리 예수는 그 가르침에 권위가 있었다(마 7:29). 예수야말로 서와 아가 일체로 사는 경지를 보여 준다. 김재준은 "우리 학자들도 서기관 '레벨'을 상회하는 권위가 성자의 후광처럼 나타나는 날"[7]을 기대한다.

　　학문의 권위와 주체성, 창조성을 얻으려면 '나'와 '글'이 일치되는 경지에 이르러야 한다. 본문(경전)과 '나'가 일치하고 '나의 글'과 '나'가 일치해야 한다.

　　김재준이 말한 '글과 나의 일치'는 동양적 글 읽기의 목적과 일치한다. 동양적 글 읽기의 목적은 도道, 다시 말해 진리 체득에 있다. 이천伊川 선생은 글 읽기의 기본을 이렇게 말한다. "문장의 암송이나 문자의 해석만 하고 道에 이르지 못한다면, 쓸데없는 찌꺼기가 될 것이다. 그대에게 바라노니, 경서에 의거하여 도를 구하고, 공부에 공부를 거듭하도록 하라. 그리하면 훗날 눈앞에 우뚝 솟는 것이 나타날 것이며, 거기서 비로소 손발이 저절로 춤추게 될 것이요, 애쓰지 않아도 스스로 멈출 수 없게 될 것이다."[8] 문자의 이해와 해석에 머물지 않고 큰 깨달음을 얻어 손발이 저절로 춤추게 되고 애쓰지 않아도 스스로 멈출 수 없게 되는 경지는 몸으로 진리를 깨달은 경지이며, "저도 모르게 손발이 너울거릴 만큼 기뻐지는 경지",[9] 몸과 마음에 체화體化된 경지를 말한다.

그런데 '글과 나의 일치'를 추구하는 글 읽기는 카를 바르트가 성경을 해석하는 근본 원리이기도 하다. 바르트는 로마서를 주석할 때 이 같은 읽기의 원칙을 다음과 같이 밝혔다. "내가 내 앞에 있는 문제의 수수께끼밖에 아무것도 생각하지 않을 경지까지, 문서가 거의 문서로 존재하지 않는 데까지, 내가 그것의 저자가 아니라는 것을 잊어버리는 지경까지, 내가 그 저자를 잘 알아서 그가 내 이름으로 말하게 하고 내가 그의 이름으로 말할 수 있게 되기까지 가는 것이다."[10] 여기서 바르트는 '문서(저자)와 나'가 일치에 이르는 경지를 말하고 있다. 서구의 대표적인 신학자 카를 바르트의 성경 해석 원리[11]가 동양의 전통적인 경전해석의 원리와 일치하고 통한다는 것은 놀라운 일이다.

장공의 '나와 글의 일치'는 해석학적 원리에 머물지 않고 실천적인 의미를 품고 있다. (성경 또는 신학의) '글'이 '그리스도의 마음' 안에서 '나의 삶'과 하나로 되어야 한다. 그에게서 '나와 글의 일치'에 이른 마음은 그리스도의 마음과 일치된 마음이다. 그리스도의 마음으로 하는 신학은 "삶과 인간의 신비에 초점을 두고"[12] 예언자적인 치열한 삶을 추구한다. 장공은 신학을 '교회의 학문'으로 규정하고 신학자의 예언자적 사명을 강조했다. 그는 신학자까지 기관인으로 안주한다면 "성전은 강도의 소굴이 될 것"[13]이라고 통렬하게 경고했다. 신학자는 마땅히 자신의 신학을 살아야 하며 신학자가 되기 전에 먼저 참 인간, 하나님 형상으로서의 인간이 되어야 한다[14]는 것이다.

성경의 히브리 백성은 역사와 사회의 나락, 종살이 경험에서 진리, 하나님, 신앙을 깨달은 사람들이다. 밑바닥의 삶에서 인생과 역사와 신앙에 대한 깨달음을 얻었고 이 깨달음이 성경에 담겨 있다. 이스라엘 백성이 역사의 나락에서 체험한 삶, 하나님과 만난 경험을 담고 있다. 구체적인 절실한 삶의 체험과 깨달음이 성경에 담겨 있다.

함석헌은 성경을 고정된 문서로 보지 않고 '생명의 활화산'으로 본다. "참 삶의 모습이 보고 싶어 견딜 수 없거든 너 스스로 지금도 살아 진동하는 생명의 화산인 성경을 찾아 올라가면 알 것이다."[15] 성경은 참 생명이 분출하는 책이다. 생명신학적 성경 읽기는 나의 생명과 성경의 생명이 만나 새 생명이 분출하게 하자는 것이다.

따라서 생명신학의 해석은 해석학적 이론과 언어를 통해 이해와 해석을 추구하는 서구의 해석학적 전통과는 달라야 한다. 서구의 해석학은 영향사적 의식과 지평 융합을 내세우든, 오늘 나의 실존적 상황이나 사회적 상황과의 긴밀한 관련 속에서 문서를 이해하고 해석하든, 문서는 이론적 해석의 대상에만 머문다. 생명신학적 해석학의 과제는 이론과 해석이 아니라 자유롭고 온전한 삶과 실천에 이르는 것이다. 이것은 디트리히 본회퍼가 기독교의 비종교적 해석을 제안하면서 그 과제는 "해석학적 이론과 해석이 아니라 윤리적 실천"이라고 말한 것과 일치한다. 생명신학의 해석학은 오늘의 내가 문서의 삶과 의미에 참여하고 문서의 삶과 의미가 나의 삶 속에서 살아나는 것을 추구한다. 오늘의 삶 속에서 성경(예수)과 내가 만나고 결합되고 새롭게 형성되며 살아난다.

뜻풀이만 추구하지 않고 성경의 생명을 만나고 경험하고 그 생명이 오늘 나의 삶에 살아나게 하려는 것이다. 성경과 나의 일치와 만남을 추구하며, 성경의 생명과 나의 생명이 감응하고 공명하고 새롭게 분출하게 한다. 예수의 생명이 나의 몸속에, 살과 피와 뼛속에 새겨지고 나의 생명이 예수의 생명 속에서 살아나는 것을 겨냥한다. 이것이 "내가 예수 안에서 죽고 다시 살아나며, 내 속에 예수가 산다", "내가 예수 안에 예수는 내 안에 산다"고 말하는 신약성경과 기독교 신앙의 본래적 의미이다.

성경 읽기를 통해 문자에 갇힌 예수가 오늘 나(우리)의 삶속에 살아나고 이기적인 자아 속에 갇힌 '내'가 죽고 '나'와 타자를 위해 자유로운 새로운 '나'로 살아난다. 생명신학의 성경읽기는 성경의 문자에 담긴 의미를 이해하고 해석하는 문제가아니라 예수와 내가 살고 죽는 문제이다. 생명신학적 성경 읽기는 이해와 해석의 읽기가 아니라 '내'가 죽고 사는 삶의 읽기, '내 자아'를 새롭게 형성하는 읽기이다.

'나의 삶' 안에서 '예수'와 '내'가 만나고 융합됨으로써 성경의 정신(생명)과 한국 민족의 정신(생명)이 만나고 융합된다. 이것은 동양 정신문화와 서양 정신문화의 만남과 융합이다. 한국의 근현대사는 동서 문화가 융합되는 과정이었고, 한국 근현대 사회는 동서 문화의 융합 과정을 통해 형성되었다. 성경 읽기는 예수와 나의 만남과 융합, 동서 문화의 창조적 융합을 지향한다.

2장

생명신학
― 주체적인 학문하기의 한 시도

생명신학은 '나'와 '사회'와 '자연'의 생명을 치유하고 살리고
실현하는 하나님과 우주 자연의 생명 활동을 이해하고 그
활동에 참여하려는 학문적 노력이다. 하나님(우주 자연)의 생
명 활동이 범례적으로 나타나는 성경의 '생명'(예수) 그리고
오늘 나(우리)의 생명 이 둘이 만나서 솟구치는 생명력과 생
명 사건을 드러내자는 것이다.

1. 생명의 깊이와 다양성

　성경적으로 볼 때 생명 자체는 아름답고 선하게 창조되었다. 자연과학적으로 보아도 생명은 아름답고 선하게 생성되고 구성되었다. 가장 초보적인 생명체는 아미노산, 질산염, 당, 인산염 같은 서로 다른 화학 물질들의 창조적 연결이나 결합 polymerization을 통해 생겨났다고 한다. 셋 이상의 다른 요소들의 개방적·창조적 결합으로 생명이 이루어진 것이다. 서로 다른 물질들이 자기를 열고 상대를 받아들임으로써 조화적이고 보완적인 결합이 이루어지고, 서로 다른 요소들의 상생적 어우러짐을 통해 새로운 차원의 생명 세계가 열린 것이다. 생명체의 생성 과정에는 지배와 정복의 원리가 작용하지 않았다. 서로 다른 요소들이 타자를 긍정하고 존중하면서도 자기를 지키고 살리는 방식으로, 공생과 상생의 구조와 관계를 이룸으로써 생명체가 생겨난 것이다. 생명은 상생과 공존의 사건이다.

생명은 깊고 묘하다. 생명은 서로 다른 물질적 요소들의 화합적 결합에 의해 생겨난 '서로 살림相生'과 '더불어 삶共生'의 사건이다. 생명은 서로 다른 요소들이 서로 다른 존재를 받아들이고 서로 다른 존재에 참여한 것이다. 생명의 발생은 화해와 일치, 조화와 종합의 사건이며 서로 다른 요소들을 보다 높고 깊고 큰 존재 안으로 통일시킨 사건이다. 생명은 처음부터 서로를 사랑하고 긍정함으로 생겨난 낙관적 존재이고 새롭고 높고 큰 존재로 나아가는 모험적 사건이다. 한 생명체 안에서 서로 다른 물질적·화학적 요소들이 승화되고 고양되어 한 존재로 통일된다.

생명은 고정된 실체가 아니라 늘 생성되고 생기生起하는 사건이고 과정이다. 생명은 늘 새로운 변화 속에, 형성 속에 존재한다. 그러나 순간적이고 우연적인 것만은 아니다. 생명은 체계와 구조와 관계를 지니고 있으며, 나름의 성향과 지향과 성격을 지니고 있다. 유전자들이 생명체의 형태와 성격을 규정하며 생존 의지가 생명체를 삶에로 이끈다.

생명 세계를 전체적으로 보면 공생과 상생의 큰 조화 속에 있으나 부분적으로 보면 엄혹한 생존 투쟁 속에 있다. 모든 생명체는 자신의 존재를 위해 다른 생명체를 먹이로 삼는다. 생명체들은 서로를 먹고 서로에게 먹이가 되며 산다. 먹이가 되는 희생양이 있어서 생명 세계가 지탱된다. 다윈은 생명체들 사이에 엄혹한 적대 관계가 있다고 보고 생명체들의 먹고 먹히는 관계를 생존 투쟁이라고 했다. 그러나 이렇게만 보면 대자연의 상생 조화를 모르고 희생양의 가치를 모르게 된다.

동학의 2대 교주 최해월은 먹고 먹히는 관계를 "하늘로써 하늘을 먹임以天食天"이라고 했다. 뭇 생명이 하늘과 닿아 있고 하늘을 품고 있으며 생명으로 생명을 먹여 살린다고 보았다. 풀과 채소와 나무 열매를 보면 생명을 먹여 살리는 전체 생명(하늘)의 어머니 같은 마음을 느낄 수 있다. 다윈이 생명 세계의 먹고 먹히는 관계를 개체 중심으로 보았다면 해월은 신적·우주적 생명 의지의 관점에서 보았다. 생태계의 먹이사슬 관계에 숨겨진 영적 깊이와 의미를 밝힌 것이다. 유영모는 이 관계를 "자연 생명 세계가 서로 먹이가 되고 먹음으로써 서로의 더러움과 죄를 씻어 줌으로써 융성하게 한다自然相贖殷"고 했다.[1] 서로 희생양이 되어서 다른 생명을 깨끗하고 자유롭게 해서 힘이 나게 한다는 것이다. 단순히 먹여서 살린다는 의미를 넘어서 생명 속에 낀 때와 죄성, 갈등과 적대를 씻어 주고 풀어 준다는 뜻을 밝혔다. 해월이 생명을 먹이는 전체의 마음을 보았다면 다석은 서로 다른 주체들이 스스로 희생하여 서로 살리는 희생과 상생의 진리를 말하였다.

생명은 '스스로 하는' 자발적이고 자유로운 존재이기 때문에 밖에서는 이해하기 어려운 깊이와 속을 지니고 있다. 자발적인 생명은 복합적이고 중층적이며 다양하면서도 서로 공명하고 감응하며 하나로 통하는 미묘한 것이다. 생명은 자발적이고 소통과 감응을 추구하는 열린 존재이면서 먹고 먹히는 생존 투쟁의 폐쇄적 존재이기도 하다. 더 나아가서 인간은 자기를 절대화하고 끝없는 욕망에 사로잡혀 있다.

생명신학에서 생명을 인식하고 생명에 접근할 때 세 가지 장애가 있다. 첫째, 자발적 생명의 주체성과 다양성, 중층적이고 복합적인 미묘한 깊이가 이성과 개념의 접근을 가로막는다. 둘째, 서로 먹고 먹히는 적대적인 생존 조건 자체가 생명을 인식하고 이해하는 데 장애가 된다. 셋째, 인간의 자기중심성(자기중심적 편견과 확대된 욕망)이 생명에 대한 인식과 접근을 가로막는다. 인간의 탐욕과 자기중심성은 원초적 생명의지의 변형된 표현이다.

생명신학은 이런 장애를 넘어서 생명을 이해하고 드러내고 실현하는 데 기여하려고 한다. 생명을 인식하는 주체로서의 '나'는 생명과 생명 의지를 지니고 있다. 생명신학은 생명으로 생명을 인식한다. 내 속의 생명이 밖의 생명과 교감하고 소통함으로써 인식 주체와 인식 대상을 아우르는 전체 생명에 이르려 한다.

2. 생명 친화적인 학문하기

이런 세 겹의 장애와 벽을 넘어 생명을 인식하고 이해하며 생명 자체가 드러나고 실현되려면 여기에 맞는 학문적 인식 방법과 접근 방법을 찾아내야 한다. 생명신학은 우리의 삶에서 우러난 신학, 우리의 삶, 말, 글이 살아 있는 신학이어야 한다. 함석헌의 말대로 참된 글 곧 참된 이론과 사상은 삶에서 나온다.

> 반드시 우리말로 해야 우리 것이 됩니다. 우리말로 옮기려 애쓰는 데서 남의 것을 참으로 알고 속에서 내 것이 자라고 밝아집니다. …… 우리말로는 할 수 없는 종교·철학·예술·학문이 있다면 아무리 훌륭해도 그만두시오. 그까짓 것 아니고도 살 수 있습니다. 우리 삶에서 글월이 돋아나지, 공작의 깃 같은 남의 글월 가져다 아무리 붙였다기로 그것이 우리 것이 될 까닭이 없습니다.[2]

우리의 삶, 우리의 말과 사유방식에서 주체적인 학문활동
이 이루어질 수 있다.

학문과 학문성의 기준: 동양과 서양의 차이

① 서구의 학문적 인식과 접근방식에 대한 비판과 반성

삶에서 우러난 학문을 하려면 먼저 서구의 학문 방법 특히
인식론을 반성하는 데서 시작해야 한다. 서양과 동양을 이분법
적으로, 도식적으로 구분하면 서양과 동양의 보편적 공통성을
무시하고 차이만 단순화하고 과장하게 된다. 서양과 동양의 정
신문화 사이에는 차이보다 인류의 보편적 공통성이 더 크다는
것을 명심해야 할 것이다. 동양에 있는 사유 경향은 서양에도
어떤 형태로든 나타나고 그 반대도 마찬가지다. 그러나 동과 서
는 인종과 민족, 지리 환경과 사회 형태의 차이 속에서 서로 다
른 경험과 성격을 닦아 왔다. 오랜 세월 서로 다른 역사적 경험
을 했기 때문에 동양과 서양 사이에 정신문화와 사유의 경향
에 차이가 있는 것도 사실이다. 이런 차이를 과장하여 획일화하
고 단순화하는 것도 관념론적 편향이지만 이런 차이들을 무시
하고 부정하는 것도 관념론적 이해와 접근이다. 동양과 서양의
정신문화와 사유를 주도하는 주류적인 흐름에는 차이들이 분
명하게 나타난다.

　　서양 특히 그리스·로마의 철학은 식민지 이오니아 밀레토스에서 시작되었고, 사회 법정과 긴밀한 관련 속에서 형성되었다. 따라서 사물과 존재를 인식하는 방식이 좋게 보면 객관적이고, 나쁘게 보면 정복적이고 지배적인 성향을 지니고 있다. 아리스토텔레스도 자연을 공격적인 인식과 탐구의 대상으로 보았다. 그는 자연 인식에서 질료인, 형상인, 운동인, 목적인을 말하는 데 그가 말하는 4원인은 그리스어로 '아이티아aitia'이며, 아이티아는 법정에서의 신문 방식을 뜻한다. 자연을 인식하는 네 원인은 인식 대상에 대한 공격 방식이다.[3] 그것은 사물과 존재, 곧 타자의 목적, 꼴, 성분, 활동을 캐묻는 것이다.

　　이러한 접근과 인식 방법은 인식 대상을 지배하고 통제하는 데 효과적일 수 있지만, 인식 대상의 삶과 내면을 이해하고 헤아리는 데 이르기는 어렵다. 오히려 인식 대상의 삶, 존재와 본질을 왜곡하고 파괴하기 쉽다. 정복적인 인식론과 과학기술이 결합되어 공동체적 삶과 자연생태계를 거리낌 없이 파괴하는 것을 보라. 서구의 인식 방법론은 생명의 본질을 이해하고 드러내는 데 한계가 있다. 생명뿐 아니라 물질세계도 '스스로 하는 것'으로서 고유한 내적 구조와 성격을 지녔기 때문에 정복적이고 공격적인 인식 방법과 접근 방법으로는 물질세계의 본질과 구성을 이해하고 드러내기 어렵다.

② 생명 친화적인 동양·한국의 인식 방법

생명과 물질의 내적 구조와 성격, 본질과 성향이 온전히 드
러나려면 공감하고 신뢰하는 방식으로 인식 대상에 접근해야
한다. 인식 주체와 인식 대상 사이에 인식론적 일치뿐 아니라
존재론적 일치와 교감이 이루어질 때, 다시 말해 생명의 공명
과 감응이 이루어지고, 신뢰 관계가 이루어질 때 비로소 생명
과 물질에 대한 깊은 인식이 이루어진다.

이런 인식이 가능한 학문적 방법론은 동양의 학문 방법에
서 먼저 배울 수 있다. 서구와 달리 동양의 학문 방법은 삶에서
깨달음을 전제하고 추구한다. 서구에서 '학문'을 가리키는 말,
'science'나 'Wissenschaft'는 앎과 지식을 뜻한다. 서구의 학
문은 앎, 이성적인 지식과 정보를 추구한다. 그런데 동양의 학
문은 "모르는 것을 배우고學 의혹을 묻는 것問이다". 서경書經에
서는 학學을 "가르침을 받아서 깨달음을 전하는 것受敎傳覺悟"이
라고 했다.[4] 동양의 학學은 객관적인 지식과 논리보다는 주체와
객체가 통전되는 '깨달음'에 초점을 둔 것으로 이해된다. '배움'
을 뜻하는 '學'은 가르침과 깨달음이 몸과 맘에 '배게' 하는 것
이다. "모르는 것을 배우고 모르는 것에 대해 묻는" 동양의 학
문은 '모르는' 인식 대상에 대해 겸허하게 접근하며, 그 인식 대
상을 받아들이는 자세를 지닌다.

동양적 학문의 방법과 내용인 가르침과 깨달음은 몸, 인격
적 주체의 참여를 전제한다. 객관적인 지식과 정보로서의 앎만

을 얻는 것이라면 인격적 참여와 깨달음이 필요 없다. 인격적 참여와 깨달음은 '모름'을 전제한다. 생명과 물질의 세계는 이성의 빛이나 물질의 빛으로는 다 헤아릴 수 없는 깊이와 신비의 차원을 지닌다. 생명이나 물질은 '스스로 하는' 자유롭고 자발적이며 고유한 차원을 지녔기 때문에 밖에서는 다 알 수 없고 규명할 수 없는 차원이 남는다. 이성과 개념은 알 수 없는 모름의 차원을 훼손하지 않고 지킴으로써만 생명과 물질의 내용과 성격을 밝힐 수 있다. 모름지기는 '반드시', '꼭'을 뜻하는데 유영모는 이를 '모름직이', '모름을 지킴'으로 풀이한다.[5] 절대와 초월의 궁극적인 세계, 삶의 미묘한 세계는 논리와 개념으로, 생각과 감각으로 알 수 없는 세계이다. 알 수 없는 모름의 세계에서만 '반드시', '꼭'이 성립된다. 생성 소멸하고 늘 변화무쌍한 상대 세계에서는 '반드시', '꼭'이라고 말할 수 없다. '모름의 세계'를 지킬 때 '반드시', '꼭'을 쓸 수 있다. 모름을 지킬 때 삶과 사물의 본질적 깊이와 궁극적 차원을 드러낼 수 있다.

한국인의 사유와 인식 방법은 인식 대상을 있는 그대로 존중하고 드러내는 데 적합한 것 같다. 한국인의 언어에는 타자를 인식하는 한국인의 방법과 사고가 담겨 있다. 서구어 특히 라틴어를 한국어와 비교하면 그 차이가 두드러진다. 서구어에서는 주어가 술어의 형태를 규정하며 문장 전체를 지배한다. 객어(상대)는 주어와 술어에 영향을 주지 않고 주어와 분리된다. 이와 달리 한국어에서는 객어(상대)에 따라 주어와 술어의 꼴이 달라진다. 주어, 특히 1인칭 주어는 '우리'로 뭉뚱그려지거나 흔히 생략된다. 한국인의 언어는 객어(상대)를 존중하고 모시는 언어이며, 객어를 드러내는 언어이다. 언어가 인간의 감정과 의식, 무의식까지 규정하고 영향을 주는 것이라면 한국인의 인식 방법은 이런 언어 형태와 방식에 영향을 받았다고 보아야 한다. 한국인은 인식 대상을 지배하거나 정복하지 않고 인식 대상과 교감하고 감응하는 방식으로 대상과 타자를 인식한다.

'알다'라는 말도 비교된다. 서구어의 뿌리 말인 인도·유럽어에서 '알다'를 나타내는 말(라틴어 scio)의 말 뿌리는 'skei'인데 '자르다, 분리하다, 가르다'를 뜻한다.[6] 서구어에서 '알다'는 대상을 '가르고, 잘라서' 본다는 뜻을 품고 있다. 인식 주체인 이성적 자아의 자르고 분리하는 능력이 앎의 내용과 행위를 구성한다. 인식대상은 가르고 자르는 인식 행위의 수동적 대상에 머문다.

이에 반해 우리말 '알다'는 "배우거나 경험하여 모르던 것을 깨닫다"로 풀이한다. 그리고 '알다'의 뿌리 말 '알'은 '알맹이核', '알짬精', '알卵'이고 '얼情神'과 통한다.[7] 우리말 '알다'는 인식 주체의 인식 능력이나 행위와 관련되지 않고 인식 대상의 본질·내용과 관련된다. '알다'는 인식 대상의 알맹이와 알짬, 잠재적 생명력을 긍정한다. '알다'는 인식 대상에 '알맹이', '알짬', '생명의 씨앗'이 있다고 믿고 대상에 접근한다. '알다'는 인식 대상의 알짬(내적 본질)이 알려질 수 있음을 전제한다. 앎에는 인식 대상의 알짬이 담겨 있다. 이런 앎의 행위에서는 인식 대상이 중심과 주체로 존재한다. 이런 말의 어원적 차이는 서구에서는 인식 대상을 지배하고 통제하는 인식론을 시사하고 한국에서는 인식 주체인 인간의 이성적 자아가 겸허하게 인식 대상을 긍정하고 신뢰하고 존중하며, 인식 대상에 맞추는 인식론을 시사한다.

소크라테스가 "너 자신을 알라!" 했을 때도 자신을 알 수 있는 이성적 인식 능력에 초점이 있다. 변증법적 대화를 통해서 이성적 인식 능력을 일깨워 자신을 알게 하는 데 소크라테스의 사명이 있었다. 이성적 인식 능력을 신뢰한 플라톤과 아리스토텔레스는 인간과 사물의 본질에 대한 인간의 앎은 사물의 본질과 본성 및 인간의 본질과 본성에 일치하기 때문에 앎은 곧 행위가 될 수 있다는 낙관적 견해를 견지했다. 플라톤[8]과 아리스토텔레스, 데카르트와 베이컨, 칸트와 헤겔, 마르크스와 하버마스에 이르기까지 서구 주류 철학사에서 인간 이성의 인식 능력에 대한 신뢰는 일관성 있게 견지되었다.

그러나 동양에서는 깨달음을 강조했다. 깨달음은 사물과 존재의 본성과 본질에서 나온 빛이 인간의 인식 능력을 일깨움으로써 참된 앎에 이르게 되는 것이다. 진리와 도를 깨달음은 진리와 도가 드러나서 알게 되는 것이다. 인식 대상에 대한 인식 주체의 겸허한 자세와 신뢰를 볼 수 있다.

서구에서는 이성의 인식 능력에 근거하여 인식 대상을 분석함으로써 과학적 사고를 발전시키고 동양에서는 인식 대상을 신뢰하고 인식 대상과 인식 주체의 일치와 통전의 깨달음을 추구함으로써 종교적·도덕적인 생명 친화적 사고를 발전시켰다.

③ 학문성의 기준 ― 삶에 대한 감수성, 참여와 상상력

생명신학은 삶과의 교감과 합일 속에서 삶을 인식하고 실현하려 한다. 이런 생명신학적 관점에서 보면, 학문성의 기준뿐 아니라 학문의 방법과 태도가 달라질 수밖에 없다. 즉 삶의 본성과 내용에 걸맞은 인식론과 학문 방법이 요구된다. 학문은 진리 탐구이다. 사실, 진실, 진상과 진리를 밝히고 드러내는 일이다. 겉으로 뵈는 것을 넘어서 뵈지 않는 속알을 뚫어 보고 생명, 존재, 활동의 서로 이어진 보편적 관계와 바른 지향성을 밝히자는 것이다. 현상적·감각적 착각과 편견을 넘어 깊이 뚫어 보고, 존재와 활동의 바른 방식과 길과 목적을 밝히고, 보편적 상호 관련성을 드러내는 것이다.

생명의 본질과 상호 관련성을 이해하려면 그에 걸맞은 학문 방법과 학문 기준이 요구된다. '학문성'의 기준을 나는 이렇게 이해한다. 첫째, 사물과 존재의 본질과 상호 연관성을 깊고 넓게 이해하는 것이다. 삶의 깊이와 폭을 얼마나 잘 드러내느냐가 학문성의 일차적 기준이다. 둘째, 자신이 설정한 개념과 규정을 객관적이고 일관성 있게 사용하는 것이다. 셋째, 글의 전개가 논리적이어야 하며 문헌과 정보의 출처를 정확히 밝히는 것이다.

주체적인 학문 특히 생명을 중심에 놓고 학문을 하려면 학문성의 첫째 기준이 중요하며, 이 첫째 기준에 충실하려면 구도자적인 탐구와 깨달음이 요구된다. 학문이 삶의 진리를 탐구하는 것이라면 삶에 대한 착각과 환상에서 벗어나 참된 삶, 삶의 진상, 온전한 삶 전체에 이르는 것이 목적이다. 삶을 대상화해서 이해하는 데 머물지 않고, 진실한 삶, 있는 그대로의 삶, 되어야 할 그대로의 삶을 드러내고 실현하고 스스로 그 삶을 사는 데까지 이르러야 한다.

생명을 이해하고 드러내고 실현하려면 개념과 논리를 정확하게 사용할 뿐 아니라 생명과의 공명과 감응, 교감과 일치가 먼저 요구된다. 그리고 생명을 이해하고 표현하는 직관, 상상력, 영감이 더욱 중요해진다. 생각은 머리로만, 의식으로만, 뇌 세포로만 하는 게 아니라 온몸과 맘으로 한다. 창자로, 손으로, 눈으로, 발로 생각한다. 밥을 굶으면 내 몸의 생명을 절실히 느낄 수 있고, 굶주린 이웃의 삶을 알 수 있다. 많이 걸으면 뜻이 굳세어지고 생각이 난다. 손으로 잡으면 생각이 난다. 눈으로 보면 생각이 난다. 또 홀로 생각하지 않고 집단적으로 전체가 함께 생각한다. 동료의 생각이나 시대의 생각이 나의 생각에 영향을 준다. 내가 생각할 때 이미 동료의 생각, 시대의 생각이 내 생각 속에 들어와 있다.

개념과 논리만으로는 삶과 현실을 깊이 볼 수 없다. 생각과 의식이 깊고 넓어지려면 자신의 편견, 선입견, 사고의 틀이 깨져야 한다. 소리만 듣고도 소리를 낸 사람의 형편과 진상을 보는 관음보살觀音菩薩의 경지까지 가야한다. 그런 경지에 이르지 못한 사람은 감정이입과 삶의 참여를 통해서 남의 삶을 느끼고 이해할 수 있다. 생명신학은 끊임없이 애쓰고 노력하는 것일 뿐 완결된 체계에 이를 수 없는 것이다.

3. 생명신학—'서로 울림'의 신학

'하나님'이란 말은 철학적 개념이 아니라 우주와 생명 세계를 관계 속에서 보는 삶의 부름 말이다. 하나님을 부름으로써 우주의 생명이 살아서 '나'와 이어진 것을 느끼게 된다. "인간은 죽음같이 텅 빈 듯한 하늘을 향해 '아버지' 하고 부를 때 자기 모세관 속에 우주의 맥박을 느낍니다."[9] 하나님 안에서 생명의 서로 울림과 감동에 이른다. 하나님을 부르는 까닭은 개체의 단절과 소외에서 전체 생명의 공명과 감응과 하나 됨에 이르자는 것이다.

철학자 막스 셸러는 한국의 '하나님'이 세계적으로 매우 의미 깊은 신神 명칭이라고 했다. 서구어에서 신을 나타내는 'God', 'Deus'는 말 자체로는 특별한 의미가 없다. 그런데 우리 말 '하나님'에서 '하나'와 '님'은 매우 깊고 소중한 말뜻을 지닌다. '하나'는 하나 됨, '하나임'을 뜻하고 '님'은 그리운 이를 뜻한다. '하나'는 단순히 숫자 '하나'를 뜻하지 않고 갈라지지 않은 전체를 나타낸다. 갈라진 상대 세계에서 누구나 '하나 됨'을 갈망한다. '하나 됨'은 모든 철학과 종교, 정치와 교육, 예술과 문화의 목적이기도 하다. '하나 됨'을 이루기는 어렵다. 나뉘지 않은 전체는 이성이나 개념을 가지고 생각할 수도 없다. 나뉠 수 없는 '하나'의 세계는 이성의 빛이 미칠 수 없는 깜깜한 단일허공單-虛空의 세계, 궁극적·절대적 신비의 세계, 서로 이어진 우주 자연의 생명 세계이다.

하나님, 하느님, 한우님, 한울님, 하날님의 뿌리 말은 '한님'이다. '한'은 겨레를 나타내는 말인데 '하나-', '하늘天', '우上'를 뜻한다.[10] 또 '한'(=환)은 '밝고 환함'을 뜻한다. '하나님'을 부를 때마다 서로 하나로 되고 영혼은 하늘 위로 솟아오르고 밝고 환한 삶이 시작된다. 생명신학은 한겨레의 삶과 정신 속에 숨겨진 '한님의 힘'을 밝히고 펼치는 실천적 학문이다.

성경의 하나님은 역사와 사회의 구체적 현실 속에서 존재하고 활동한다. 성경의 하나님, 야훼는 스스로 하는 주체자와 창조자임을 선언한다. 야훼 하나님은 "나는 스스로 있는 이", "나는 있고자 하는 대로 있는 이", "나는 있게 하는 이"이다.[11] 창조자 하나님은 병들고 죽은 이들을 '일으켜 세우는 이'이다. 창조의 영은 죽음의 지배를 깨뜨리는 부활의 영이다. 성경과 서구의 모든 언어들에서 부활은 '일어섬'이다. 일어섬은 주체를 세움을 뜻한다. 우주 자연 속의 창조 신앙과 역사 속의 부활 신앙은 강

력한 주체성의 근거가 된다. 스스로 하는 주체적 창조자 하나
님은 역사의 질곡과 사회의 억압에서 구원하는 해방자이다.

하나님의 창조성과 주체성은 폭력과 억압에 짓눌린 인간을
주체로 일으켜 세우고, 죄와 절망과 죽음에 빠진 인간을 살리
는 힘이고 근거이다. 성경에서 하나님은 자유를 가져오고 새롭
게 한다. 성경에서 사람들은 하나님을 부르고 만남으로써 억압
과 폭력에서 벗어나 자유롭고 주체적인 인간이 되어 세상을 새
롭게 했으며, 죄와 절망과 죽음에서 벗어나 서로 살림의 공동체
세상을 열었다.

희생양의 구원—너의 고난이 나를 살린다

자연 세계는 먹고 먹히는 관계가 있으나 또한 서로를 살리
고 키워 주는 상생·조화 관계가 있다. 인간 세계와 역사에서는
무한한 탐욕과 폭력이 지배한다. 탐욕도 끝없고 폭력도 집단 학
살로 끝없다. 상생 조화가 없다. 인류의 역사는 철저히 승리한
정복자들의 관점에서 기록되고 이해되었다. 패배한 약자들, 고
통당하는 희생자들은 역사의 나락, 사회의 밑바닥에 깊이 숨겨
져 있다. 희생자들의 고통을 정당화하고 은폐하고 망각하는 역
사였다.

성경은 강대국이 지배하는 역사, 그 역사의 희생양이었던

히브리 백성이 자신의 고난에서 구원의 길을 열어 가며 깨달은 신앙 체험과 지혜를 담은 책이다. 이사야 53장에 나오는 고난의 종 노래에 이들이 고난의 삶 속에서 깨달은 진리가 압축되어 있다. 희생당한 자의 고난이 '우리'를 치유하고 살린다는 것이다. 이것이 히브리 성경의 핵심이며 신약성경에서 예수의 죽음을 이해하는 해석학적 열쇠이다.

① 고난의 종

고난의 종의 노래는 바벨론에서 오랜 종살이를 한 끝에 나온 평화의 노래이며 평화에 이르는 길에 대한 이스라엘 민족의 집단적 깨달음을 담고 있다. 억압과 전쟁, 폭력 속에서 신음하는 이들의 고통 속에서 인류의 죄가 씻기고 상처와 질병이 치유되며, 차별받고 고통당하는 이들이 우리 모두를 구원하는 속죄양이라는 것이다(사 53:3-5).

이스라엘 백성이 치른 종살이가 무의미하고 허망한 것이 아니며 멸시와 학대를 당했으나 '우리'를 살리는 구원자와 치유자가 된다는 것이다. 고통받고 학대받은 전쟁 패배자들이 구원자와 치유자로 전환된다. 이로써 모든 가치 판단과 선악 판단의 표준도 뒤집힌다. '나' 또는 '우리'가 선악 판단과 가치 판단의 중심과 표준이 아니라 고난받고 짓밟힌 '그', '그들'이 가치 판단과 선악 판단의 중심과 표준이 된다.

겉으로만 보면, 나와 무관한 대상으로 보면 그들은 패배자들이고 비참한 자들일 뿐이다. 그러나 그들의 자리에서 그들을 보고 그들과 하나 되어 그들의 아픔을 함께 느낄 때 그들은 '우리'의 치유자이고 구원자로 나타난다. 그들의 삶과 우리의 삶은 뗄 수 없이 결합되어 있다. 우리의 허물과 잘못 때문에 그들이 고통을 당하고 우리가 겪어야 할 고통을 그들이 대신 겪고 있으며, 그들이 고통을 겪음으로써 우리는 치유되고 살아난다. 우리는 고통받는 자들과 하나 되는 생명 세계로 들어간다.

② 십자가와 성만찬

예수의 십자가 죽음과 성만찬은 예수가 인류의 희생양으로 죽었으며, 자신의 생명을 인류의 밥으로 내어 주었음을 나타낸다. 살기 위해 남을 희생시키는 비정한 인류 역사, 살기 위해 남의 생명을 먹어야 하는 냉혹한 생존 조건을 깨뜨리고 스스로 희생양이 되고 남의 먹이가 된 예수는 공생과 상생의 길을 열었다.

예수의 고난과 죽음이 인류를 치유하고 살린다는 깨달음은 고난의 종에 대한 노래에서 비롯되었다. 그리고 예수의 고난과 죽음은 오늘 고통당하는 이들의 고난과 죽음으로 확대된다.

예수의 고난뿐 아니라 지금 고난당하는 이들의 고난은 우리 모두의 고난, 나의 고난이다. 고난받는 이들의 삶에서 나와 너의 일치, 하나 됨, 온 우주 생명의 하나 됨을 깨닫는다. 고난받는 이들의 삶에서 하나님의 임재와 현존, 하나님 나라의 동틈을 느끼는 것, 이것이 십자가의 의미이고 고난의 종의 노래에 비추어 예수의 죽음을 이해한 복음서의 신앙이다.

십자가의 큰 슬픔에서 큰 사랑이 나오고大慈大悲, 큰 슬픔에서 한 몸이 된다同體大悲. 하나님은 지금 고통받는 사람과 하나임을 느끼는 순간에 존재하고 행동하며 사건화 한다.

하나님 안에서, 예수 그리스도의 십자가 안에서 우주 생명, 인류 생명이 함께 울리고 통한다. 개체에 갇힌 개별적 생명을 넘어서 우주의 보편적 생명의 소통과 공명을 통해 그와 나의 삶이 하나로 통하고 울린다. 그리하여 예수의 십자가 안에서 온 우주의 생명이 한 몸을 이루는 화해와 통합의 길이 열린다.

예수의 십자가 죽음을 기념하는 성만찬은 예수의 살과 피를 먹고 마시는 사건이다. 예수의 생명을 먹고 예수의 생명에 참여함으로써 영생에 이른다. 십자가에 달린 예수를 믿는다는 것은 나와 예수가 하나 되는 사건이 일어남을 뜻한다. 예수가 남이 아니고 '나'라는 것을 깨닫는 것이다. 내가 예수와 함께 십자가에서 죽고 다시 사는 것이다. 고통받는 예수가 바로 '온 인류'이고 '나'라는 깨달음, 지금 고통당하는 사람, 신음하는 사람이 예수이고 하나님이고 우리이고 나라는 깨달음이 기독교 신앙이다. 내가 남과 하나 되는 사건, 내가 깨지고 깨닫는 사건에서 새 삶이 온다.

십자가와 성만찬에서 일어나는 신앙 고백적 깨달음의 전형을 사도 바울의 회심에서 볼 수 있다. 바울은 자신의 세계관과

종교적 신념에 따라서 예수의 제자들을 박해하고 죽이려고 다
마스쿠스로 가다가 박해받고 죽은 예수의 빛을 길에서 보고 회
심한 후 예수의 제자가 되었다(행 9:1 이하).

바울이 회심한 것은 완전히 깨진 것이다. 박해받는 자 예수
의 소리, 자신이 박해했던 예수의 소리에 바울의 낡은 세계관,
인생관, 자아상, 종교관이 모두 깨졌다. 자신의 낡은 세계관이
무너진 순간 바울은 눈이 멀었고 다시 보게 되었다. 새 눈을 떴
다. 새 눈은 보는 눈(인식 주체)과 보이는 대상(인식 대상)의 상이
하나로 된 것이다. 보는 눈(주관)과 보이는 대상(객관)이 하나로
되는 순간, 고통받는 적대자 예수에게서 참된 자기를 발견하는
순간, 인생과 역사, 삶과 죽음의 진리를 깨달았다.

"나는 네가 핍박하는 예수다"(행 9:5). 예수는 하나님의 아
들(하나님의 형상)이다. 모든 인간은 하나님의 자녀이고 하나님
의 형상대로 지어졌다. 하나님의 형상은 인간의 참된 꼴(모습)이
다. 바울은 자신의 참 모습을 예수에게서 보았다.

바울은 예수 안에서 자기를 보았고 자기 안에서 예수를 보
았다. 예수를 통해서 제 눈을 보았다. 제 눈을 제가 본 것이다.
주객이 분리된 인간은 제 눈을 못 본다. 자기 밖에서 자기를 볼
수 있을 때, 자기의 적대자와 자기에게서 가장 멀리 있는 고통
당하는 희생자 안에서 자기를 볼 수 있을 때 자기를 볼 수 있고
자기를 보는 자기의 눈까지 볼 수 있다. 바울에게서 예수는 가
장 멀리 있는 이, 적대자이자 고통당하는 희생자였다. 바울은

그런 예수에게서 참된 자기를 보았고 뭇 생명과 인류의 참 생명을 보았다. 예수를 통해 생명의 길이 열린 것을 보았다.

생명의 본질은 함께 울리고 함께 느끼는 것이다. 함께 울리고 서로 느낄 때 생명은 깊어지고 커지며, 힘이 난다. 생명신학은 나의 생명이, 사회 전체가 함께 울리고 서로 느껴서 힘차게 살아 있도록 자극하고 안내하자는 것이다.

내 속의 생명줄이 울리게

유영모는 오늘을 '오! 늘'이라 풀었다. '늘'은 언제나 변함없는 영원한 님이다. 지금 이 순간에 늘과 잇대어 살면, 늘을 잡고 늘을 타면 삶이 늘어나고 삶이 늘어나면 "늘늘늘늘 늘느리야!"[12] 신이 난다고 했다.

우주 자연 생명과 하나님을 향해 나의 삶을 열면 내 속의 생명줄이 울린다. 늘 생명줄이 울리려면 깊고 곧게 숨 쉬고 몸에 알맞게 먹고 좋은 생각을 많이 해야 한다. 생명의 속알인 얼과 뜻이 살아있게 해야 한다. 내 삶이 늘어나고 얼과 뜻이 살아서 내 생명줄이 울리면, 남의 생명줄과 함께 울린다. 서로 울리고 서로 느끼게 된다.

어떤 사람을 알려면 그 사람의 신을 신고 10리를 걸어 보아야 한다는 말이 있다. 그 사람의 자리에 서보지 않고는 그 사람을 알 수 없다. 생명 윤리의 성패는 타자의 자리에서 타자의 생명을 위해서 생각하고 결정하고 섬길 수 있는가에 달려 있다. 겪어 보지 않고도 헤아려 아는 감수성이 없는 사람은 노숙자와 함께 누워 보아야 노숙자의 삶과 마음을 알고 말할 수 있을 것이다. 교도소에 가보고 장애인의 자리에 앉아 보아야, 이 세상의 삶이 다 보일 것이다. '걸림 없는 옹근 삶圓融無碍'에 이르려면 인생의 쓴맛을 겪어 봐야 할 것이다.

3장

한국인의 생명 체험과 생명 이해
─묘합妙合과 서로 살림

서구 정신과 문화가 주도하는 현대 기술 문명은 생명 파괴의
경향을 보일 뿐 아니라 한국의 정신과 문화를 억압하고 소외
시키고 있다. 지구화 과정 속에서 한 울타리 속에 살게 된 인
류는 '서로 살림'과 '더불어 삶'의 힘과 지혜를 찾고 있다. 생
명 친화적이고 평화로운 문명을 이루기 위해서 동서 문화의
창조적 만남과 화해를 위해서 그리고 오랜 세월 움츠러들었
던 민족 정신과 문화를 펼치기 위해서 우리 자신의 생명 체
험과 생명 이해에 주목할 필요가 있다.

1. 과학기술과 반생명적인 사유

왜 현대 기술 문명은 자연 생명과 인간 공동체를 파괴하고 전쟁과 폭력으로 치닫는가? 기술 공학 자체가 인공적이며 일의 효율성을 위해 자연을 어느 정도 통제하는 것도 사실이지만, 인공적이라고 해서 반드시 인간과 자연 생명 세계에 적대적이고 파괴적으로 작용해야 하는 것도 아니며, 자연에 대한 기술의 통제가 반드시 무분별한 수탈과 파괴로 귀결되는 것도 아닐 것이다. 서세동점의 과정으로 확산된 과학기술 문명에는 지배와 정복의 철학이 숨겨 있고 이런 반생명적인 철학과 원리가 생명 파괴와 공동체 파괴를 조장한 것일 수 있다.

동양과 서양의 문화와 역사를 비교하면 그 경향적 차이가 분명하게 드러난다. 동양 특히 동북아에서는 자연 생명 질서에 기초한 농본주의적 제왕 국가 체제가 비교적 안정된 형태로 오래 존속했다면 그리스·로마와 유럽에서는 민족과 국가 사이의 전쟁, 권력 투쟁과 계급 투쟁을 통해 사회 질서를 형성해 갔다. 동북아에서는 자연 친화적이고 조용한 정신문화가 형성되고 서구에서는 정복적이고 진취적인 정신문화가 형성되었다고 볼 수 있다. 전자에서는 대상과의 일치와 동화를 추구하는 사유가 발달하고 후자에서는 대상에 대한 객관적이고 분석적인 사유가 발달했다고 말할 수 있다.

자연에 대한 정복적이고 공격적인 인식 방식과 태도는 고대 그리스 철학 이후 기술 문명의 과학적·철학적 선구자인 데카르트와 베이컨에게서 다시 나타난다. 이들은 자연을 지배와 정복의 대상, 이용의 대상으로 보았다. 데카르트는 이렇게 말했다. "불, 물, 공기, 별, 천체 그리고 다른 모든 물체들의 본성과 행태를 알면, 우리는 이것들을 우리의 목적을 위해 쓸 수 있으며…… 이렇게 하여 우리 자신을 자연의 주인과 소유자로 만들 수 있다."[1] 데카르트의 말에서 드러나듯이, 근대 과학기술의 목적은 자연을 과학적으로 인식함으로써 자연의 지배자와 소유자가 되는 데 있다.

정복자와 승리자로서 그리스·로마와 유럽인들은 개인적·집단적 자아의 실현과 팽창을 추구했고 자아의 권리에 기초한 정치·사회·법 사상을 발전시켰다. 영어와 독일어에서 법과 권리는 흔히 같은 말로 쓰인다. 소크라테스가 "너 자신을 알라" 하고, 데카르트가 "나는 생각한다, 그러므로 존재한다" 하며, 주관 정신이 객관 정신과 절대 정신으로 발전해 간다고 헤겔이 말한 것은 서구 철학이 인간의 자아와 정신에 관심이 집중되었음을 뜻한다. 예를 들어 서구의 대표적인 신과학적 생태주의 사상가 에리히 얀치의 사상도 소크라테스의 '너 자신을 알라'는 자기 개념 그리고 이를 계승하여 발전시킨 헤겔의 '자기의식' 전통에 서 있다. 이준모에 따르면 얀치의 우주는 헤겔에 의해 대표되는 모놀로그의 신령神靈이다.[2]

플라톤은 생명을 '자기 운동', '내적 운동력'으로 보았고, 아리스토텔레스는 부동의 원동자인 신을 최고의 생명체로 보고 생명 운동의 근원이 영혼의 로고스 안에 있고 생명의 최고 상태는 생각 속에 있다고 보았다. 생명의 최고 형태는 자체 안에 자신의 목적을 지닌 형태(프락시스)로 나타난다. 생명을 생명체의 내적 운동력으로 그리고 인간의 정신 속에서 이해하려는 이런 관점이 서구 철학사와 신학사를 규정한다.[3]

이처럼 생명체의 내적 자아(주체)와 정신에 집중된 서구의 사유는 기본적으로 타자에 대해 닫혀 있다고 생각된다. 여기서 예외로 생각할 수 있는 철학자는 '너 의식'에서 '나 의식'이 생겨 난다고 본 마르틴 부버와 유기체적 과정 철학을 제시한 화이트헤드일 것이다. 그러나 마르틴 부버는 '너와 나'의 배타적·독점적 관계에 집중한다. 타자들은 '나'와의 관계 속에 들어올 때만 '나'에게 의미 있는 존재('너')가 된다.[4] 화이트헤드는 어떤 현실재現實在들이 다른 현실재들에게 자신을 내어 주고 비워 줌으로써 유기체적이고 과정적인 합생合生이 일어난다고 말하지만,

합생에서 중심개념은 '움켜쥠prehension'이다. 현실재가 다른 현
실재들을 주어진 자료로서 주체적으로 움켜쥠으로써, 다시 말
해 체험, 흡수, 파악, 변형, 정렬시킴으로써 또는 배제, 유기, 거
절, 선택함으로써 자신의 현실재를 보다 풍요롭고 새롭게 창조
해 간다고 보았다.[5] 화이트헤드의 '움켜쥠'에는 타자에 대한 정
복과 소유의 관점이 남아 있는 게 아닐까.

자아의 팽창과 실현을 추구한 서구 사상에서는 타자에 대
한 공경과 배려가 부족하다고 생각된다. 플라톤의 상기설想起設
에서 자아가 망각한 이데아를 타자와의 만남에서 회상하게 된
다지만 타자는 잊었던 이데아를 회상하는 계기로 이용되고 있
을 뿐이다. 이것은 독일 신학자 불트만이 타자(그리스도)와의 만
남에서 자아의 실존이 회복된다고 본 것과 같다. 엠페도클레스
가 타자에 대한 지각을 고통과 관련시키고 몰트만이 타자와의
만남에서 갖게 되는 첫 느낌을 고통으로 본 것도 타자에 대한
서구인들의 비우호적 사고를 드러낸다.

뭇 생명은 자기 안에 존재와 활동의 중심을 지니고 있다. 다
시 말해 모든 생명체는 그 나름의 주체성, 자아성을 가지고 있
다. 한 생명체는 다른 생명체에게 타자로 나타난다. 타자에 대
한 서구인들의 비우호적 사고는 정복 전쟁, 권력 투쟁과 계급
투쟁과 관련이 있다고 생각되며 더 나아가서 언어 구조와 실
체론적 사고에서 영향을 받은 것으로 판단된다. 유럽어들의 뿌
리 말에 해당하는 라틴어는 주어가 술어를 지배하고 규정한다.

동사의 형태는 객어(상대)와는 관계없이 일방적으로 주어의 성, 수, 격에 의해 결정된다. 모든 명사와 형용사도 자신의 성, 수, 격에 따라 그 꼴이 결정된다. 주어가 지배하고 명사와 형용사가 자신의 성, 수, 격에 따라 변화하는 라틴어의 문법 구조와 성격은 타자를 지배하고 자신에게 집중하는 사고 경향을 조장했다고 여겨진다. 또한 '자기완결적이고 배타적인' 실체 개념이 서구 철학의 중심개념이 됨으로써 타자에 대한 열린 사고와 타자의 다름을 존중하는 사고가 발달하기 어려웠다고 본다.

타자로서의 생명에 대한 서구의 비우호적인 인식 방식과 접근은 생명의 본성과 원리에 어긋난다. 생명에 대한 신뢰와 존중 없이 생명을 객관적이고 분석적으로 이해하고 접근하면 생명의 본질과 성격을 놓치고 생명을 왜곡하고 파괴하게 된다.

2. 생명의 본질과 성격에 대하여

지구화되는 세상에서 과학기술과 함께 공생과 상생의 평화
로운 삶을 살기 위해서, 타자로서의 생명을 있는 그대로 존중
하고 살리는 생명 이해와 접근이 요구된다. 생명을 있는 그대로
존중하려면 생명의 본질과 구조를 바로 보아야 한다.

서로 다른 요소들의 묘합妙合

가장 초보적인 생명체는 아미노산, 질산염, 당, 인산염 같은
서로 다른 화학 물질들의 창조적 연결이나 결합polymerization을
통해 생겨났다고 한다. 셋 이상의 다른 요소들의 개방적·창조
적 결합으로 생명이 이루어진 것이다.

생명체 안에서 온갖 세포들과 기관들은 서로 구별되고 자

유로우면서 뗄 수 없이 결합된 관계, 끊임없이 새로운 것을 창조하고 생성하는 관계 구조를 이룬다. 생명 없는 물체들의 관계가 표면적이고 정태적이라면 생명체를 생성하는 물질들의 관계는 중층적이고 입체적이며, 존재의 질적 변화를 가져오는 창조적 관계이다. 생명 없는 물질에서는 볼 수 없는 깊이와 높이와 자유를 지닌 질적으로 새로운 차원이 열린다. 이 미묘하고 창조적인 내적 관계 구조는 단순한 종합이나 결합, 연합이라는 말로 표현될 수 없고 묘합, 서로 다른 요소들의 절묘한 결합이라고 할 수밖에 없다.

흙, 햇빛, 물, 바람의 창조적 어우러짐으로 씨앗은 생명 활동을 시작한다. 흙, 햇빛, 물, 바람은 함께 어우러지고 녹아져서 한 생명체를 이루지만 각자의 물질적 바탕 성분을 간직하면서 상생적 결합과 통전을 이루어 낸다. 씨앗 한 알과 배추 잎 하나 속에서 다양한 우주적 물질과 요소들이 창조적이고 공생적인 묘합을 이루고 있다. 이런 공생적 묘합은 서로를 긍정하고 서로의 다름을 존중함으로써, 서로의 존재에 깊이 참여함으로써만 가능해진다. 생명체 안에서 서로 다른 요소들은 뗄 수 없이 결합되었기 때문에 어느 한 요소도 배제되거나 소외되면 생명체는 더 이상 존속할 수 없다.

묘합의 구조와 관계를 지닌 생명은 무한히 다양하고 자유롭고 서로 다르면서도 하나로 통하고 이어져 있다. 온갖 다양한 동물과 식물 생명체들이 지닌 분자들은 동일하고, 세포들의 가장 기본적인 기능은 정확히 모든 생명 형태들에서 동일하다. 예를 들면 DNA와 RNA 과정과 세포 분열 과정은 박테리아로부터 인간에 이르기까지 동일하게 나타난다. 온갖 생명체들의 이 같은 다양성과 동일성은 서로 다른 생명체들 사이에 깊은 교감과 감응, 공명의 가능성을 시사하며, 생명 자체 속에 생명 윤리의 근거(타자의 고통에 대한 감수성)가 있음을 드러낸다.

한 생명체 안에서 그리고 자연 생명 세계 안에서 부분은 전체와 뗄 수 없이 결합되어 있고, 부분 속에 전체가 반영된다. 이런 생명 이해는 현대 물리학의 우주 이해와도 일치한다. 상대성 이론과 불확실성 이론 이후 많은 현대 물리학자들이 우주의 전체성을 말하는데, 데이비드 봄David Bohm은 관계들로 이루어진 우주의 "손상 받지 않은 전체성"을 말하고, 지오프리 츄Geoffrey Chew는 "모든 입자는 모든 다른 입자들로 이루어져 있다" 말함으로써 모든 실재의 상관성과 전체성을 극적으로 강조한다. 우주와 우주의 입자들과 마찬가지로 생명은 전체적으로 이해되고 부분과 개체의 기쁨과 아픔은 전체에 전달되고 느껴진다. 그리고 전체의 상태는 개체와 부분에서 느껴지고 투영된다.

생명은 서로 느끼고 함께 울린다. 서로 감응이 없으면 생명이 아니다. 생명은 생명과 만나 하나임을 느낀다. 측은히 여기는 마음, 기쁨과 두려움, 사랑하는 마음이 저도 모르게 생겨난다. 생명은 사랑이다. 생명이 생명을 살린다. 사랑으로 생명과 생명이 만나면 변화와 감동이 일어나고 뭇 생명이 살아난다接化群生.

숨, 밖을 향한 그리움

모든 생명체는 숨을 쉰다. 숨은 안팎의 소통이고 교류이며 교감이다. 물질의 안(나)과 밖(타자)이 함께 울리고 서로 느낌으로써 생명 활동이 시작된다. 물질이 안팎으로 함께 울림과 서로 느낌을 통해 존재와 활동의 중심과 주체, 살아 움직이려는 의지가 생겨났다.

많은 나라의 언어들에서 숨과 영은 통한다. 히브리어 루아흐, 그리스어 프뉴마와 프쉬케, 라틴어 스피리투스, 인도어 아트만은 숨, 바람과 영혼을 함께 나타내는 말이다. 생명과 영혼은 타자와 소통하고 교류하는 관계적 존재이다. 숨은 살려는 의지이고 삶에 대한 열망과 염원을 품고 있다. 숨 쉬는 생명은 자기 안에 머물러 있을 수 없다. 숨은 밖을 향한 끝없는 그리움을 담고 있다.

숨은 신진대사新陳代謝, 묵은 것을 내보내고 새것을 받아들임이다. 자기 비움을 통해서 울림과 소통이 가능해지고 숨 쉬는 일이 가능해진다. 숨을 쉰다는 것은 먼저 자기를 비우고 밖의 바람, 하늘 기운을 받아들임이다. 숨은 자기를 비우고 바깥의 하늘 기운을 모시어 들이는 겸허한 영적 행위이다. 숨은 타자 없이 살 수 없다는 고백이고 타자에 대한 존경과 감사의 표현이다. 숨을 깊이 쉬면 안과 밖이 통하고 안과 밖이 통하면 편안해지고 힘이 난다. 동양에서 생명을 흔히 숨과 기氣로 파악한 것은 모든 생명이 서로 통하고 이어져 있음을 드러낸 것이다.

자기 비움과 평화로운 공생

숨에는 깊은 생명철학적 의미가 담겨 있다. 성경에 따르면 하나님은 흙으로 사람의 몸을 빚고 하나님의 생명 기운(숨)을 코에 불어넣음으로써 인간을 창조했다. 하나님의 생명 기운, 하늘의 기운을 흙으로 빚은 사람의 몸속에 넣는다는 것은 하늘天이 흙地 속에 들어온 것을 뜻한다. 주역에서 하늘이 겸손하게 땅 아래로 오면 태평해진다고 한다. 하늘이 땅 위에 높이 있으면 위험하고 흉해진다. 그러나 땅이 앞에, 위에 오고 하늘이 땅 뒤에 땅 아래 오면 태평해진다는 것이다地天泰. 평화 세계(하늘 나라)를 이루기 위해 하나님天이 사람의 몸地을 입고 땅바닥으로 내려왔다는 기독교의 가르침은 주역의 지천태가 시사하는 생명·평화 세계의 진리와 통한다. 몸으로 하늘 바람을 숨 쉬는 숨에는 기독교적 인간 창조의 깊은 의미가 담겨 있고 주역에서 말하는 지천태의 신비가 숨겨 있다.

주역에서 겸괘謙卦는 늘 길하고 이롭다. 강하고 높은 이가 자기를 낮추고 비울 때 생명이 융성해지고 풍성해진다. 강해진 음이 스스로 줄어들 때 생명이 생겨나고 생명 활동이 이루어지며, 강해진 양이 스스로 줄어들 때 생명이 살아 움직이기 시작한다. 자기를 비우고 줄임으로써 생명이 발생하고 활동한다는 주역의 사고는 '타자'에 대한 예의와 배려를 담고 있으며, 공생과 상생의 관념을 반영한다.

하늘이 땅 아래 오는 방식으로 하늘과 땅이 결합된 것을 묘합이라고 할 수 있다. 하늘이 하늘에만 있고 땅은 땅에만 있다면 하늘과 땅은 분리되고 참다운 결합은 이루어질 수 없다. 하늘은 하늘이고 땅은 땅으로 남는다. 그러나 강하고 높은 하늘이 약하고 낮은 땅에 내려와 화합하고 일치하는 것은 하늘과 땅이 둘이면서 하나이고 하나이면서 둘이 되는 묘합을 이룬 것이다.

스스로 낮추고 비움으로써 생명 활동이 융성해진다고 보는 동양적 생명 이해는 상생과 공생의 원리로 이어진다. 음양오행설에 따르면 만물은 '서로 살림相生'과 '서로 이김相剋'의 원리에 의해 운행된다. 생명 세계에서도 서로 살림과 서로 이김의 원리가 지배한다. 그러나 생명 세계에서는 서로 이김보다 서로 살림의 원리가 우세하고 주도한다. 만일 서로 이김의 원리가 우세하다면 생명 세계는 줄어들고 약해져서 결국 소멸할 것이다. 또 서로 이김과 서로 살림의 원리가 똑같이 지배한다면 생명 세계는 정태적인 균형과 조화 속에 지루한 반복만 있었을 것이다. 서로 살림이 우세하기 때문에 생명 세계는 큰 조화와 균형 속에서도 자유롭고 다양하고 풍성하게 생성하고 발전하고 진화해 가는 것이다.

3. 한국인의 생명 체험과 생명 이해

한민족은 수천, 수만 년 전부터 해 뜨는 동쪽, 밝고 따뜻한 나라를 찾아 중앙아시아의 우랄 알타이 산맥을 넘어 북몽골 족이 세력을 떨쳤던 바이칼 호를 거쳐 동북아 지역으로, 다시 만주와 시베리아를 거쳐 한반도에까지 이르렀던 것으로 추정된다. 밝고 따뜻한 삶을 향한 이러한 오랜 순례의 길에서 한민족의 가슴에는 밝고 따뜻한 삶에 대한 사무친 염원이 새겨진 것 같다.

밝고 따뜻한 삶을 추구한 한민족은 자신들을 예濊 또는 맥貊으로 자처했는데 예濊는 동쪽을, 맥貊은 밝음을 뜻했다. 한민족은 동쪽에서 환히 비치는 태양의 광명을 받았다는 의미에서 예맥, 한(韓=桓, 밝음)을 자기 부족들의 이름으로 사용했다. 동북아 일대의 산천 이름, 사람 이름에 白(밝) 자가 많다. '희다'와 '밝다'를 뜻하는 白(밝)은 밝고 따뜻한 햇빛을 나타낸다. 최남선은 白(붉)이 태양, 신(하늘, 하날님)을 나타낸다고 보았다.[6] 한민족은 스스로를 '배달의 겨레'라고 일컬었는데 배달은 '밝달=밝은 땅'을 뜻한다. 이런 이름들은 한민족이 밝고 따뜻한 삶을 지향했음을 나타낸다. 또 한민족이 흰옷을 즐겨 입은 것도 밝은 삶에 대한 염원을 반영하는 것으로 여겨진다.

한민족의 근원적인 생명 체험과 생명 이해
─'한韓'의 묘합

한민족의 정체를 나타내는 '한'은 흔히 '큰 하나'를 뜻하지만 그 쓰이는 말뜻은 매우 복합적이고 다양하다. 환하다, 크다, 임금(우두머리), 높음, 온전함, 대략, 하나, 많은, 무릇, 모든, 바른, 넓은, 가운데. 이런 다양하고 상반된 의미를 지닌 '한'의 어원은 무엇일까? 학자들은 '한韓'이 '환하다=해=밝음'에서 온 말이라고 본다. 한은 환히 밝다는 '환桓'을 뜻한다. 이기영에 의하면 '붉=한'은 중앙아시아의 추운 바이칼 호수 일대에서 따뜻한 광명을 찾아 남하하는 동안에 한민족에게 생긴 본능적 개념이다.[7]

'한'이란 말 속에는 한민족의 근원적 생명 체험과 생명 이해가 담겨 있다. '한'의 논리와 사유는 생명의 논리와 사유이다. '한'은 '낱'(하나로서의 개체)과 '온'(큰 전체)을 아우르는 말이다. 생명도 다양한 '낱'이면서 하나로 이어진 '온'이다. 생명 세계가 분화되면 많음이 되고 다양한 많음이 수렴·통전되면 하나로

귀결되듯이, '한'은 다양한 많음과 수렴·통전된 하나를 함께 나타낸다.[8]

'한'이라는 하나의 존재가 '크다'(전체)와 '하나다'(개체)의 이원적 구조를 지니고 있다. 이을호는 '크다'와 '하나다'의 이원적 구조가 일원적 존재로 이해되는 '한'의 존재 구조를 '묘합妙合'으로 설명한다.[9] '한'은 서로 다른 상반되고 양극적인 요소의 일원적 통일을 나타낸다.

묘합으로서의 한의 구조는 '낱'과 '온'의 역설적이고 역동적인 일치와 통전을 나타낸다. '한'은 '낱'으로서의 개체와 '온'으로서의 전체가 결합된 개념이다. 또한 '한'은 한겨레와 '한울(하늘)', '한님'(한아님)을 함께 나타낸다. '한'은 이 땅에 사는 한겨레의 삶과 하늘(한님)을 이어 준다. '한'이란 말속에서 한겨레와 하늘(한님)은 뗄 수 없이 결합되어 있다. '한'이란 말속에 '밝고 따뜻한 땅의 삶에 대한 염원'과 '하늘의 자유'가 미묘하게 결합되어 있다.

서로 다른 것의 묘합의 논리는 평면적인 형식 논리가 아니라 생명과 정신의 입체적이고 중층적인 구조와 깊이를 나타내는 논리이다. 이것은 개체 속에서 전체를 보고 전체 안에서 개체를 보는 생태학적 논리이며, 사람과 하늘의 깊은 관계를 보는 영적 깨달음의 논리이다.

삶은 다양하고 다원적이고 복잡하고 중층적이면서도 구체적인 하나의 생명체로 존재한다. 모든 생명체는 우주적 요소들과 생명 작용의 묘합이다. 한사상은 이러한 생명 현실을 충실히 반영한다. 양극화, 분리, 대립, 배제, 갈등의 논리와 사고는 삶의 본질과 현실에 충실한 한민족의 기본 정서와 사유에 낯설다. '한'에는 배제하거나 소외시키지 않는, '더불어 살고', '서로 살리는' 인식과 사유가 내포되어 있다.

묘합으로서 한은 개체와 전체, 하나님과 인간, 하나와 많음의 역동적 일치를 나타낸다. 한민족의 전통 종교 사상을 담은 《삼일신고》에서는 이것을 "하나를 잡아 셋을 포함하고 셋이 만나 하나로 돌아옴執―含三, 會三歸―"으로 표현했다.[10] 셋은 완전수로서 만물을 나타낸다. 만물을 포함하고 하나로 돌아가게 한다는 원리는 만물을 품어 하나로 만드는 '한사상의 포용적·동화적 성격'을 드러낸다. 셋(만물)을 큰 하나 속에 포함시키고 큰 하나로 돌아가게 한다는 것은 '나', '너', '그것'을 두루 포용하고 통전시키고 동화시키는 것을 뜻한다. 여기서는 '하나'와 '셋', '셋이 어우러짐會三'과 '하나로 돌아감歸―' 사이에 긴장과 균형의 관계가 있다.

'한'의 이원적이면서 하나인 존재 구조에서 개체와 전체, 하나와 셋의 역동적 관계가 성립된다. '한'의 사유와 논리에서는 '나'가 전체(우리) 속에 소멸되거나 해소되지 않고 우리(전체)가 개별적인 '나'로 해체되거나 흩어지지 않는다. 이것은 인도 종교의 범아일여梵我―如 사상과도 다르다. 범아일여는 '나'와 우주적 보편적 실재와의 직접적인 일치로서 '나'를 우주적 신적 실재와 동일시하거나 우주적 신적 실재로 해소한다. 또한 중국의 음양 오행 사상이나 노장 사상과도 다르다. 음양오행 사상은 음양의 조화와 상보성, 오행의 순환적 상관 관계를 말한다는 점에서 하나로 귀일시키는 '한'의 사유 구조와는 다르다. 그리고 노자 도 도道를 '하나'로 파악하지만 이 '하나'는 만물의 근본 법칙으로서 사물을 사물의 본 모습으로 돌아가게 하는 것이다(道德經 39장). 또 "도에서 하나가 나오고 하나에서 둘이 나오고 둘에서 셋이 나오고 셋에서 만물이 나온다道生一 一生二 二生三 三生萬物"함으로써 도에서 만물로 퍼져 나가는 사유구조를 제시한다(道德經 42장). 이런 사유 구조도 "하나로 셋을 포함하고 셋을 하나로 돌아가게 하는" '한'의 사유 구조와는 다르다.

한의 묘합 사상은 하나와 만물(셋), 개체와 전체의 역동적 관계를 지킨다. 마치 생명체가 자기중심성을 잃지 않으면서도 내적 조화와 균형을 유지하고 바깥 세계와의 평형을 지키는 것과 같다. 개체와 전체의 역동적 관계를 지키는 한의 사유 구조에서는 '나'(하나)가 '우리'(큰 전체)로 완전히 해소되지 않고 '우리'가 '나'(하나)로 해체되지도 않는다.

한사상은 지금 이 땅에서 밝고 따뜻한 삶을 추구한다는 점에서 현재와 미래의 역동적 일치(묘합)를 함축한다. 현세적이고 경험적인 삶을 과거나 미래로 해소하거나 희생시키지 않지만 과거나 현재에 체념하고 안주하지도 않는다. 밝고 따뜻한 삶을 향한 염원, 솟구쳐 오르고 뛰쳐나가려는 삶의 본질과 의지를 담고 있는 '한'의 사유와 정서는 현실 속에서 보다 나은 삶을 위해 꿈틀거리게 한다. 이러한 '한'의 정신과 사유는 한민족의 정신적 원형질로서 민족의 역사와 문화 속에 작용하지만 시대에 따라서 왜곡되고 변질되어 나타나기도 한다.

한恨과 신명의 묘합

한국인의 묘합적 정신 구조는 한恨과 신명의 어울림妙合을 낳았다. 밝은 삶을 염원하기 때문에 신명이 나고 일치와 동화를 추구하기 때문에 한恨이 맺힌다. 한의 사무친 슬픔 이면에는 삶에 대한 깊은 염원이 있다. 이어령이 말하듯이 한은 "자기 마음속에 무엇인가를 희구希求하고 성취하려는 욕망이 없이는 절대로 이뤄질 수 없는 정감이다". 삶에 대한 염원과 한恨이 미묘하게 결합되어 있다.

한국인의 삶의 특징은 한恨과 신명의 어울림에 있다. 사무치는 한恨의 아픔과 장쾌한 활력, 구슬픈 애조와 흥겨운 가락이 공존한다. 함께 눈물 흘리며 아리랑을 부를 수도 있고 함께 덩실덩실 춤추면서 아리랑을 부를 수 있는 한민족의 가슴에는 한과 신명이 어우러져 있다.

역동적인 묘합의 사유와 정신 구조 속에 사는 한국인은 깊은 한恨을 품으면서도 어둡고 깊은 한恨에만 매몰되지 않고 밝

81

은 신명과 활력을 지니고 산다. "한恨이 깊을수록 신명이 난다"는 말은 한恨과 신명의 묘합과 역동성을 드러낸다. 한이 깊고 처절할수록 삶은 정화되고 아름다워지고 강해질 수 있다. 탈춤이나 대동제의 집단 연희는 맺힌 한을 집단의 신명으로 전화시킨다. 한이 원한으로 되고 한이 맺혀 깊은 상처를 주기도 하지만 해학과 초월로 승화되기도 한다. 한이 깊은 만큼 인정도 깊다. 그러나 거꾸로 신명 나는 신바람과 초탈한 웃음, 속 깊은 정情 속에 한恨이 배어 있기도 하다. 한恨은 흥겨운 가락으로 표출되기도 하고, 많은 사람들의 마음 밑바닥을 사로잡는 정서이기도 하다.

한국 사상의 논리구조―묘합

묘합으로서의 '한'의 존재 구조는 한국적 사유의 성격과 논리 구조를 형성했다. 묘합의 원리로서 '한'은 외래 종교와 사상을 흡수·동화하면서 한민족의 종교와 사상을 형성하는 원리이기도 하다. 창조적이고 주체적인 한국 사상의 기본 구조와 논리는 묘합의 구조와 논리를 지니고 있다.

최치원은 유불선 삼교를 포함하는 한민족의 현묘지도玄妙之道가 있다고 했다. 한국인의 현묘한 도에서 유불선 삼교가 구별되면서도 분리되지는 않는 방식으로 포함되어 있다는 것이다.

이 현묘한 도는 '한韓'의 정신과 원리, 묘합의 구조와 논리에 따라 한겨레의 삶 속에서 자연스럽게 형성된 종교 사상이었다고 생각된다.

묘합의 논리와 구조는 원효가 자신의 논리의 사유 구조를 "둘을 융합하지만 하나로 되는 것은 아니다融二而不一"라고 밝힌 데서도 나타난다. 또한 '둘이면서 하나이고二而一', '하나이면서 둘一而二'이라는 율곡의 이기일원론적 자각도 한국적 사유인 한의 묘리妙理에 대한 자각이다.[11]

19세기의 대표적인 민중 종교인 동학에서 말하는 시천주侍天主와 사인여천事人如天 그리고 인내천人乃天도 인간과 한울님(하늘)의 묘합을 나타낸다. 한울님을 내 몸과 맘과 삶 속에 모시고 사람을 한울님처럼 섬긴다는 것은 사람과 한울님을 분리하지도 않고 혼동하지도 않으며, 구별되면서도 일치한다는 묘합의 원리를 반영한다. 한울님이 지금 여기의 삶 속으로 들어오고 사람을 한울님으로 섬김으로써 한울님과 사람, 하늘과 땅의 역동적 관계가 이루어진다. 한울님을 모시는 시천주 신앙은 관념이나 피안으로 도피하지 않고 주어진 현실에 안주하지 않고 역사와 현실의 변혁과 갱신으로 이끈다. 한울님이 역사와 현실 속으로 들어오면, 역사와 현실은 새롭게 변화되지 않을 수 없기 때문이다.

묘합으로서의 사유와 논리 구조는 한국인의 정신적 원형질로서 작용한다. 따라서 한국인의 사상적 주체성과 천재성은 분

석과 논리의 정교함과 치밀함에서보다 하나로 통하고 잇는 데
서 드러난다. 최치원, 원효, 지눌, 율곡, 최수운과 최해월은 모두
사상적 회통과 대종합을 이룬 이들이다. 하나로 아우르고 하나
로 꿰뚫는 데서 한국인의 사상적 천재성이 발휘될 수 있다.

　3·1운동의 정신적 맥을 이은 유영모와 함석헌의 기독교적
이고 민족적인 사상도 동서를 아우르고 유불도와 기독교를 회
통하는 종합의 사상을 추구했다. 함석헌은 일원一元과 이원二元,
몸과 맘, 얼과 살이 통전된 새 철학, 세계를 통일하는 세계 정부,
동서 문명의 통일을 꿈꾸었다. 유영모는 통일은 하나님의 일이
고 사람의 일은 귀일歸一이라고 했다. 속에 스스로 하는 자발적
주체성을 지닌 서로 다른 인간들을 통일한다는 것은 다른 생명
의 주체성과 자유를 해치지 않고는 불가능한 일이다. 인류사에
서 폭력과 강제 없는 통일은 없었다. 참된 통일은 너와 나와 그
가 '서로 다름'을 지키면서 자유롭게 살도록 하는 것이다. 유영
모의 귀일사상은 '하나'로 돌아가는 겸허를 지니고 있으며, 다
른 주체들의 서로 다름에 대한 존중과 배려를 담고 있다. 회통
과 귀일을 추구한 한국인의 사상은 생명의 본질에 충실한 평화
의 사상이라고 생각된다.

　한국인의 정신문화에는 하나가 되려는 경향이 있는가 하면
하나를 느끼는 단위로 갈라지는 경향도 있다. 배타적이고 교조
적이고 정통적인 경향과 포용적이고 개방적인 경향이 혼재한
다. 중국의 주자학보다 더 주자적이고 마르크스보다 더 마르크

스적이며 미국의 기독교 근본주의보다 더 근본주의적인 경향, 폐쇄적이고 교조적이고 정통적인 경향이 한쪽에 있다. 그런가 하면 외래의 종교·철학 사상과 문화에 대해서 개방적이고 포용적인 경향도 두드러지게 나타난다.

개인적으로나 특정 시대에 편향적 경향성이 나타날 수 있지만 전체적으로 민족 문화사적으로는 주체적이면서도 개방적이고 포용적인 문화를 일구어 왔다고 할 수 있다. 특히 주체적인 자기 동일성과 개방적 포용성이 삶의 깊이와 높이에서 일치할 때 원융회통의 대종합을 이룰 수 있었다. 자기 중심을 지키면서도 열린 포용성을 가질 수 있을 때, 한국 사상가들은 묘합의 정신과 논리에 따라서 종합하고 회통하는 사상을 펼칠 수 있었다.

삶의 묘합

'셋과 하나'의 묘합을 말하는 삼일三─ 사상은 한국인의 심성과 삶 속에 깊이 새겨져 있다. 한국의 전통 음악은 흔히 세 박자로 되어 있고 사회자가 방망이를 두드릴 때도 세 번 두드리며 내기를 해도 세 번 한다. 유영모는 셋은 '선다'는 말에서 나왔다고 한다. 세 발만 있으면 만물은 어디서나 잘 선다. 셋이 모이면 하나로 설 수 있다는 것이다.

'셋과 하나'의 묘합은 생명의 원리이며 평화의 원리이다. 하나 속에 셋이 있고 셋이 하나로 통한다는 삼일사상 속에 공생과 상생의 비밀이 숨겨 있다. 인간관계에서는 흔히 '나'와 '너'가 결탁하여 '그'를 배제하거나 소외시킨다. '나와 너와 그', 셋이 하나로 되는 때 평화가 이루어지고 공동체적 삶은 완성된다. 셋이 하나 되는 것이 평화의 틀이다. 둘이 하나를 배제해서도 안 되고 하나가 둘을 지배해서도 안 된다. 셋이 하나로 되는 세계는 평화와 상생의 세계다.

'하나'는 나뉨 없는 절대, 큰 것, 시작하는 원점이며, 모든 것을 아우르는 하늘이다. 셋은 함께 잘 서는 것이다. 둘은 나뉨이고 맞섬의 상대 세계다. 셋은 홀로 있는 주체로서의 나도 아니고 나와 너가 마주 선 상대 세계도 아니고 나와 너와 그가 하나로 돌아가는 묘합의 평화 세계다.

"하나를 잡아 셋을 포함한다"는 것은 배제와 소외, 대결과 갈등, 지배와 정복의 원리가 아니라 통일과 귀일, 협력과 연대, 공생과 상생의 원리, 대종합의 평화세계를 위한 원리이다. 모든 것을 하나로 아우르는 포용의 원리이다.

셋이 하나로 어우러지면서 주체성과 통일성을 지키려면 자기를 비우고 낮추며 타자의 다름에 대한 배려와 존경, 사랑과 신뢰를 지녀야 한다. 그런데 이미 우리말에는 자기를 낮추고 비켜서는 겸허함과 자기 비움이 배어 있고, 상대에 대한 배려와 존경이 스며 있다. 한국어에서 '나'가 흔히 '우리'로 뭉뚱그려지거나 생략되는 것은 자기를 낮추고 비우는 겸허함의 표현이고 상대(객어)가 술어의 꼴을 결정하게 하는 것은 상대에 대한 배려와 존경을 나타낸다. 상대와의 교감을 중시하는 우리말은 주어가 지배하는 서구어에 비해서 평화적인 언어라고 할 수 있다.

님, 나와 너의 묘합

상대에 대한 교감과 존경을 나타내는 우리말 가운데서도 가장 깊은 교감과 존경을 담은 말이 '님'이다. 님은 사랑의 말이고 생명의 말이다. "아름답고 웅숭한 숱한 우리 말 가운데 그 중에서도 으뜸이 '님'이라는 말이다. 그 뜻의 깊음과 넓음, 그 울림의 따스함과 거룩함에서도 그러하니 우리 민족은 예부터 가장 귀한 이를 높여 님이라 불렀다."[12]

'나'와 '님'은 구별되지만 뗄 수 없는 묘합적 관계 속에 있다. 나와 님은 둘이면서 하나이고 하나이면서 둘이다. 님은 '나'와 뗄 수 없는 존재이다. 아리랑 노래에서 "나를 버리고 가시는 님은 십리도 못 가서 발병 난다" 노래한 것은 '나'와 '님'이 갈라지면 건강하고 편안한 삶을 살 수 없음을 나타낸다. 가는 사람의 등 뒤에서 문을 쾅 닫는 서구인과는 달리, 가는 사람의 뒷모습이 보이지 않을 때까지 보아 주는 마음도 울림과 교감의 정서를 드러낸다. '아리랑', '쓰리랑'도 분석하거나 분해할 수 없는 미묘한 교감과 정서를 나타내는 것 같다. 한국인은 지금 여기서

헤어져도 삶 속에서 마음으로 이어져 있다고 느낀다.

김소월은 한국인의 마음을 누구보다 절절하게 노래한 시인이다. 가는 님의 걸음 위에 진달래꽃을 뿌려 주는 김소월의 마음은 '가는 님'의 마음과 서로 울림, 서로 느낌 속에 이어져 있다. "나 보기가 역겨워" 떠나는 님의 앞길에 꽃을 뿌려 축복하며 보낸다면서도 "죽어도 아니 눈물 흘리"겠다고 다짐한다. 이 다짐 속에는 자기를 지키는 다부진 마음과 함께 님을 보내는 안타까움이 짙게 배어 있다. 가는 님의 앞길에 꽃을 뿌리는 마음에는 떠나는 님에 대한 애정과 배려가 넘쳐 난다. 미움과 질투와 원망을 비워 내고 님의 뜻을 따르는 마음뿐이다. 그런데 떠나는 님의 길에 꽃을 뿌림으로써 님은 더욱 깊이 '내 마음' 속에 들어오고 님에 대한 그리움은 더욱 깊어진다.

'나'와 '님'을 떼놓을 수 없는 마음에는 상대를 지배하고 정복하거나 강제하고 억누르려는 생각은 흔적도 없다. 온전히 님의 뜻에 맡길 뿐이다. 또한 '님'과 '나'의 관계는 남이 들어올 수 없는 배타적 관계가 아니다. 님에 대한 '나'의 사랑은 프라이버시에 속하는 것이 아니다. 남이 들여다 볼 수 있고 남이 들어올 수 있는 열린 관계이다. 시인은 님에 대한 나의 절절한 마음을 사람들에게 내보이고 호소하고 싶어 한다. 이런 시인의 마음이 한국인의 가슴 깊은 곳에 살아 있지 않을까.

묘합의 멋과 예술

　묘합의 논리와 사유는 자연 생명 세계와 '하나 되고', '어울리며', '어우러지는' 삶으로 나타난다. 풍수지리설도 자연 생명 세계와의 묘합적 관계를 나타낸다. 인간의 삶과 삶의 공간은 서로 울리고 감응한다고 본 것이다.

　한국인의 이러한 삶은 자연에 대한 문화적 태도에서 잘 드러난다. 정양모에 의하면 한국 미술은 "자연과 하나가 되었을 때 가장 아름다우며…… 자연에서 삶의 지혜를 깨닫고 자연의 순리대로 살면서 자연과 같이 만들어 낸 우리 조상의 문화유산이다".[13] 중국 청자가 인위적이고 장식적이며 완벽하고 장엄하다면, 자연스러움을 추구하는 한국 청자는 자연적이고 간결·단순하고, 실용적이며 소탈·친밀하다.[14] 김형효에 의하면 중국이나 일본의 정원이나 주택이 자연에 인공적인 아름다움을 덧붙이는 경향이 있지만, 한국인의 집짓는 기술은 "자연스러움을 살리는 것을 이상으로 하고 있다".[15] 중국과 일본과는 달리 한국의 정원은 "인간과 자연이 한 몸을 이루게 하는 그런 아취雅趣를 전통적으로 선택하였다".[16] 자연의 생명 세계와 하나 되고 어우러지는 반反인위적인 한국인의 예술 감각이 한국 음악의 특성으로 이어진다. 거문고와 가얏고의 농현弄絃기법은 "마치 자연스럽게 나뭇가지나 잎사귀가 바람에 산들거리는 리듬의 감각과 닮은 자연스런 형상으로서…… 3박자 중심의 형태를

보이는 한국 음악의 창법에서도 사용된다".[17]

가야금의 명인 황병기는 한국 예술 문화는 "서로 다른 것들을 결합하는 경향이 있다" 했다. 서로 다른 악기들이 한데 어울릴 때 신바람이 나온다. 한국인은 노래와 춤으로 다른 사람과 쉽게 어우러진다. 한국인은 혼자 있을 때는 약하고 조용한데 한데 어우러질 때는 놀라운 활력과 힘이 솟는다. 개체로서의 '나'를 '우리' 속에 몰아적으로 녹여 낼 때 영의 바람과 끼가 살아난다. 무당이 몰아적인 상태에서 산 사람, 죽은 사람의 혼령과 함께 어우러질 때 생겨나는 신바람과 끼가 한국인의 삶속에 깊이 스며 있다. 한국인처럼 노래와 춤 속에 쉽게 어우러지고 흥이 솟는 민족도 드물 것이다. 서양인의 춤사위가 개인의 개성과 느낌을 드러내는 몸짓이라면, 한국인의 춤사위는 함께 너울너울 어우러지는 교감의 몸짓이다. 한국 예술의 이런 힘과 멋을 서로 다른 것들이 함께 어우러지는 묘합의 힘이요, 묘합의 멋이라고 할 수 있다.

한국 음식―서로 어우러진 묘한 맛

한국인의 음식 문화도 묘합의 원리를 반영한다. 김치는 배추에 여러 가지 양념들과 소금을 넣고 오래 발효시킨 음식이다. 여러 가지가 한데 어우러져 곰삭은 맛을 내면서도 시원하고 깨곳한 맛이 있다. 여러 양념과 재료가 어우러져 절묘한 맛을 내는 것이 한국 음식의 특징이다.

한국 음식은 갖은 양념과 재료들을 한데 넣고 데치고 졸이고 끓이는 음식이다. 뭇 재료의 맛이 어우러져 절묘한 맛을 낸다. 이 맛은 양념과 재료들이 공존하면서 서로를 살려 주고, 조화를 이루며 보완해 주는 종합적인 맛이다. 여러 가지 요소들이 어우러져서 질적으로 변화된 새롭고 깊은 맛을 낸다. 이렇게 만들어지는 한국 음식은 생명과 평화의 원리, 공생과 상생, 소통과 공감의 원리를 담고 있다.

함께 어우러져 걸지게 밥을 먹는 한국인의 습관도 한국 음식의 성격과 일치한다. 한국인은 여러 가지 음식을 풍성하게 차려 놓고 함께 어울려 먹는다. '동료'와 '회사'를 나타내는 말 'company'는 함께com 빵pany을 먹는다는 뜻을 지니고 있다. 함께 먹는 데서 동료애와 공동체적 결속이 생긴다. '平和'(평화)라는 글자를 풀어 보면 '고르게平 밥禾을 먹는다口'는 뜻이 나온다. 평등하게 더불어 먹을 때 평화가 온다. 서양인은 같은 그릇에 담긴 음식을 함께 먹지 않고 일본인은 음식을 작은 그릇에 조금씩 담아 각자 먹는다. 풍성하게 차린 음식을 함께 먹는 한국인의 식생활 문화에는 공동체적 활력과 평화의 정신이 들어 있다고 생각한다.

함께 어우러지고 서로 통하려는 한국인의 생활 문화는 생명의 개방적이고 평화적 성격을 드러낸다. 어쩌면 중앙아시아에서 동북아와 한반도로 이주해 온 떠돌이 유목 문화에서 함께 어우러지고 서로 통하려는 생활 문화가 닦여져 나온 것일지 모른다. 떠돌이 유목민은 땅이나 소유에 집착하지 않고 동료에게 의존하므로 깊은 연대를 추구한다. 어쨌든 상대를 존중하고 상대에게 맞추려는 경향과 태도가 한국 문화에 배어 있다.

오늘날 인터넷에 몰두하는 한국인의 경향도 남과 통하고 어우러지려는 생활 습관과 통한다. 인터넷은 개인을 전체와 연결해 준다. 타자, 전체에 대한 개방성은 한국인의 언어 구조와 정신문화의 원형질에 내포되어 있다. 한민족의 정신적 원형질인 '한'은 개체와 전체의 일원적 결속을 나타낸다. 한국인은 타자와 전체에 대한 개방성과 그리움을 안고 산다.

한국 문화에는 하나를 느끼고 하나로 어우러지고 하나로 돌아가려는 경향이 두드러진다. 그러나 하나를 못 느끼면 하나를 느끼는 단위로 갈라지는 경향도 두드러진다. 오늘 한민족의 삶은 갈라지고 흩어져 있다. 여러 가지가 한데 어우러져 깊고 시원한 맛을 내는 김치처럼 곰삭은 포용 정신과 시원하게 하나로 꿰뚫리는 통일 정신이 한반도에 흘러넘치게 할 수 없을까. 한민족의 삶의 밑바닥에 잠겨 있는 정신과 혼을 움직일 수 있다면 한민족 사회는 하나로 어우러질 수 있을 것이다.

이제까지의 논의를 정리해 보자. 묘합은 서로 다른 것의 공생적 일치이다. 묘합의 구조와 원리에 따라 형성된 한국 정신과 문화는 서로 다른 것들을 하나로 아우르는 경향이 있으며 타자

(손님)를 존경하고 배려하는 전통을 지니고 있다. 나와 다른 것에 대한 배려와 존경, 서로 다른 것들의 통전적 어우러짐을 강조하는 한국인의 묘합적 사유와 문화는 기술 문명을 보다 인간적이고 생명 친화적으로 만들 수 있을 것이다.

동학에서는 하늘을 공경하고, 사람을 공경하고, 물物을 공경하라고 했다. 동학의 이런 가르침은 생명과 타자에 대한 존경과 신뢰를 전제한다. 하늘(뜻, 목적), 사람(삶), 물(기술)을 공경하라는 것은 하늘과 사람과 물을 서로 분리할 수 없는 통전과 일치 속에서 보라는 것이다. 공경한다는 것은 타자의 타자성을 존중하면서도 '나'를 지키고 '나'와 '타자'의 공생적 일치를 추구하는 것이다. 그런 의미에서 공경은 묘합의 정신적 자세이다.

타자를 공경하는 마음으로 사는 사람은 하늘과 사람뿐 아니라 기계를 신령한 존재로 보고, 기계의 동기와 목적을 신령하게 할 것이다. 그리하여 기계와 기술을 생명을 파괴하는 일에 쓰지 않고, 생명을 살리는 일에 쓸 수 있다. 기계도 죽은 것으로 무시하고 대하는 것과 정성과 신뢰를 가지고 대하는 것은 다르다. 정성과 신뢰를 가지고 대하는 기계는 함부로 대하는 기계보다 성능과 수명이 증진될 뿐 아니라 인간과 자연 생명에게 더 친절할 것이다.

지구화 과정 속에서 갈등하고 대립하는 서로 다른 주체들과 요소들이 평화롭게 공존하기 위해서는 '서로 다름을 존중하고 지키면서도 서로 이어지고 서로 살리는' 묘합의 지혜와 생활

방식이 요구된다. '낱'과 '온', 사람과 하늘을 아우르는 한국 생명 사상은 모든 것이 파편화하고 얄팍해지는 세상에서 삶의 깊이를 지니면서 부문과 장르, 영역과 개성이 어우러지는 문화 세계를 열어 가고, 국가와 민족을 넘어서, 동과 서를 넘어서 평화 세상을 이루는 데 기여할 수 있을 것이다.

4장

생명 살리기에 대한 신학적 고찰

서로 살림의 공동체적 삶을 이루기 위해서는 지배와 피지배, 억압과 수탈과 소외의 대립적 관계를 넘어서는 삶의 자리, 믿음의 자리에 이르러야 한다. 생명은 지배와 피지배의 사회적 관계보다 더 근원적인 차원을 지니고 있다. 투쟁만으로는 생명을 살릴 수 없다. 생명을 파괴하는 악한 세력과 제도에 맞서 싸우면서도 싸움의 목적이 생명 살리기임을 잊지 말아야 한다.

1. 생명을 살리는 이, 하나님

죽은 것은 산 것을 살리지 못한다. 산 자만이 상처 받고 죽어 가는 자의 아픔을 함께 느끼고 생명을 나눌 수 있다. 생명만이 죽음을 이긴다.

하나님은 생명의 근원이다. 생명의 본질은 기쁨이다. 생명의 근원인 하나님에게 다가갈수록 기쁨이 솟아나며, 생명이 살아나고 풍성해진다. 하나님 안에서 모든 생명이 서로 연결되고 통한다. 하나님 안에서 온 생명이 서로 울린다. 하나님은 풍성한 전체이며 하나 됨이다. 하나님을 아는 것은 온 생명이 하나로 꿰뚫려 있음을 아는 것이고 생명과 생명이 함께 울림共鳴을 아는 것이다. 하나님을 체험하는 것은 나의 생명이 우주적·신적 생명과 닿아 있고 우주적·신적 생명과 하나임을 체험하는 것이다. 하나님 체험은 몰아적인 황홀한 신비의 체험적 깨달음이고 뭇 생명이 하나로 통하는 황홀한 기쁨이다.

하나님은 기쁨으로 생명 세계를 창조했고 창조된 세계를 기뻐했다. 뭇 생명들에는 하나님의 생명 창조의 기쁨이 배어 있다. 있는 그대로의 생명은 기쁨으로 차 있다. 하나님은 죽음을 이기는 생명의 힘이고 혼돈과 허무를 이기는 창조적 생명이다. 하나님은 생명을 풍성히 나누기 위해 창조하셨다. 하나님의 창조는 생명 나눔이다. 하나님의 창조 의지는 생명 의지에서 온다. 생명 의지는 살려는 의지이고 삶을 나누려는 의지이다.[1] 하나님은 생명의 창조자이기 전에 생명을 살리는 분이다. 생명을 살리는 하나님의 본성은 사랑과 자비이다. 하나님의 사랑과 자비(라훔)는 하나님의 자궁과 창자(레헴)에서 온다. 하나님은 온몸으로 생명을 끌어안고 생명을 낳고 살리고 먹이고 기르는 분이다.[2]

하나님 안에서는 누구나 살아나고 또 하나님 안에 있는 이는 생명을 살린다. 하나님을 믿는 이는 하나님의 생명에 참여한다. 하나님을 아는 사람은 하나님의 생명 살림을 믿는다. 믿음 없는 이는 죽음(의 힘)에 맡겨 살고 믿는 이는 하나님의 생명 살림을 믿고 산다. 내 속에 하나님의 생명이 살아 있음을 믿고 뭇 생명을 하나님이 살릴 것임을 믿는다. 내 속의 생명과 너의 생명이 서로 이어져 있음을 믿는다.

2. 고난과 죽음을 함께 지고 살리는 이, 그리스도

몸을 입고 온 하나님은 우리의 고난과 죽음을 함께 느끼고 우리의 생명을 살리는 하나님이다. 예수는 누가복음 4장 16-19절에서 희년을 선포함으로써 하나님 나라 운동을 시작했다. "주의 영이 내게 내리셨다. 주께서 내게 기름을 부으셔서, 가난한 사람들에게 기쁜 소식을 전하게 하셨다. 주께서 나를 보내셔서, 포로된 사람들에게 자유를, 눈 먼 사람들에게 다시 보게 함을 선포하고, 억눌린 사람들을 풀어 주고, 주의 은혜의 해를 선포하게 하셨다." 예수의 하나님 나라 운동은 가난한 사람, 포로 된 사람, 눈 먼 사람, 눌린 사람을 살리는 운동이다. 예수 운동은 생명을 살리는 운동이다. 옥에 갇힌 요한이 제자들을 예수에게 보내어 "당신이 그리스도입니까 아닙니까?" 하고 묻게 했다. 예수께서 이렇게 대답했다. "가서 너희가 보고 들은 것을 요한에게 알려라. 눈 먼 사람이 보고, 다리 저는 사람이 걸고, 나병환자가 깨끗해지고, 귀먹은 사람이 듣고, 죽은 사람이 살아나고, 가난한 사람이 복음을 듣는다. 나에게 의심을 품지 않는 사람은 복이 있다"(눅 7:22-23).

생명 살리기를 시작하기 전에 예수는 하나님의 영을 받았다. 하나님의 영을 받아야 생명을 살린다. 남을 살리려면 내가 먼저 살아나야 한다. 내가 살려면 하나님의 영을 받고 영을 체험해야 한다. 신령한 황홀경, 신비한 생명 체험이 있어야 한다. 생명은 신비한 초월과 닿아 있다. 의식화, 신학 이론, 사회과학 지식과 정보만으로는 살릴 수 없다. 생명이 살아나는 초월적인 황홀한 경험이 있어야 한다. 예수는 하나님의 영과 일치되기 위해 이른 아침에 기도하고 밤새워 기도했다. 하나님을 '아빠'라 부르며 늘 하나님과 대화하고 하나가 되었다. 생명의 근원인 하나님과 통하지 않고는 생명이 말라 버린다. 생명의 근원이 마른 사람이 어떻게 생명을 살릴 수 있는가? 생활 속에서 스스로 기뻐하고 감격할 수 있는 사람만이 생명을 살릴 수 있다.

예수는 생명 살리는 일에 전념했다. 생명을 살리기 위해 하나가 되어서 친히 병약함과 질병을 짊어지셨다(마 8:17). 하나가 되어 마음과 혼이 통하기 전에는 생명을 살릴 수 없다. 예수는 죽어 가는 이들과 몸과 마음으로 하나가 됨으로써 그들을 살려 냈다. 세리와 죄인들과 함께 먹고 함께 마셔서 친구가 되었다. 그래서 적대자들한테 "저 사람은 먹보요, 술꾼이요, 세리와 죄인의 친구로구나" 하는 비난을 들었다. 생명이 말라서 죽어

가는 사람은 친구만이 살릴 수 있다. 몸으로 같은 자리에 서서 같이 먹고 입고 잘 수 있을 때 그 아픔과 상처를 나눌 수 있고 함께 일어날 수 있다. 같은 자리에 서야 몸을 손으로 만질 수 있고 말을 들어 주고 위로를 줄 수 있다.

예수는 밥상 공동체를 이루었다. 밥을 나눔은 생명을 나눔이고 살림이다. 밥을 나눔으로써 예수는 세리와 창녀처럼 시들고 죽어 가는 사람들을 살렸다. 밥을 나눔은 힘을 나눔이고 삶의 용기와 희망 나눔이다. 절망적으로 굶주린 상황에서 우리 민족은 밥을 나누어 먹으면서 일제시대와 6·25와 보릿고개를 넘어왔다. 밥상 잔치는 민중의 생명 축제이다. 예수는 죽음을 앞두고 성만찬을 나눔으로써 영원한 생명 축제를 벌였다. 예수는 자신을 밥으로 주었다.

예수는 섬김으로써 민중을 살린다. 억눌리고 천대받아 죽어 가는 민중은 섬김으로만 살아난다. 섬김을 받음으로 민중은 주인과 주체로 된다. 종이 되어 섬김으로써 예수는 종살이하는 민중을 주인으로 만든다. 종과 주인의 관계를 깨뜨려서 자유로운 친구 사이가 되게 한다. 예수 안에서 우월하고 열등하고, 잘나고 못나고를 떠나, 선하고 악하고를 떠나 자유로운 친구 관계가 된다. 힘세고 약하고 부유하고 가난하고를 떠나 생명 나눔과 사귐을 누릴 수 있다.

유영모는 '우리가 아는 예수'란 신앙시에서 "높낮, 잘못(선악), 살죽(생사) 가온대로 솟아 오를 길 있음 믿은 이…… 한뜻 계심 믿은 이, 없이 계심 믿은 이"라고 노래했다.[3] 높고 낮고 선하고 악하고 살고 죽는 현실은 눈에 보이는 현실, 감각과 관념과 형식적 논리의 현실이다. 삶은 높고 낮고, 선하고 악하고, 살고 죽고를 넘어서는 신령한 차원을 지닌다. 높고 낮고, 선하고 악하고, 살고 죽고에 매달리면 허무와 혼돈, 죄와 죽음의 나락에 빠져든다. 예수는 이미 삶 속에서 죽음을 넘어 영원한 부활 생명으로 살았다.

예수는 있는 그대로의 생명을 절대적 낙관으로 긍정했다. 고통과 시련에 빠진 민중의 삶을 현실적으로 보면서도 삶에 대한 낙관과 확신을 잃지 않았다. 들꽃과 하늘의 새를 먹이고 입히시는 하나님에 대한 절대적 신뢰, 우리의 머리카락까지 헤아리는 하나님에 대한 신뢰는 삶에 대한 이런 낙관을 드러낸다. "찾으라 발견할 것이요, 구하라 얻을 것이요, 두드리라 열릴 것이다" 말한 예수는 절망과 체념을 몰랐던 분이다.

예수는 죄를 몰랐던 분도 아니고 죄를 부정한 일도 없다. 그러나 이른바 죄인을 정죄하고 나무란 일이 없다. 먼저 있는 그대로 받아 주었다. 민중의 삶을 있는 그대로 받아 줌으로써 민중을 살렸다. 꺼져 가는 심지를 끄지 않고 상한 갈대를 꺾지 않는 심정으로 생명의 불씨를 살리고 상처받은 생명을 고쳤다.

예수에게는 잃은 생명을 만나는 일이 가장 소중하고 기쁜 일이었다. 버려진 인간을 다시 찾아 만나는 일이 예수의 일이었다. 이 일이 가장 복된 일이고 기쁜 일이었다. 버려지고 짓밟힌 생명을 찾아 만나서 살려 내는 일은 삶 자체가 가장 절실히 요청하는 일이다. 죄인 하나가 회개하고 하나님께 돌아오면 회개할 필요가 없는 의인 아흔아홉 사람보다 하나님은 더 기뻐하신다. 잃은 양 한 마리가 잃어버리지 않은 양 아흔아홉 마리보다더 소중하다. 왜 그런가? 죄와 죽음의 나락에 빠져 죽어 가는 생명을 살리는 일에 창조자 하나님, 생명의 근원인 하나님의 온 존재와 일이 걸려 있다. 생명을 살리는 일은 하나님의 존재와일의 중심에 속한다. 이 일이 종교적 규정과 제도보다 훨씬 중요하다. 생명을 살리는 일은 죽음의 세력을 이기는 창조자 하나님의 힘, 하나님 나라의 능력을 드러내는 일이다.

상처받은 인간, 버림받은 인간에게는 손을 잡고 함께 있어주는 일이 복음이고 구원이다. 예수는 상처받고 죽어 가는 인간들과 함께 있음으로써 그들을 죽음과 절망의 나락에서 살려냈다. 예수가 그들과 함께 있는 곳에 하나님도 함께 있었다. 우주적 생명이 함께 있었다. 예수는 하나님의 생명의 화신이고 우주적 생명의 함께 울림共鳴이다. 예수가 민중과 만나면 죽음과죄와 절망을 떨치고 함께 일어서는 생명 사건이 일어난다. 죽음은 생명 자체를 부정하는 것이고, 죄는 살 권리를 부정하는 것이며, 절망은 삶의 의욕을 잃는 것이다. 예수는 하나님의 영원한 생명이다. 예수를 만나면 생명이 서로 반응하고 서로 울리고살아난다. 예수는 자기를 비우고 버리고 낮춤으로써 남의 생명을 충만하고 풍성하게 하여 하나님의 풍성한 생명에 참여하게 했다.

십자가에서 죽어야 산다. 내가 죽고 예수가 살아나야 한다. 죽음을 통해서 삶의 자유가 나온다. 죽어야 산다는 말은 믿음과 영의 진리이다. 믿음 없이는 죽을 수 없고 죽지 않으면 남을 섬길 수 없고 남을 살릴 수 없다. 죽음은 '나'의 비움이고 없음이다. '내'가 비고 없어야 시원한 생명의 바람이 분다. 내가 죽어서 비고 없을 때 하나님의 생명 기운이 뻗쳐 나오고 고통당하는 생명에 대한 사랑이 솟아난다. 크게 죽고 텅 빌 때 예수의 생명 꽃이 피어난다.

3. 우리 속에 살아 있는 영

우리 속에서 우리를 위해 탄식하며 기도하는 거룩한 영이 있다. 우리가 이 광막한 우주에 홀로 버려진 존재가 아니라 하나님이 자신의 몸처럼 아끼는 소중한 생명임을 일러 주는 영이 우리에게 있다. 우리는 이 영을 믿고 체험함으로 서로 이어지고 닿고 통할 수 있다.

우주는 생명의 기운으로 가득 차 있고 상처받은 영들의 탄식과 기쁨으로 차 있다. 우주에는 상처받은 생명들의 비명과 상처받은 영혼들의 한숨과 눈물과 탄식이 가득하다. 우주는 전파, 의식파意識波, 영파로 가득 차 있다. 예민한 영혼들은 우주에 찬 생명들과 영혼들의 생각, 의식, 느낌을 느낄 수 있다.

우리의 영혼 속에는 역사와 사회의 밑바닥에서 신음하는 생명들의 한숨과 눈물, 원한과 고통이 아우성치고 있다. 우리의 생명 속에 생명의 물결이 파도처럼 와 닿고 있다. 우리의 살과 핏

속에 예수의 살과 피를 느낄 수 있고 상처받고 죽어 간 생명들, 지금 죽어 가는 저들의 살과 피를 함께 느낄 수 있다. 하나님의 영은 이런 생명의 소리를 느끼게 한다. 탄식과 눈물을 거두고 죽음과 절망을 이기고 일어나는 생명의 기쁨을 함께 느낄 수 있게 한다. 우리 속에서 끊임없이 우리를 살리는 영을 느끼고 믿어서만 우리는 우리를 살릴 수 있고 우리 이웃을 살릴 수 있다.

자기주장과 탐욕과 체념, 절망에 빠진 인간은 자기 얼굴을 모르고 남의 얼굴을 모른다. 자기의 삶이 감추어져 있고 남의 삶도 감추어져 있다. 삶과 삶이 만날 수 없다. 내가 나를 보고 이해하는 것과 남이 나를 보고 이해하는 게 다르다. 내가 남을 보고 이해하는 것과 남이 자신을 보고 이해하는 게 다르다. 하나님의 영 안에서만 통한다. 그래서 우리는 하나님의 영을 느끼고 불러야 한다. 스스로 하나님의 영에 맡기는 삶이 요구된다. 하나님의 영이 감동해야 내 삶이 열리고 남의 삶도 열려서 삶과 삶이 만나지고 통한다. 하나님의 영으로, 은혜로 삶과 삶이 만나고 감동이 생기고 변화가 온다. 삶과 삶이 만나면 생명 사랑과 생명력이 솟아나고 생명 사건이 일어난다.

하나님의 영은 사랑을 낳는다. 사랑은 생명의 울림이고 감응이다. 사랑은 생명을 낳고 살린다. 하나님의 영 안에서 우주적 생명의 공명이 일어난다. 성령이 감동하면 내 속에 끊임없이 생명의 감동과 기운이 생겨난다. 그러면 지치지 않고 이웃과 생명을 나눌 수 있다.

4. 한민족의 생명력과 생명 사랑
—한님과 한_恨

고대의 한민족은 파종을 끝내고 5월에 그리고 추수를 끝내고 10월에 나라사람들이 크게 모여 밤낮으로 음주가무를 즐기며 신에게 제사했다.[4] 이 축제 속에 공동체적인 놀이와 집단적 신들림이 결합되어 있다. 집단적으로 술 마시고 노래하고 춤추는 공동체적 놀이, 무아황홀경의 집단적 신들림이 한민족의 삶 속에 깊이 박혀 있다.[5] 오늘날 노래방이 전국에 생겨나고, 노래자랑 텔레비전 프로가 30년 넘게 인기를 끌고, 정신을 잃을 때까지 술을 먹으면서 노래를 불러대는 집단적 음주문화와 서너 명만 모이면 고스톱을 치는 풍조도 놀이 문화 전통을 드러낸다. 한국의 종교들은 예나 지금이나 도통, 깨달음, 득도와 같은 궁극적인 종교 체험을 추구한다. 기독교에서 일어나는 활발한 성령 운동도 이러한 신들림의 일종이다. 한국의 종교 전통에서는 개인적 신비주의보다는 집단적 신들림의 신비주의가 두드러진다.

집단적인 놀이 문화는 공동체적 삶을 반영하고 또 공동체적 삶을 강화·지속시킨다. 함께 일하고 함께 먹고 함께 놀고 함께 신들리는 삶 속에서 한민족의 공동체적 문화가 형성되었다. 다른 사람과 함께 어울려야 신명이 나는 문화, 다른 사람들과 쉽게 어울리는 공동체 문화의 전통이 우리 민족의 삶 속에 생생히 살아 있다. 집단적인 놀이에서 '나'는 '우리' 속에 녹아지고, 몰아적인 신들림에서 '나'는 녹아져서 신과 '다른 혼백들'과 함께 어우러진다. 이렇게 살아온 한민족은 '나'보다 '우리'를 중요하게 여기고 '나'라는 말 대신에 흔히 '우리'란 말을 쓴다. 내 마누라가 아니라 '우리 마누라'이고, 내 집이 아니라 '우리 집'이다. 내가 속한 집단, 예를 들어 학교나 학회나 회사도 내 학교, 내 학회, 내 회사가 아니라 '우리 학교', '우리 학회', '우리 회사'라고 말한다. '나'는 '우리' 속에 녹아 있다. 돌출한 개성을 지닌 천재나 독불장군, 괴짜가 용납되기 어려운 풍토가 조성되었다.[6]

한데 어우러지는 놀이 문화가 공동체적 정서와 삶을 반영하듯이 몰아적인 신들림도 고립된 실체로서의 개인을 넘어서서 '나와 너', 나와 자연만물, 나와 신적 존재와의 어우러짐과 일치를 나타낸다. 교리적·이론적 신학과 문자보다는 영적 감흥과 정서적 감동을 선호하는 한국인의 종교적 취향은 한민족의 이런 종교·문화적 성향에서 비롯된 것이다. 신들린 무당이 몰아 상태에서 죽은 혼령과 하나 되고, 작두 위에서 춤출 수 있는 것은 신들림의 전형으로 보인다.

공동체적인 놀이와 천인합일의 신들림은 아시아적 생산 양식에 기초한 마을 공동체적 삶에서 비롯된 것이면서 '한=환'으로 표현되는 한민족의 생명관에서 형성된 한민족의 기질에서 나온 것이다. '한'은 '크고 하나임'을 뜻한다. 한민족의 삶 속에 깊이 새겨진 '큰 하나 됨'의 정신에서 공동체적인 놀이와 신들림의 종교 문화가 나왔다. 밝고 따뜻한 땅(밝달=배달)을 추구한 한민족의 삶에서 단군신화의 천인합일과 홍익인간의 이념이 형성되었고, 이 이념이 한민족의 공동체적 상생相生의 삶을 규정하고 이끌어 갔다고 생각된다.

한과 恨의 복합적 성격

한과 恨으로 규정된 한민족의 삶은 복합적이다. 恨은 동화된 아픔으로서 서로 크게 하나 될 수 있는 영성의 원천이자 분열과 미움의 원천이기도 하다. 집단적 놀이(신명)와 집단적 엑스터시(신 체험)로 규정된 민중 종교 문화는 공동체적 영성의 역동성을 드러내는가 하면 인격적 개성이 약하고 정치 사회적 책임 윤리가 약하다. 신학의 논리나 이해에는 관심이 적고 정서적 감화나 감동에 민감하다. 이것은 민족적인 장점이자 약점이다.

이런 한국의 민중 특히 여성 민중에게는 정서가 중요하고 위로와 축복이 중요하다. 한국 민중 여성은 몸으로 생명을 낳고 기르고 몸으로 시련을 이겨 냈기 때문에 몸의 느낌이 더욱 중요하다. 몸의 느낌과 정서가 존중되어야 한다.

순복음 교회, 부흥사, 무당이 한국 민중의 영성을 지배한다. 이들에게서 배울 게 있다. 의식화만 하고 비판하면 생명은 죽는다. 생명은 통하고 함께 느끼고 위로하고 격려할 때 살아난다. 비판하고 논리와 개념으로 접근하면 마음을 닫고 움츠러든다. 따뜻한 영의 감동과 가슴으로 접근하면 마음을 쉽게 연다. 위해서 기도하고 축복하고 안아 주면 마음을 열고 몸과 영혼을 내주고 헌신한다. 민중의 삶을 붙잡으려면 생명으로, 하나 된 가슴으로 다가가야 한다.

한민족이 힘차게 살아나려면 민족과 사회를 갱신하는 힘을 길러야 한다. 뜨거운 믿음과 영으로 민족과 사회를 갱신하는 힘을 끌어내야 한다. 민중의 가슴에, 민족사의 바닥에 잠겨 있는 위대한 생명력을 분출시키려면, 민족의 혼과 민중의 삶을 살려 내려면 믿음과 사랑의 혼으로 다가가야 한다.

5장

한민족의 생명 이해와 생명신학
— 서로 울림과 서로 느낌

마음으로 본다는 것은 오감과 육감의 기능을 넘어서 삶 전체로 몸 전체로 영혼으로 보고 느끼는 것이다. 마음으로 보고 듣고 느끼고 냄새 맡고 맛을 본다. 성경의 생명의 소리를 볼 수 있어야 한다. 소리 보기觀音는 소리의 개념과 의미를 넘어서 삶 전체로 몸 전체로 소리를 듣고 보는 것이다. 소리 보기는 소리를 몸과 맘으로 깨달음이다.

1. 한국 생명신학의 과제
―한민족의 생명과 예수의 생명의 만남

한국 생명신학의 목적은 한민족의 생명과 예수의 생명이 창
조적으로 만나서 풍성한 생명 공동체 문화를 형성하는 데 있
다. 한국 그리스도인의 삶에서 예수의 삶과 한국인의 삶이 만
나고 합류된다. 이 합류에서 창조적인 변화가 일어난다. 오랜 민
족사의 고통과 시련 속에서 위축되고 변질된 한민족의 생명이
기독교 신앙을 통해 살아나고 풍성하게 펼쳐질 때 기독교 신앙
은 한민족의 신앙이 될 것이다. 한국 생명신학의 과제는 기독교
신앙과 한민족의 생명을 창조적으로 합류시킴으로써 주체적인
기독교 신앙의 형성과 통일된 민족 공동체를 실현하는 것이다.

한국 신학계의 선각자들은 이러한 생명신학적 과제를 이미
깊이 있게 탐구하고 논의해 왔다.

김재준은 민족 문화와 그리스도, 민족사와 복음의 씨앗이
역동적으로 만나서 한국 문화와 민족사가 새롭게 형성되고 한

국적 기독교가 한국 민족의 문화와 역사에 의해 새롭게 형성되는 상호 변혁적인 토착화 신학을 주장했다. 김재준은 전통 종교 문화 또는 한국 민족과 기독교의 종합과 통전을 말한다. 한국 민족은 기독교에 의해 새 민족으로 형성되어야 하고 한국 교회, 한국 기독교는 한국 역사, 한국 민족의 혼으로 형성되어야 한다.[1] 김재준이 말하는 토착화의 핵심은 예수를 민족의 삶 속에 온전히 받아들이는 것이다. 그는 "공관서에 나타난 나사렛 예수의 분장 없는 본 모습을 한국 교회와 사회와 역사에 심을 수 있는 것으로 만족해야 한다. 해방자 예수를 한국 사회와 한국 인간상과 한국 정치 기관에 혼으로 모셔 드리는 운동이 토착화다"[2]라고 했다.

함석헌도 민족혼과 기독교 사상, 겨레 얼과 예수 생명의 창조적 만남과 결합을 추구했다. 함석헌은 '흰 손'이라는 시에서 예수의 피가 믿는 사람의 핏속에 살아 있어야 한다고 말했다.

네 만일 그 피 마셨다면이야,

(왜, 내 살 먹어라, 내 피 마셔라 않더냐?)

그러면야 지금 그 피 네 피 속에 있을 것 아니냐?

네 살에, 뼈에, 혼에, 얼에 뱄을 것 아니냐?[3]

김재준과 함석헌의 토착화 이론은 유동식과 김경재의 접목 이론으로 이어지고 발전된다. 김경재에 따르면 한국의 전통 종

교 문화가 대목臺木이고 접순接筍은 기독교 복음이다. 접순의 우
수한 유전적 특징들을 풍성하고 아름답게 꽃피우는 생명력은
뿌리와 튼튼한 나무 둥치를 지닌 대목에 있다. 오염되지 않은
순수한 접순, 다시 말해 성경적 신앙과 복음의 본질이 한국 정
신문화의 대목과 결합되어야 한다.[4]

한국 생명신학을 정립하기 위해서 순수한 예수의 생명, 복
음의 본질을 바로 이해하는 것도 중요하지만 한국 정신문화의
본질과 원형을 밝히는 일도 중요하다. 함석헌과 유동식에 따르
면 '한韓'이 한국인의 마음 바탕이며, 하느님 신앙이 한민족의
정신적 등뼈이고 종교적 체험의 핵심을 이룬다.[5] 김경재에 따르
면 "'한'사상의 중요한 속성적 개념들, 예를 들면 위대함, 높고
밝음, 공명정대, 빛과 불 등 그러한 상징성이 내포한 부성적 속
성은 점점 약화되고 마침내 바람과 물의 흐름을 상징하는 모
성적 상징성이 주도하게 되었다".[6] 유동식은 한민족의 '한'사상
과 하느님 체험의 종교적 영성을 풍류도로 파악하고 풍류도의
구조를 "한 멋있는 삶"으로 표현했다. 그는 이렇게 말했다. "풍
류도의 기본 구조는 초월적인 '한'과 현실적인 '삶'의 창조적 긴
장 관계인 태극적 관계에서 나오는 '멋'의 길이다."[7] 더 나아가
서 '한'과 '멋'과 '삶'을 체體와 상相과 용用의 삼원적 관계로 본
다.[8] 김경재는 한사상의 삼원적 사고방식이 서구의 긴장과 갈등
의 이원적 사고방식과는 달리 상호 침투, 상호 의존, 상보 상생
의 관계를 나타낸다고 보았다.[9]

　　여기서는 한민족의 정신적 원형질인 '한'사상의 논리와 구
조를 바탕으로 성경적 인간관과 기독론적 예수 이해를 논함으
로써 한국 생명신학에 대한 토론의 실마리를 제시하려 한다.

2. 한민족 정신생활의 등뼈

'한'은 한민족의 삶의 밑뿌리를 드러내고 한민족의 근원적인 생명 체험을 드러낸다. '한'은 한민족의 정체를 나타내는 말이다. 한국, 한민족, 한겨레, 한글, 한얼, 한울, 한아님. 우리 한국인의 심성 깊이 그리고 넓게 깔린 개념은 바로 한이며, 우리에게 한얼이 빠지는 것은 얼빠진 허수아비가 되는 것과 같다.[10] "'한'이 우리 생활의 등뼈다. …… 그리고 그것을 인격화하여 대표하는 것이 한님 곧 하나님 또는 환인이다."[11] '한'은 "예로부터 오늘에 이르기까지 한국인의 사상을 밑받침하고 있는 마음 바탕"[12]이다.

밝고 환한 세상은 하나로 통하는 세상이고 전체가 다 드러나는 세상이다. '한'은 한민족의 근원적 생명 체험이고 생명 이해이다. '크고 하나이며, 밝고 환함'을 지향하는 '한'사상은 생명을 조화롭고 포괄적인 실재로 본다.[13] 생명은 하나이면서 전체이다. 분화되면 많음이 되고 다양한 많음이 수렴/통전되면 하나로 귀결된다. 한민족은 생명의 대립적인 차별적 현상 속에서 조화, 균형, 상보상생하는 생명운동을 보았다. 하늘과 땅, 초월과 내재, 성과 속, 형태와 비형태가 생명 속에 결합·통전되어 있음을 한민족은 체험했다.[14]

단군신화에서 한민족의 생명관과 한사상이 매우 분명하게 드러난다. 천신인 환웅도 동물인 곰[15]도 인간의 삶을 지향하고 인간 세계에서 만난다.[16] '하늘의 밝은 꿈을 지닌' 밝은 사나이 桓雄와 땅의 역사의 신산고초를 맛보고 사람다운 사람이 된 곰녀가 만났다. 한민족의 시조인 단군 안에서 천상적 생명과 지상적 생명이 결합된다. 신적 생명과 인간적 생명의 결합은 결혼(신체적 결합)을 통해서 이루어진다. 천신환웅(하늘)과 인간웅녀(땅)는 몸을 통해 서로 감응하고 생명을 교류한다. 한울과 땅의 교합은 잉태에서만 가능하다. 이것이 신인합일, 천인합일의 기층형이다.[17] 신과 인간, 하늘과 땅, 영과 육, 성과 속이 통전되어 있다.[18] 단군신화에서 하늘과 땅을 포괄하는 영역은 '생명의 흐름'으로 충만한 세계이다. 생명 그 자체는 신비한 현상이다. 초자연적 존재까지 포괄하는 생명적 자연관이 있을 뿐이다. 생명의 자연은 무한으로 통한다. 서양철학에서는 일반적으로 천상의 세계를 실재의 세계로 지상의 세계를 현상의 세계로 구분한다. 단군신화의 세계관은 이런 이분법적 세계관도 아니고 어떤 원초적 일자로 수렴되는 일원론적 세계관도 아니다. 지상과 현상의 세계를 전체로 포괄하는 통전적 세계Integral World, 혹은 통일의 세계World of Unity이다. 이 신화적 세계관은 생명 중심의 세계이고 천지상하의 조화로운 교감의 세계라는 점에서 大全世界 World of Totality이다.[19]

이러한 묘합의 원리로서 한사상은 외래 종교와 사상을 흡수·동화하면서 한민족의 종교와 사상을 형성하는 원리가 되었다. 유불선 삼교를 포함하는 한민족의 현묘지도玄妙之道를 최치원은 풍류도라고 했다.[20] 이 심원하고 미묘한 풍류도는 '한'사상을 가리킨다. 한의 정신과 원리가 유불선 삼교를 포용하고 융합하여 현묘한 풍류도를 이루어 냈다. '한'사상은 원효의 원융무애圓融無碍, 화쟁사상和諍思想으로 표출되고, 고려의 의천과 지눌이 조계종의 기초를 닦은 교선일여敎禪一如 사상으로 이어진다.[21] 이을호에 의하면 송대 유학의 유입 이후 고려 말에서 조선조 말까지 '한'사상의 명맥은 끊겼다. 그러나 조선조에서도 기고봉, 이율곡, 정다산 등이 '한'사상의 명맥을 잇고 있다고 본다. '한' 사상이 장구한 단절의 위기를 맞았지만 민속이나 민중의 핏속에 잠겨 있었다.[22]

그러다가 19세기에 서세동점의 위기를 맞은 한민족은 위대한 민중종교들을 통해서 다시 말해 대종교의 '한아님' 신앙, 동학의 인내천人乃天, 증산교의 신명神明과 해원상생解冤相生, 원불교의 은恩사상에서 '한'사상을 활짝 꽃피웠다. 19세기에 태동된 이러한 민중 종교들은 하나같이 민족적 자주성을 확립하고 세

117

계 평화의 길을 제시했다. 서구 세력의 침략을 당하고 지배층의
압제와 수탈로 짓눌려 있던 민중이 자주적이고 평화적인 종교
사상을 제시하고 외세에 맞섰던 것은 밝고 따뜻한 생명을 추구
한 한민족의 강인한 생명력과 생명 사랑을 다시 확인해 준 것
이다.

3. 생명신학의 실마리
—서로 울림共鳴과 서로 느낌感應

두 발로 곧게 서서 하늘에 머리를 뻗대고 선 데서부터 사람은 영성적 존재가 되었다. 하늘은 무한과 초월을 상징한다. 무한과 초월의 생명적 실재, 신적·인격적 실재와 교감하고 감응하는 능력과 자질이 영성이다. 타자에 대한 감수성이 영성이다. 영은 바깥 존재에 대한 열린 관계이고 속으로 뚫려서 궁극적 실재와 소통하는 것이다.

창조 이야기에 따르면 흙과 하나님의 생기(숨)가 결합해서 산 인간이 되었다. "야훼 하나님께서 진흙으로 사람을 빚어 만드시고 코에 입김을 불어넣으시니, 사람이 되어 숨을 쉬었다"(창 2:7). 사람은 흙덩이이면서 하나님의 숨결, 하늘 바람을 지닌 존재이다. 영을 나타내는 말인 프뉴마, 프쉬케, 루아흐, 스피리투스, 아트만은 모두 바람, 숨을 뜻한다. 바람은 자유로움을, 숨은 소통을 나타낸다.

사람은 하늘과 땅의 울림, 몸과 영혼의 울림 속에 사는 존재이다. 사람은 하늘과 땅을 잇는 존재이다. 사람의 몸과 맘 안에서 하늘과 땅, 영혼이 서로 울리고 느낄 때 사람의 생명과 영성은 충만해진다. 삶의 울림에 충실할 때, 몸과 영혼(마음)의 울림에 충실할 때 온전하고도 자유로운 삶을 살 수 있다.

예수는 누구인가? 참으로 하늘과 땅을 이은 분이다. 그의 몸과 삶과 혼에서 하늘과 땅이 제대로 어우러지고 서로 울리고 서로 느꼈다. 예수 안에서 하늘나라 꼭대기와 지옥의 밑바닥이 울렸고 하나로 뚫려 있었다. 예수는 생명의 울림에 충실했다. 몸과 마음의 울림에 온전히 내맡긴 삶을 살았기에 온전하고 자유로운 삶을 살았다. 그는 지금 여기의 삶에 온전히 자신을 바침으로써 우주 생명의 중심과 통할 수 있었다. 예수는 버림받은 이웃 한 사람을 위해 자신을 온전히 바침으로써 하나님과 하나 되는 삶을 살았다. 하나님과 하나 되는 삶을 살았기에 버림받은 이웃과 하나 되어 살 수 있었다. 예수 안에서 하늘과 땅이 잘 울렸기에 예수는 참 사람이었고, 참 하나님을 드러낸 분이었다.

예수는 누군가? 몸 안에서 하늘과 땅이 울린 이, 하늘과 땅을 몸으로 느낀 이, 우주 생명, 인류 생명과 한 몸 되어 느끼고 본 이다. 하나님을 몸으로 보고 느낀 이, 하나님의 마음으로 느끼고 하나님의 눈으로 본 이다. 신학적으로 말하면, 남의 속의 속, 영혼의 중심에 들어갈 수 있는 이는 하나님밖에 없다. 남의

속의 속, 영혼의 한가운데를 차지할 수 있는 이는 하나님뿐이
다. 하나님만이 영혼의 자유를 줄 수 있고 스스로 서게 할 수
있다.

하나님의 눈과 마음을 지닌 예수는 남의 자리에서 남을 느
끼고 본 이다. 창녀의 자리에서 창녀를 보고, 세리의 자리에서
세리를 보고, 가난한 과부의 자리에서 가난한 과부를 보았다.
굶주린 사람의 자리에서 굶주린 사람을 보고, 병든 이의 자리
에서 병든 이를 보았다. 그는 너와 나의 경계를 넘나든 생명의
님이었다.

복음서를 읽을 때마다 예수에게 감탄하고 놀라게 된다. 서
른을 갓 넘은 젊은이의 말과 행동의 깊이와 높이를 헤아릴 수
없다. 풀 한 포기도 꺾지 못할 만큼 마음이 여리고 고운 것 같
은데, 분노에 차서 성전을 뒤엎고, 죄인들과 걸지게 먹고 마시는
분이 눈이 범죄하면 눈을 빼버리고, 손이 범죄하면 손을 찍어
버리라고 말한다. 위선자들을 향해 독사의 자식들이라고 욕하
고, 헤롯을 향해 여우라고 말하는 분이 미워하면 살인한 것이
고, 음욕을 품으면 간음한 것이라고 말한다. 한없이 여리고 자
유로운 분 같으면서도 한없이 굳세고 엄하다. 마음이 맑고 비었
는데 단단하다. 어떤 때는 어린이처럼 단순하고 바보 같은데 어
떤 때는 인생과 역사를 꿰뚫어 보고 때를 따라 기민하게 대응
하는 영특한 사람 같다. 어떤 때는 번민하고 몸부림치며 안타
까워하는데 어떤 때는 달관한 도인의 경지에 이른 분 같다. 지

극히 자유롭고 열린 분이면서 말과 행동이 분명하고 뚜렷했다.

예수가 이렇게 복합적이고 미묘하고 모순에 찬 인물이면서도 하나로 꿰뚫려 있고 무한히 자유로울 수 있었던 것은 그가 자신의 삶에 충실했기 때문이다. 자신의 삶, 다시 말해 자신의 몸과 영혼의 울림과 느낌에 충실했기 때문에 그렇게 진실하고 그렇게 자유로울 수 있었다. 복잡하고 미묘하며, 하나로 뚫린 예수의 삶에서 '한'사상의 묘합이 이루어진 게 아닌가.

예수와 하나님, 예수와 자연, 예수와 이웃 사이에는 서로 울림과 서로 느낌이 충만했다. 생명 없는 세상에 생명을 충만케 하고 나와 너 사이에 생명의 울림과 느낌을 가져오는 예수는 참으로 생명의 님이었다. 예수 안에서 '큰 하나'(한), 밝고 환한 삶이 이루어지고, 하늘과 땅이 하나로 되고人中天地一, 여러 지체가 한 몸을 이루는 집일함삼과 회삼귀일이 이루어졌다. 그런 의미에서 예수는 '한 멋진 삶'을 이룬 '한님'이었다.

바울의 의인론은 예수의 생명과 복음의 원리를 갈파한 것이다. 믿음으로 '나'는 그리스도 안에 있고, 그리스도는 '나' 안에 있다. 믿음으로 예수의 삶에 참여하여 한 몸을 이룬다. 그리스도 안에서 한 몸을 이루면서 서로 다른 지체들로서 각자 소중한 존재로서 소중한 기능을 한다. 여러 지체들과 한 몸의 관계는 묘합으로서의 한사상의 구조와 잘 통한다. 그리스도 안에서 각 지체들은 서로 울리고 서로 느끼는 관계와 사귐을 갖는다. 예수를 믿기만 하면, 예수를 믿고 따르기만 하면 누구나 구원받을 수 있다. 의인론은 믿음과 사랑으로만 구원받을 수 있다는 가르침이다. 믿음과 사랑 속에서 공명과 감응이 일어난다. 바울이 거부한 율법주의는 나의 자아와 너의 자아에 집착하게 함으로써 공명과 감응을 가로막는다.

오늘 교회는 예수의 삶의 신비를 간직한 곳이다. 예수의 삶의 신비는 몸과 영혼의 서로 울림, 하늘과 땅의 서로 울림에 있다. 서로 울림共鳴은 서로 느낌感應이다. 서로 울림과 서로 느낌이 삶의 원리이고 본질이다. 서로 울림과 서로 느낌이 더불어 삶과 서로 살리는 삶의 바탕이다. 우리의 몸에서 하늘과 땅이 울릴 때, 함께 살 수 있고 서로 위해 살 수 있다. 최치원의 비문에 접화군생接化群生이란 말이 있다. 서로 만나서 공명하고 감응함으로써 뭇 생명이 살아난다는 것이다. 몸과 마음이 하나로 울리고, 하늘과 땅이 하나로 울릴 때 삶의 기적이 일어나고 신비한 일이 생긴다.

예수의 생명과 민족혼의 공명

수천 년 동안 중국 문화와 일제 식민통치에 눌렸던 겨레 얼이 기독교 신앙과 비판적 서구 학문을 통해 분출했다. 유교는 민중 속에 묻힌 겨레 얼을 억눌렀고, 당시 불교는 쇠퇴하고 은둔적이어서 한겨레의 얼을 살려 내지 못했다. 개인의 인격과 영혼을 깊은 자리에서 쇄신시키는 기독교 신앙과 비판적이고 저항적인 서구 학문을 통해서 민족혼이 살아났다. 예수의 생명과 겨레 얼이 서로 살리며 분출한다. 예수의 생명을 만나서 '한 멋진 삶'을 산 자취가 민족사에 새겨져 있다.

동학도 기독교 신앙과 서구의 비판적 학문에 자극을 받고 생겨났다. 동학과 증산교에는 기독교의 영향이 깊이 배어 있다. 최제우의 하나님 체험에서 개벽 운동, 평등 해방 사상과 운동이 일어났다. 민족의 얼과 정신이 살아났다. 동학 운동에서 비로소 한국의 민주화 운동과 민중 해방 운동이 시작되었다.

1907년 대부흥 운동을 주도한 길선주 목사는 한국적 영성과 수련의 전통(선도)을 이어받은 이다. 이 부흥 운동의 주제는 "그리스도 안에서 하나"이다. 민족과 교회가 하나임을 강조할 때 영적 부흥의 불길이 크게 타올랐다. 이때 선교사들과 교단들을 통합하기로 합의했으나 미국의 선교 본부에서 반대하여 뜻을 이루지 못했다.

안창호, 이승훈, 조만식은 기독교 신앙과 민족혼을 결합시킨 모범이다. 평양 중학교를 졸업한 날 "목사가 되어 민족의 정신과 영혼을 바로 세우겠다"는 정대위 학생에게 안창호는 절하며 "미래의 목사님, 꼭 목사가 되어서 민족의 정신을 일깨워 주세요"라고 한다. 안창호는 일제통치의 암흑기에 마당의 돌을 모두 캐어 모로 세워 놓으면서 "언젠가 우리 민족은 이 돌들처럼 반드시 일어설 것"이라고 했다. 말년에는 민족이 살려면 종교가 살아야 하는데 목회자의 자질이 문제라면서 목회자 수련원을 세우려 했다.

이승훈은 3·1운동을 주도하면서 "이제 죽을 자리 찾았다" 고 기뻐했다. 3·1운동을 시작해 놓고 옥중에서는 기뻐서 어깨춤이 절로 나왔고 감방의 변소 청소를 맡아 했다. 오산학교 교장으로서 오산학교 변소의 얼어붙은 똥 무더기를 까느라고 입에 똥물이 들어갔다고 한다.

조만식은 소련군의 회유와 협박에 타협하지 않고 죽었다. 옥중에 있을 때 제자가 탈출시키려 했으나 젊은이들이나 살라면서 북의 백성들, 교인들과 함께 죽겠다며 옥에 남았다.

이들은 생사를 넘어 자유롭게 살았던 신앙과 민족의 지도자였다. 자기를 비우고 죽이고, 죽을 각오로 지극 정성을 다해 살았다. 정성을 다함으로써 남을 움직였다.

이세종, 이현필, 유영모는 한국적 영성의 대표이다. 이현필은 사람에게 정성을 들인다면서 새벽 2시에 일어나 동광원의 숙소에서 자는 제자들의 집을 몇 바퀴씩 돌았다고 한다. 유영모는 하루에 한 끼만 먹었다. 예수가 자신을 우리에게 밥으로 주었으니 우리도 아침은 하나님께 밥으로 드리고 점심은 이웃에게 밥으로 드리고 저녁 한 끼만은 내 몸을 위해 먹어야 한다는 것이다.

전태일은 주위의 고통받는 생명과 온몸으로 공명하고 감응하며 자유롭게 살았던 큰 사람이다. 버스비를 아껴 굶주린 여공들에게 풀빵을 사 주려고 수십 리 길을 걸어 다니고, '너'와 '나'의 경계를 넘어 서서 '한 생명'으로 살았다. 이들에게서 예수의 생명과 겨레의 얼이 힘있게 살아 있음을 본다.

함석헌, 문익환, 김지하, 박노해는 민주화 운동의 고난 속에서 옥고를 치르면서 민들레 꽃씨나 쇠창살 빈틈에 자라나는 들꽃을 보고 몸과 영, 하늘과 땅, 하나님과 인간과 자연과 이웃의 일치와 통합을 깨닫고 "서로 다르면서도 하나로 통하는" 생명 사상을 펼쳐 냈다.

통일 운동가이며 생명신학자인 문익환은 바울의 의인론을 흑백논리, 당파주의를 극복하는 대통합의 민중적 생명 논리로 보았다. 할례, 안식일 법, 정결 법 등을 내세우는 율법주의는 흑백논리이며 당파주의이다. 바울은 믿음만을 붙잡음으로써 모든 사람을 끌어안을 수 있는 화해의 신학을 세웠다.[23]

문익환은 생명에서 대통합의 자리를 찾는다. "우리는 배타적인 대결에서 대종합의 시대에 발을 들여놓고 있는 것"이며 그 대종합의 자리는 바로 생명이다. 자유와 평등의 결합은 생명 사랑으로 이루어진다.[24] 통일 운동은 평화 운동이고 평화 운동은 생명 사랑 운동이다.[25] 그가 몸의 경혈을 연구하여 파스를 붙여 치료하는 법을 창안하고 보급시켰던 것은 민중의 몸에 대한 사랑에서 비롯되었다. 그는 민들레 "풀꽃 씨에도 나와 통하는 마음이 있다"[26]면서 꽃씨 하나와 교감하고, 죽어 가는 잠자리에게 기를 불어넣어 살려 주고는 기뻐했다.[27] 좁은 감방에서도 기쁘

고 자유로웠고, 철벽같은 남북의 장벽을 자유롭게 넘나든 문익
환에게서 '한 멋진 삶'을 볼 수 있다.

오늘의 세계는 생태학적인 생명, 공동체적 생명, 실존적인
생명의 총체적 위기를 맞고 있다. 우주적 생명의 차원, 인류의
차원, 개인의 차원에서 사느냐 죽느냐의 갈림길에 서 있다. 죽
음의 길에서 벗어나 생명의 님을 따라 생명의 길을 가야 할 것
이다. 우리 속에서 한민족이 길러온 생명 기운과 생명 사랑이
살아나야 할 것이다.

생명의 님 예수를 만나면 우리 속에서 생명 기운과 생명 사
랑이 솟구칠 것이다. 한국 생명신학은 겨레의 생명 기운과 생명
사랑을 밝히고 생명의 님 예수를 드러내는 일이다. 우리 겨레가
생명의 님 예수를 만나고 믿고 따르고 살게 하는 일이다. 예수
안에서 겨레 얼이 살아나고 솟구친다. 예수 안에서 뭇 생명이
하나로 이어진다. 예수 안에서 공명과 감응이 일어난다.

2부

평화를 이룩하는 신학

1장

한국 문화의 평화적 성격과
한국 민주화 운동의 평화 사상

오늘의 문명 세계는 평화로의 총체적 전환을 요구받고 있다. 평화는 전쟁과 폭력, 죽임과 파괴가 없는 삶의 상태일 뿐 아니라 고르게 밥을 먹는 일平和, 건강하고 풍성한 삶을 누림(샬롬)이다. 평화를 엄격한 관념이나 원리에 따라 규정하고, 개별적인 행위나 특수한 상황에서 완력이나 폭력이 사용되었는가 가르는 것은 자의적이고 관념적이다. 한국 문화의 평화적 성격과 민주화 운동의 평화적 전통과 사상을 밝힘으로써 평화를 위한 결단과 헌신에 기여하고 세계 평화 운동에 자극과 격려가 되기를 바란다.

1. 한국문화의 평화적 성격

함석헌은 한민족의 혼의 고갱이를 '착함'으로 본다. 그가 그 렇게 보는 근거는 세 가지이다. 첫째, 다른 민족들의 건국 신화 에는 흔히 정복 전쟁 이야기가 나오는데, 한민족의 건국신화에 는 그런 이야기가 없다. 둘째, 침략 전쟁을 하지 않았다. 한민족 이 치른 전쟁은 주로 방어전이었다. 셋째, 사람 이름에는 한민족 의 뜻이 담겨 있는데, 중국이나 일본과 비교할 때 어질고 착한 성품이 드러나 있다.

대표적인 건국 신화인 단군신화에는 정복 전쟁이 나오지 않 는다. 그뿐 아니라 단군신화는 홍익인간弘益人間과 재세이화在世 理化의 이념을 표방함으로써 평화주의의 성격을 분명히 드러낸 다. 홍익인간에 뜻을 두고 환웅은 "바람과 비와 구름을 통솔하 고 곡식, 운명, 질병, 형벌 및 선악을 주관하여 세상을 질서 있 게 꾸몄다". 홍익인간, 재세이화, 주선악主善惡의 통치 수행을 위

131

해서 환웅은 인간 세계에서 360여 가지 사업을 벌여 민생의 삶
이 널리 유익하도록 마련했다.

홍익인간의 이념에는 남을 이롭게 하는 따뜻한 마음, 평화
를 사랑하는 마음이 담겨 있다. 남을 이롭게 하는 마음이 공동
체적 생명의 불씨이고 그루터기이다. 이 마음에서부터 나와 너
의 대립을 넘는 커다란 우리, 서로 살림의 공동체 의식, 마을제
사, 두레, 품앗이의 정신과 전통이 형성되었다. 이치로써 세상을
교화한다는 이념은 덕치주의의 주관성과 법치주의의 타율성을
극복하고 생명의 자율과 조화를 추구하는 생명 존중과 평화
사랑의 이념이다.

고구려, 백제, 신라, 가야의 건국 신화에도 햇빛과 알에서
왕이 탄생한다는 평화롭고 생명 친화적인 이야기가 나온다. 전
쟁을 통해서 영토를 널리 확장한 광개토대왕 비문에도 한민족
의 평화 지향적인 성격이 잘 드러난다. 이 비문에 따르면 고구
려의 시조 추모왕은 "천제의 아들이고 하백[강물]의 딸의 아
들"임을 자처함으로써 하늘과 땅과 강물의 우주 세계와 한 몸
을 이루고 있음을 밝혔다. 그는 세상의 왕위에 싫증이 나자 하
늘의 황룡을 불러 용의 머리를 밟고 하늘로 올라갔다고 하였
다. 그의 아들은 "도로써 다스림을 일으켰다以道興治". 광개토대
왕은 연호를 영락永樂이라 하였고 세상의 평안을 가져온 이로
일컬어졌으며, 적들을 관용과 덕으로 대했다.

자연 환경의 아름다움과 '한'(韓=桓: 하나이며 밝고 환함)을 추

구하는 민족 정신이 만나서 신선 사상과 평화주의가 나왔다. 자연(하나님, 영원)과 하나 됨을 추구하는 민족 정신이 도통과 초탈을 추구하는 신선 사상으로, '한'을 추구하는 착한 마음이 함께 살려는 평화주의로 나타난 것으로 볼 수 있다. 도통과 초탈을 추구하는 자연 친화적인 신선 사상은 적을 포용하고 더불어 사는 평화주의와 맞물려 있다.

언어와 문화에 나타난 평화주의

마을 수호신이 칼을 든 장군이 아니라 신랑, 신부를 상징하는 장승인 것도 한민족의 평화적 성격을 드러낸다(김재준). 중국이나 일본과는 달리 한국의 대표적 전설과 동화에 복수 이야기가 없다. 콩쥐팥쥐 이야기에서 팥쥐가 몸이 찢기고 몸으로 젓갈을 담는 악형을 당하고 장화홍련전에서도 계모와 장쇠가 처형당하지만 왕과 상제에 의한 권선징악과 사필귀정의 응징이지 복수 이야기는 아니다. 악을 용납하지 않는 집단적이고 민족적인 의지는 이런 설화들에 분명히 나타난다. 그러나 그렇게 처절하게 학대받고 살해당하고도 피해자는 억울한 한을 풀어 주고 억울한 죽음을 밝혀 달라고 호소할 뿐 가해자를 복수해 달라는 말은 없다. 한국의 전설과 설화에서 피해자의 복수 의지는 찾아보기 어렵다. 흥부는 자신을 박해하고 괴롭힌 놀부를 구해 주고 화해한다. 많은 전설과 설화들이 흔히 "그래서 함께 잘 먹고 잘 살았다"는 행복한 귀결로 끝난다.

주어가 술어를 지배하는 서구어와 달리 한국어에서는 객어 (상대)가 술어를 규정한다. 상대에게 자신을 맞추려는 마음, 일치와 동화, 순응과 결합을 추구하는 마음이 언어에 나타난다. 한민족의 시와 노래에서 "나를 버리고 가는 님이 다시 돌아오기를 기다리는 마음", "나를 떠나는 님의 발길에 꽃을 뿌리는 마음"은 평화의 마음이다. '나'는 점을 밖에 찍은 것이고 '너'는 점을 안에 찍은 것이다. '나'는 나를 밖에 세워서 남에게 맡길 때 '나'가 되고 '너'는 안으로 끌어들여 품어 줄 때 '너'가 된다. 이미 '나'와 '너'란 말 속에 평화의 의지와 이념이 담겨 있다. 태극기에 그려진 음과 양의 모습도 '서로 받아들이고 끌어안은 모양'을 나타낸다. 우리말에서 가장 웅숭깊고 울림이 큰 말이 '님'이다. '님'은 '나'와 하나로 느껴지는 '너', '나'와 '너'의 경계가 사라지고 드러나는 생명과 영을 높여 부른 말이다. '님'은 '나'와 '너'에서 걸림 점을 빼고 오직 하늘을 향해 똑바로 선 것('ㅣ'는 하늘과 땅을 곧게 잇는다는 뜻)을 나타낸다. 서로의 거리낌을 넘어서 함께 하늘을 우러르면 평화가 이루어질 것이다.

평화의 모범과 실천

평화를 이룬 대표적 인물로 처용을 꼽을 수 있다. 아내를 뺏은 원수를 포용하고 춤을 춤으로써 원수를 감동시킨 처용은 평화의 모범이다. 19세기의 민족 종교인 동학과 증산교, 원불교가 서구의 침입을 받는 가운데서 태동되었으면서도 한결같이 인류 평화의 비전을 제시한 것은 한겨레의 평화적인 성향을 드러낸다.

한민족의 평화주의적 성향은 지배층보다 민중의 삶에서 잘 드러난다. 지난 역사에서 남을 억압하고 수탈하는 지배 엘리트들이 전쟁을 일으켜서 죽이고 파괴했다면, '스스로 하는' 민중들은 농사짓고 건설함으로써 평화를 이루었다. "나라를 건진 사람은 사람 죽인 사람이 아니라 그 시체를 치우고 또 씨를 뿌리고 또 갈고 말이 없는 그들 이름도 없는 사람들입니다. 역사의 모든 짐을 다 지면서도 이름 앙탈도 자랑도 없는 이름 모를 사람들입니다."[1] 지배자들로부터 고난을 당하면서도 민중은 지배자들이 파괴하고 더럽힌 공동체적 삶을 지탱하고 정화하는 구실을 했다. 5천 년 민족사 속에서 평화적인 삶을 몸으로 익힌 민중은 비폭력 투쟁을 통해 민족과 인류의 평화 공동체를 실현할 저력을 지니고 있다.

2. 민족 민주 운동의 평화 전통

헌법 전문에 따르면 헌법 정신은 3·1독립운동 정신과 4·19 혁명 정신에 근거한다. 4·19혁명이 3·1독립운동을 계승하는 흐름이었다고 보면 한국 근현대사에서 중심적인 위치에 3·1운동이 있다. 3·1독립운동이 계기가 되어서 임시정부가 수립되었고 한국 정부는 임시정부를 계승한다고 천명하였다. 3·1독립운동은 국가의 정신과 정통성의 근거가 된다. 그러나 3·1독립운동의 정신과 의미에 대한 철학적인 연구는 본격적으로 이루어지지 않았다.

3·1독립운동의 평화 정신을 밝히는 일은 우리의 정신적 기초를 확인하는 의미가 있을 뿐 아니라 식민지 백성이 전 민족적으로 일으킨 평화적 저항 운동의 사례 연구로서도 의미가 크다. 3·1운동은 일본 경찰과 군대의 총칼에 맞서 온 겨레가 떨쳐 일어나 평화적인 시위를 벌였던 평화적 저항 운동의 대표적이

고 모범적인 사례이다. 많은 사람들이 목숨을 내놓고 총칼 앞에서 독립 만세를 부르며 오랜 기간 평화적인 독립운동을 했다는 것은 세계 독립운동사에서 특별한 의미를 갖는다.

특히 기독교, 천도교, 불교의 대표들이 서로 협력해서 거족적인 평화 운동을 벌였다는 사실은 인류의 평화와 종교적인 화해·협력에 중요한 의미가 있다. 천도교의 손병희와 최린이 기독교의 이승훈과 접촉하여 독립운동을 협의하고 이승훈은 장로교 지도자들과 감리교 지도자들을 끌어들여서 3·1운동의 중심적인 구실을 했다. 민족대표 33인 가운데 기독교인 열여섯, 천도교인 열다섯, 불교인 둘이 포함되었다. 세 종교 지도자들이 결합하여 독립운동을 일으킨 것 자체가 평화의 정신을 드러낸 것이다. 배타적이고 독선적인 생각에 사로잡혔다면 세 종교의 연대와 협력은 이루어질 수 없었을 것이다.

3·1독립선언서三一獨立宣言書에 평화적이고 도덕적인 원칙이 분명하게 드러나 있다. ① 평화적이고 온건하며 감정에 흐르지 않을 것, ② 동양의 평화를 위하여 조선의 독립이 필요하며, ③ 민족자결과 자주독립의 전통정신을 바탕으로 정의와 인도人道에 입각한 운동을 강조한다는 등 손병희孫秉熙가 세운 선언서 작성의 대원칙에 따라 독립선언서는 작성되었다.

독립선언서는 28일 아침부터 전국의 배포 담당자에게 전달되어, 3월 1일 서울을 비롯한 전국 주요 도시에서 일제히 선포되었다. 한편 민족 대표들은 3월 1일 아침 인사동仁寺洞의 태화

관泰和館에 모여 독립선언서 100장을 탁상에 펴놓고 찾아오는 사람에게 열람하게 하였으며 오후 2시 정각이 되자 한용운이 일어나 이를 낭독한 다음 일동이 대한 독립 만세를 삼창하고 축배를 들었다. 이날 같은 시각인 오후 2시 탑동(파고다) 공원에 서는 각급 학교 학생·시민 5,000여 명이 모인 자리에서 정재용鄭在鎔이 선언서를 낭독하였다.

지도자에 의존하지 않고 전국 각처에서 모든 계층이 맨몸으로 만세 운동을 자발적으로 벌인 것은 평화적 성격을 나타낸다. 온 겨레가 함께 떨쳐 일어나 맨몸과 맨손으로 일제의 총칼에 맞선 것은 세계사에 길이 남을 평화 운동의 전형이다. 3·1운동의 바탕에 기독교, 불교, 천도교의 평화 정신이 있었고, 한민족의 평화적 품성이 3·1운동을 통해 발현되었다.

독립선언서는 일본에 대한 원한 감정이나 복수심에서가 아니라 동양의 참된 평화와 민족의 자주권을 위해서 일어선다는 것을 분명히 밝히고 있다. "조선독립은 조선인으로 하여금 정당한 생영生榮을 이루게 하는 동시에 일본으로 하여금 잘못된 길(침략주의)에서 벗어나 동양을 지지하는 중책을 감당케 하고 중국으로 하여금 불안과 공포에서 벗어나게 하고, 동양평화로 중요한 일부를 삼는 세계평화, 인류행복에 필요한 계단이 되게 하는 것이다. 이것이 어찌 구구한 감정상의 문제겠느냐? …… 아 새 하늘, 새 땅이 눈앞에 펼쳐지는구나! 위력의 시대는 가고 도의의 시대가 오는구나!" 독립선언과 독립운동이 진리와 양심에 기초한 것을 밝히고 공약 3장에서는 평화적 원칙과 자세를 주장한다. 첫째 "의, 인도, 생존, 존영을 위하는 민족적 요구이니 오직 자유정신을 발휘할 것이요, 결코 배타적 감정으로 하지 말라." 둘째 "최후의 1인까지 최후의 일각까지 민족의 정당한 의사를 떳떳이 발표하라." 셋째 "일체의 행동은 가장 질서를 존중하여 우리의 주장과 태도가 어디까지나 광명정대光明正大하게 하라."

독립선언서의 정신은 배타적 정신이 아니라 양심과 진리와 정의에 근거한 공존공생의 정신이며 자유롭고 떳떳한 광명정대함을 추구한다. 이런 평화적 포용 정신과 광명정대함은 한민족의 '한' 정신과 원리에서 닦여져 나온 것으로 보인다. 한민족의 정신적 원형질인 '한韓'='환桓'은 '크고 하나임'과 '밝고 환함'을 뜻한다. 하나로 끌어안는 마음과 밝고 환함을 추구하는 한민족의 정신과 자세가 3·1운동에서 분출되었다고 본다.

4·19혁명의 평화 정신

1960년에 총칼에 맞서 학생들과 시민들이 맨손으로 일어서서 독재 권력을 무너뜨렸다. 김주열의 죽음에서 감동과 의분을 느끼고 온 겨레가 일어났다. 어린 학생의 죽음에 감동과 의분을 느낀 것은 꽃다운 젊은 생명에 대한 사랑과 진실과 정의

에 대한 갈구를 나타낸다. 생명을 사랑하는 어질고 착한 마음
과 진실과 정의를 갈구하는 밝고 떳떳한 마음에서 4·19혁명이
나온 것이다. 사람들은 총칼에 몸을 내대어 가슴에 피를 흘리
고 쓰러지면서도 "나보다 다른 사람들을 먼저 구하라"며 삶을
양보한 고귀한 정신을 보여 주었다. 시민들도 피가 부족하면 피
를 나누어 주고 음식을 제공하고 서로 숨겨 주며 온 겨레가 한
마음이 되었다.

　생명을 짓밟는 폭력에 맞서 양심과 진리와 정의의 이름으로
혁명을 이룬 것은 비폭력 평화의 정신이 승리를 거둔 것이다.
4·19혁명은 돌을 던지고 완력을 사용했으나 진리와 양심을 따
라서 총칼을 들지 않고 맨몸으로 혁명을 일으켰다는 점에서 비
폭력 평화 운동이라고 할 수 있다.

　4·19혁명은 학생들과 교수들, 지식인들이 앞장서서 독재 권
력에 맞서 많은 고귀한 희생을 치르고 자유와 민주의 이념을
실현했다. 오직 진리와 양심에 근거한 민주화 운동으로 불법과
폭력에 기초한 독재 권력을 맨몸으로 무너뜨렸다는 점에서 평
화적인 학생 민주화 운동의 전형을 이루며 1960년대에 세계적
으로 분출한 학생 운동의 효시를 이룬다.

　4·19혁명은 여러 가지 의미에서 3·1운동의 계승이다. 양심
과 진리와 정의에 기초해서 무기를 손에 들지 않고 평화적으로
해방 운동을 일으켰다는 점에서 두 운동은 일치한다. 더욱이
일제의 폭력적인 압제와 6·25전쟁 이후 폭력적인 반공과 독재

의 분위기 속에서 평화적인 운동이 거족적으로 일어났다는 것은 한민족의 평화적인 저력과 열망을 드러낸다.

학생 운동과 재야의 평화 정신

노동자의 생존권과 정의를 호소하며 분신한 전태일의 죽음에 학생들과 기독교·사회 인사들은 충격을 받고 군사정권의 폭력에 맞서 민주화와 민중 해방 운동을 일으켰다. 유언비어를 퍼뜨리기만 해도 징역 5년 이상에 처한다는 긴급조치 4호가 1974년 4월에 발동되고 이른바 민청학련 사건으로 1천여 명의 학생과 민주 인사가 구속되었다. 1975년 2월에는 날조된 인혁당 사건으로 8명이 처형되고 5월 13일에는 유신헌법을 비방, 반대하거나 개정하자는 주장을 금지하는 긴급조치 9호가 발표되었다. 5월 22일에는 서울농대생 김상진이 유신철폐를 주장하며 할복하기도 했다.

1976년 3월 1일 명동성당에서 함석헌, 윤보선, 정일형, 김대중, 윤반웅, 안병무, 이문영, 서남동, 문동환, 이우정, 문익환의 이름으로 재야 민주 인사들이 '민주구국선언'을 발표했다. 선언은 "1919년 3월 1일 전 세계에 울려 퍼지던 이 민족의 함성, 자주독립을 부르짖던 그 아우성이 쟁쟁히 울려와서 이대로 앉아 있는 것은 구국 선열들의 피를 땅에 묻어 버리는 죄가 되는 것 같

아 우리의 뜻을 모아 '민주구국선언'을 국내외에 선포하고자 한
다"[2]라고 밝혔다. 이 선언은 3·1운동과 4·19혁명의 뜻을 새기
면서 민주주의, 경제정의, 민족통일을 내세웠다.

1976년 3월 1일 오후 6시에는 명동성당에서 가톨릭 신자
700여 명, 개신교 신자 수십 명이 참석한 가운데 20여 명의 가
톨릭 사제들이 공동집전한 미사가 거행되었고 이 미사에서 김
승훈 신부는 3·1정신을 잇고 유신헌법과 경제 문제를 비판하
는 강론을 하였다. 이어서 신구교 합동 기도회가 열렸고 이 가
운데 이우정 교수가 민주구국선언서를 낭독하였다.[3]

이 시기 재야민주 인사들은 오직 말과 글로만 의사를 표현
함으로써 비폭력 저항의 원칙을 지켰다. 폭력을 선동하지도 행
사하지도 않고 군사정부의 폭력에 맞서 고난과 희생을 겪으면
서 양심과 정의의 길을 갔다. 또한 가톨릭 사제들과 신자들이
개신교 신자와 한자리에서 민주구국선언을 발표했다는 것은 교
파와 종파를 넘는 화해와 평화의 정신을 드러낸 것이다.

4·19혁명 정신을 계승하고 전태일의 죽음에서 자극받은
70년대에 학생들은 끈질긴 민주화 운동을 펼쳤다. 70~80년대
에 수천, 수만 명이 옥고를 치르면서도 민주화 운동과 민중 해
방 운동에 헌신함으로써 오늘의 한국 사회를 이루는 밑거름이
되었다. 경찰과 보안대, 정보부의 압력과 위협에도 굴하지 않고
좁은 감방에서 몇 년씩 갇혀 지내면서도 청년 학생들이 민주
화의 길을 곧게 걸을 수 있었던 것은 종교적 영성과 평화적 정

신으로 충만한 민족 문화적 전통에서 비롯된 것으로 여겨진다. 크게 하나 되고 밝고 떳떳하게 살려는 선조들의 정신을 계승한 것이고 한국적 평화 정신이 실현된 것이다.

한국 민주화 운동에는 평화의 영성이 깊이 배어 있다. 전두환 군사정권이 정권 연장을 획책했던 1986년에 박종철과 이한열이 죽자 수십만의 시민·학생들이 들고 일어나 군사정권을 굴복시켰다. 의롭게 죽은 목숨, 억울하게 죽은 꽃다운 목숨을 외면하지 못하고 떨쳐 일어난 거대한 민주화의 물결은 3·1운동과 4·19혁명의 평화적인 민주 해방 운동의 큰 흐름을 잇는 것이었다. 착하고 평화로우면서도 크게 하나로 일어서는, 호랑이같이 용맹한 한민족의 영성에서 평화로우면서도 지칠 줄 모르는 떳떳한 저항 정신이 나오는 듯하다.

3. 기독교 민주화 운동의 평화 사상

안창호, 이승훈, 조만식, 유영모, 함석헌, 김교신은 기독교 신앙과 높은 인격, 뜨거운 민족애를 가지고 민족의 독립 정신과 얼을 지켰다. 이들은 일제의 식민 통치 기간에 무장투쟁의 길을 걷지 않으면서 정신을 일깨우는 교육을 통해 민족의 독립과 민중 각성과 자주를 추구하였다. 교육으로 나라를 되찾고 바로 세우려는 이들의 교육 입국 운동은 평화 정신을 나타낸다. 일제의 엄혹한 압제와 민족혼 말살 정책에도 굴하지 않고 끝까지 창씨개명을 거부하고 독립운동과 교육과 출판 활동을 통해 믿음과 사랑의 정신으로 민족자주와 민족혼을 지켜 낸 것은 민족사에 길이 남을 평화 정신과 유산이다.

함석헌은 3·1독립운동과 기독교 민족 운동의 평화 전통을 이어받았다. 함석헌은 60년대에 해외에 나갈 때 안창호, 이승훈, 조만식의 사진을 가지고 간 뒤 "우리나라가 작은 나라지만 이렇게 큰 인물이 있다"고 소개했다. 함석헌은 역사적으로 안창호, 이승훈, 조만식으로 이어지는 기독교 민족 운동의 맥을 이었다. 안창호는 1907년에 신민회를 조직하고 나라를 구하기 위해 교육 운동을 펼쳤고 이승훈은 평안도 책임자로서 오산학교를 세우고 지역에 공동체(이상촌) 운동을 벌였다. 이승훈과 조만식, 유영모는 오산학교 교장을 지냈다. 함석헌은 오산학교 학생이고 후에 교사로 10년 동안 가르쳤다. 함석헌은 역사적으로는 이승훈을, 사상으로는 유영모를 이었다.

함석헌의 평화 사상

식민지 해방 운동과 민주화 운동 과정에서 생명평화 철학이 피어났다. 함석헌이 배우고 가르쳤던 오산학교는 비밀 독립 운동 조직인 '신민회'를 주도한 안창호와 이승훈이 설립한 학교였다. 민족 독립 정신을 고취하고 민주화 운동에 헌신한 함석헌은 씨알사상을 펴냄으로써 생명평화 철학을 닦아 냈다. 그는 민중의 생명 원리를 '스스로 함', '자람'(새로움), '전체(큰 하나)를 이룸'으로 파악했다. 그는 생명과 역사와 신을 '자란다'는 시각에서 보았고 변화·발전·생성의 동적 성격을 '~려 함'으로 나타냈다. '~려 함'은 새로운 삶을 향해 솟구치는 생명 의지를 나타낸다.[4] '스스로 함'과 '~려 함'으로 나타나는 주체적인 생명 의지와 자연친화自然親和적인 평화주의가 결합되어 비폭력 저항의 평화주의로 나타났다.

함석헌은 개체로서의 민중과 전체를 직결시킴으로써 당파주의와 집단주의를 배격했다. '내'가 전체(하나님)와 직결되어 있으며, 모든 인간이 '하나'라는 것을 부정하는 것이 당파요 집단이다. 당파주의나 집단주의는 '다른' 사람을 부정하기 때문에 필연적으로 폭력적일 수밖에 없다.[5] 실제로는 당파주의와 집단주의이면서 전체를 표방하고 민중에게 폭력을 휘두르는 게 국가주의다.[6] 국가주의가 개인과 전체를 희생시킨다.[7]

폭력적이고 배타적인 집단적 당파주의에 대한 그의 비판은 세계 평화주의로 이어진다. 앞으로의 세계는 "어쩔 수 없이 유기적인 사회, 전체 사회가 돼서 미워도 고와도 한데 살 수밖에 없게 되었고, 그렇지 못하면 전체가 멸망하게 돼 있다".[8] 전체와 직결되어 있고, 전체를 품고 있는 민중은 평화주의로 나갈 수밖에 없고 '하나의 세계'를 추구할 수밖에 없다.

함석헌의 비폭력투쟁은 상대(적)에 대한 두려움이나 미움 없이, 상대에 대한 사랑과 신뢰를 가지고 하는 싸움이다. 그의 비폭력 평화주의는 깊은 신앙과 종교적 깨달음에서 나왔다. 함석헌은 원수를 사랑하라는 예수의 가르침이 "생명의 가장 높은 봉우리에 핀 꽃"[9]이라고 한다. 함석헌은 원수 사랑을 "서로 사랑으로 싸우라"는 말로 이해한다.[10] 그는 믿음과 사랑의 마음으로 보면 대적 자체가 없다고 했다. 비폭력투쟁은 '사랑하는 마음'으로, '이기고 짐을 초월한 마음'[11]으로 싸워야 한다. 이 싸움은 이기기 위해 싸운다기보다 마음속에서 적을 이겨 가지고 싸우는 싸움이다.[12] 그의 비폭력 평화주의는 작고 거짓된 나와 너를 넘어서 전체(하나님)를 품고 전체의 자리에서 전체를 사는 것이었다.

전태일의 평화 정신

전태일은 자기의 몸을 불살라 평화롭고 자유로운 세상을 이루려는 평화적 행위의 전형이다. 그는 분노와 미움에 갇히지 않고 공생과 상생의 평화로운 길을 열었다. 오랜 기도와 명상 끝에 자기를 버리고 어린 새싹 같은 여공들의 생명을 위해 기꺼이 자기 목숨을 바치기로 결의한 후 '바보회'를 만들고 근로기준법 책을 안고 분신한 것은 평화주의의 전형이다. 바보회 결성은 그가 평화의 사람임을 말해 준다. 무자비한 폭력과 불의가 판치는 세상에서 스스로 바보가 되려는 사람은 개체의 작은 자아를 넘어서 전체의 마음으로 살려는 사람이기 때문이다. 또 그런 엄혹한 상황에서 정의와 평화를 이루기 위해서 자기를 불살라 제물로 바치는 것은 지극히 평화로운 정신의 표현이고 행위다.

전태일은 굶주린 여공들에게 풀빵을 사주기 위해 버스비를 아끼려고 북한산 기슭에서 청계천 평화시장까지 걸어 다녔고 병들고 지친 여공들의 일을 홀로 남아 대신해 주며 그들의 살

길을 찾아 헤맸다. 굶주림과 중노동에 시달리다 피를 토하고 쓰러진 여공을 보고 그는 노동자가 인간답게 사는 길을 열기 위해 목숨을 바쳤다.

사람대접을 받지 못하며 찍소리 못하고 살아왔으니 '바보'이고 노동자가 인간다운 삶을 살도록 노동운동을 하겠다고 나서는 것도 소위 바보나 하는 짓이다. 그는 "좋다, 우리는 바보다" 하면서 바보회를 조직했다. 전태일의 바보회 조직 제안은 노동자들에게 공감을 일으켰고 깊은 감동과 연대감이 생겼다.

"좋다, 우리는 바보다" 하는 자각과 결의는 평화로운 정신에서 온 것이다. 정의롭고 평화로운 세상을 이루기 위해 스스로가 고난받고 희생할 각오를 하는 바보 정신은 진리와 생명에 대한 신뢰와 사랑 없이는 품을 수 없는 마음이다. 자기의 이익과 평안을 위해서 남을 희생시키는 약삭빠른 사람이 아니라 남의 이익과 평안을 위해서 자기를 희생할 각오를 하는 바보들은 평화의 사람들이다.

전태일은 전체의 마음으로 살고 전체의 마음으로 죽었다. 그는 버림받은 한 인간(노동자)을 '전체의 일부'로 보았다. 그는 모든 인간이 서로서로 '전체의 일부'라고 보았다. 따라서 한 사람의 이웃의 신음 소리는 전태일의 가슴을 베는 아픔이었다. 부조리한 사회에는 쓰레기처럼 버림받은 사람들이 있고 사회전체 속에 뭉쳐진 사람들이 있다. 전태일은 "나는 그 속에 뭉쳐지지를 않고, 그 뭉쳐진 덩어리를 전부 분해分解해 버리겠네"라고 했다. 덩어리가 없으면 부스러기도 없다. 그렇게 되면 "서로가 다 용해溶解되어 있는 상태"로 된다. 뭉쳐진 덩어리가 이기적인 집단과 당파를 나타낸다면, 그 덩어리가 다 용해되는 것은 전체가 하나로 되는 것을 뜻한다.

전태일은 덩어리를 푸는 방법을 말한다. "나는 그 덩어리가 자진해서 풀어지도록, 그들의 호흡 기관 입구에서 향香을 피울 걸세. 한번 냄새를 맡고부터는 영원히 뭉칠 생각을 아니하는 그런 아름다운 색깔의 향을 말일세." 자진해서 덩어리가 풀어지는 향은 자신의 몸을 불사름에서 피어난다. 자신의 생명을 불살라 뭉친 덩어리가 스스로 풀어져서 서로가 용해된 사회가 되는 방법은 지극히 평화적인 방법이다. 그는 전체의 하나 됨을 위해서 자신을 불살라 제물로 바쳤다.

전태일은 석유를 부은 몸에 불을 붙이고서 길거리로 달려가며 "근로기준법을 준수하라!", "우리는 기계가 아니다! 일요일은 쉬게 하라!", "노동자들을 혹사하지 말라!" 외치다 쓰러졌다. 그는 다시 일어나 "내 죽음을 헛되이 하지 말라!" 하고 쓰러졌다. 전태일은 어머니 이소선에게 말했다. "나는 만인을 위해 죽습니다. 이 세상의 어두운 곳에서 버림받은 목숨들, 불쌍한 근로자들을 위해 죽어 가는 나에게 반드시 하느님의 은총이 있을 것입니다." 그는 죽기 전에 어머니에게 '진리'에 대해서 다짐하는 말을 했다. "나는 진리대로 했다. 어머니도 진리대로 하시라" 했다.

그는 유언에서 말했다. "……친구여, 나를 아는 모든 나여. 나를 모르는 모든 나여…… 지금 이 순간의 나를 영원히 잊지 말아 주게. ……뇌성번개가 이 작은 육신을 태우고 꺾어 버린다고 해도, 하늘이 나에게만 꺼져 내려온다 해도, 그대 소중한 추억에 간직된 나는 조금도 두렵지 않을 걸세. 그리고 만약 또 두려움이 남는다면 나는 나를 영원히 버릴 걸세. ……어쩌면 반지의 무게와 총칼의 질타에 구애되지 않을지도 모르는, 않기를 바라는, 이 순간 이후의 세계에서, 내 생애 다 못 굴린 덩이를, 덩이를 목적지까지 굴리려 하네."[13]

전태일의 삶과 죽음은 70년대 이후 노동운동과 민주화 운동과 민중 선교의 영감과 원천이 되었다. 그는 살아서보다 죽어서 몇백 배, 몇만 배 존중받고 큰 영향을 미쳤다. 죽음으로써 영원히 사는 길을 열고 보여 준 전태일의 삶과 정신은 삶에 대한 믿음과 사랑에서 우러나고 진리와 양심과 정의에 기초한 평화 정신의 전형을 보여 준다. 죽음을 넘어선 삶은 어떤 폭력도 지배할 수 없는 평화의 세계이기 때문이다.

문익환의 평화 사상

문익환은 기독교 신앙과 민주화 운동과 통일 운동을 일치시켰다. 민주화도 민족 통일도 기독교 신앙의 실천이다. 기독교 복음의 핵심은 평화이다. 민주화도 민족 통일도 평화운동이다.[14] 분단된 조국의 통일 없이 평화는 이루어질 수 없다. 평화 운동은 통일 운동이다.

그는 민중적 민족주의를 철저히 지켰다. 평화 운동의 주체는 민족이고 민중이다. 그의 민족주의는 배타적 민족주의가 아니라 세계적 개방성을 가진 민족주의, 세계주의적 민족주의다. 그리고 민족주의와 세계주의는 민중주의에 토대를 두고 있다. 민중이 역사의 주체요 세계화의 주체다. 통일은 민이 주도해야 한다. 지식인들은 민중들을 이끌고 무언가 하려는 생각을 버려야 한다. 지식인들은 민과 함께 살면서 민중의 생각을 살아야 한다. "우리 글쟁이들은 민중의 비서 노릇 잘하면 된다. …… 민중의 마음, 생각, 뜻, 감정, 의지, 꿈, 경륜을 정확하게 타진해서 그것을 언어로 예술로 운동으로 표현해 주는 것 말고 우리가 할 일이 뭐가 있겠습니까? …… 행여 우리의 생각과 경륜을 민중의 아픔을 빌어 말하고 민중의 이름으로 실현하려는 일이 없도록 해야 한다. …… 그런 일은 민중을 모욕하는 일인 동시에 우리의 위선을 드러내는 일이다."[15]

문 목사는 민중의 입이 되고자, 민중의 귀가 되고자, 민중의 가슴이 되고자 노력했다. 이렇게 해서 문 목사도 민이 된다. 자기의 욕심과 사나운 감정과 주장을 버리고 민의 입이 되고 귀가 되려고 한 것은 지극한 평화 정신에서 나온 것이다.

또한 문익환은 통일된 민족의 세계 평화적 사명을 내세웠다. 통일된 민족은 ㄱ) 자본주의와 사회주의 이념을 넘어 새 이념과 제도를 창출해야 한다. ㄴ) 동북아와 서북태평양 지역의 새 질서 창출에 주역이 되어야 한다. ㄷ) 북반구와 남반구의 모순 갈등을 푸는 세계사적 사명이 있다.[16]

평화는 화해에서 오고 화해의 기초는 생명 사랑이다. 생명 사랑을 위해 싸우는 것을 정의라 한다. 민족 통일의 사도 문익환은 화해의 신학을 내세웠다. 바울이 흑백논리인 할례와 안식일을 고집하는 율법주의를 버리고 믿음만을 붙잡은 것은 화해의 신학이다. 할례를 받았건 안 받았건 하나님의 백성으로 모두 소중하게 보았다.[17] 흔히 화해는 지난 일을 잊고 타협하는 것으로 여겨졌다. 잘못을 저지른 강자들이 약자들에게 "야, 너희들 과거는 잊고 지금 이대로 그냥 살자!"는 것이다. 이런 화해 신학은 강자들의 이데올로기 신학이다. 잘못된 관계를 청산하고 새로운 관계, 서로의 생명을 사랑하는 관계를 이룰 때만 진정한 화해가 이루어진다. 화해는 "너 없으면 나 못 살고, 나 없으면 너 못 산다는 서로 끊을 수 없는 관계를 형성하는 일이고…… 나는 너를 살리고 너는 나를 살린다는 책임의식을 가지는 것"이다.[18]

또한 그는 이원론을 극복하려 했다. 정신과 물질, 성과 속의 이원론을 극복하기 위해서 그는 몸과 맘을 통합하는 이론을 주장했다. 몬(物, 육체)은 그저 몬뿐인 것이 아니다. 몸은 마음을 지닌 것이고 몬은 마음을 가진 것이다. 심지어 '생각하는 몬'을 말하기도 했다. 생명은 몬을 마음 되게 하는 것이다. 문익환에게 몸 사랑은 생명사랑이다. 일용할 양식에는 몬과 몸과 생명이 융합되어 있다. 일용할 양식은 평등의 기초다. 통일 운동은 자유와 평등의 배타적 관계를 보완하는 것이다. "우리는 배타적인 대결에서 대종합의 시대에 발을 들여 놓고 있는 것"이며 그 대종합의 자리는 바로 생명이다. 자유와 평등의 결합은 생명 사랑으로 이루어진다.[19]

평화 신학은 생명신학이다. 생명을 북돋우고 신장시켜 꽃피우고 열매 맺게 하는 일이 평화다. 평화를 세우려는 모든 몸짓은 생명 사랑으로 나타난다. 예수 운동도 생명 사랑에서 비롯되고 통일 운동도 정치 운동에 머물지 않고 생명 사랑 운동이어야 한다. 문익환은 파스를 써서 민중 치료법을 전파하고, 민들레 씨와 교감하고 잠자리에게 기를 불어넣어 살려주는 생명 사랑을 실천했다.[20]

민중 선교의 평화 정신

1960년대 말부터 개신교 목회자들중 소수가 민중 속으로 들어가 민중과 함께하며 민중이 주인 되는 세상을 이루기 위해 희생과 헌신의 길을 걸었다. 가난한 민중이 스스로 조직하고 스스로 말하고 스스로 행동하도록 하는 원칙을 지키면서 민중 선교자들은 희생하고 봉사하며 민중의 자리에서 독재 권력에 맞서 싸움으로써 고난과 희생의 길을 걸었다.

70년대와 80년대의 민중 선교자들은 안락한 출세의 길을 버리고 민중과 함께 기꺼이 어둡고 고통스러운 십자가의 길을 갔다. 홀로 행복하고 밝은 삶을 누리려 하지 않고 모두 함께 떳떳하고 밝은 삶을 누리려 한 민중 선교자들은 '한'(큰 하나) 사람이고 '밝은' 사람들이며 평화의 사람들이었다.

2장

한국 에큐메니칼 운동의 전통과
신학적 유산

나는 한국 에큐메니칼 운동의 신학 유산으로서 민중신학, 여성 신학, 통일 신학의 성과를 소개하는 대신에 한국 에큐메니칼 운동의 정신을 대표하는 신학 사상으로서 김재준, 함석헌, 문익환의 정신과 사상을 살펴려고 한다. 그 까닭은 이들의 삶과 정신과 사상이 기독교사와 민족사뿐 아니라 동서 문명을 아우르는 인류사적 의미를 갖는다고 생각하기 때문이다.

1. 세계교회협의회와 에큐메니칼 신학

　'에큐메니칼'은 인간 또는 피조물이 사는 세상(지구, 우주, 오이쿠메네)이 창조자 하나님의 사랑과 정의에 힘입어 그리스도 안에서 화해와 해방을 통해 평화의 일치에 이르게 하려는 정신과 활동을 나타낸다. 콘라드 라이저에 따르면 에큐메니칼 운동의 본분은 "(인간 또는 피조물이) 거주하는 지구라는 오이쿠메네를 하나님의 살아 있는 가족으로 바꾸는 데 있다".[1] 에큐메니칼은 이 세상에 사는 모든 인간과 생명체가 화해하고 해방되어, 자유롭고 풍성한 삶을 실현하는 것이다. 억눌리고 짓밟힌 인간과 생명체의 현실, 억눌린 민중 상황은 일치의 깨어짐, 일치의 부재와 상실을 나타낸다. 교회 공동체는 일치가 깨어진 민중 상황에서 이런 일치의 사건이 일어난 자리이며, 이 일치를 확인하고 선포하는 자리이고 기관이다.

　세상의 일치는 하나님과의 일치에 근거하며, 하나님과의 일치에 이르는 것이 구원이며 참된 삶이다. 죄는 하나님과 다른 인간, 다른 피조물로부터 분리된 것이며, 갈등과 분열, 대립과 불화 속에 있는 것이다. 그러므로 일치는 죄에서 벗어나 참된 삶에 이르는 구원론적 개념이고 궁극적으로 실현될 종말론적 개념이면서 세상 속에서 구체적으로 실현되는 역사·사회적 개념이다.

그러므로 화해와 해방이 결여된 일치는 참된 일치가 아니다. 폭력에 의해 강요된 평화가 거짓 평화, 반反평화이듯이, 화해와 해방이 결여되거나 화해와 해방을 가로막는 일치는 거짓된 일치, 반일치이다. 따라서 에큐메니칼 운동은 단순히 일치를 지향하는 데서 머물 수 없고, 거짓된 일치를 깨뜨리고 그리스도의 참된 일치를 실현해야 한다.

교회는 그리스도의 일치를 경험하고, 실현하는 자리라는 점에서 일치 운동의 목적이며, 그리스도의 일치를 선포하고 증언한다는 점에서 일치 운동의 주체이다. 그러나 현실적으로 교회도 분열 속에 있고 분열을 조장하고 분열을 낳기도 한다는 점에서 교회는 일치 운동의 대상이기도 하다. 교회는 일치의 내용인 하나님의 정의, 사랑, 평화에 예민한 감성과 통찰을 지녀야하며, 교회의 본분과 사명은 현실적으로 거짓 일치와 참된 일치를 구별하고 참된 일치를 지향하는 데 있다. 예수와 초대 교회가 민중을 희생시키는 로마제국의 거짓 평화를 거부하고 가난한 민중을 주체로 세우는 하나님 나라의 평화를 실현하는 데 헌신한 것은 교회 일치 운동의 귀감이 된다.

기독교는 처음부터 에큐메니칼적이었다. 오직 한 하나님을 믿고, 잃은 양 한 마리를 끌어안는 온전한 전체를 추구한다는 점에서 그리고 그리스도 안에서 온 인류의 화해와 해방을 추구했다는 점에서 그렇다.

"땅 끝에 이르기까지 어디에서나 나의 증인이 될 것"(행 1:8)이라는 예수의 분부에 따라서 기독교는 그리스도 안에서 인류의 화해와 일치를 추구했고 화해와 일치의 복음을 세상 끝까지 전파하고 실현하는 데 헌신했다(막 16:15 이하). 예수와 바울에게 하나님 안에서 하나 됨은 자유와 해방, 사랑과 평화의 실현이었다. 일치와 해방은 분리되지 않았다(요 17:11, 22; 갈 3:26-29). 교회 일치의 목표는 선교에 있으며(요 17:21), "예수 그리스도를 통하여 성취된 인류와 자연 모두를 포함하는 오이쿠메네의 갱신"[2]을 추구한다(엡 1:10, 22-23; 골 1:15-20). '오이쿠메네'가 "사람들이 사는 온 세상과 그 사람들의 일치"를 뜻한다면 기독교는 처음부터 본질적으로 '에큐메니칼'하다고 말할 수 있다. 기독교는 교회와 인류의 일치를 추구했고 하나 되게 하는 화해와 해방의 복음을 온 세상에 실현하려 했다. 교회의 다양성 속에서 일치를 추구했던 고대 교회의 에큐메니칼 신학은 "복음의 지리적 확장과 삶의 질을 변화시키는 복음의 활력"[3]을 지향했다.

신약성경과 원시 기독교에서 신앙과 복음의 사건은 "하나 됨 속에서 자유와 해방에 이르는 사건"이었다. 그러나 기독교가 서구에서 제국의 종교가 되고 기독교 세계를 형성하면서 '일치'와 '해방'이 분리되었다. 제국의 통일 속에서 교회의 통일도 이루어졌으나 제국과 교회의 통일에는 자유와 해방이 빠졌다. 중세 유럽에서 정치·사회적으로는 교회와 세상이 통합되었으나 신앙과 정신에서는 교회聖와 세상俗이 분리되었다. 종교개혁은 오직 믿음을 강조했으나 세상 안에서 믿음의 삶을 실현하려 했다는 점에서 성과 속의 일치를 지향했다.

세계교회협의회의 에큐메니칼 신학 전통과 유산

종교개혁 이후 기독교의 세계 전도가 이루어졌고, 19세기에 자본주의적 유럽 국가들의 전 세계적 팽창과 함께 기독교의 세계 전도가 활발히 이루어졌다. 아프리카와 아시아의 선교사들이 선교 현장에서 겪는 문제들을 다루기 위해 국제선교협의회가 구성되었고 교파들의 일치를 추구하는 '신앙과 직제faith and order' 위원회와 복음의 사회적 실현을 추구하는 '삶과 봉사life and work' 위원회가 활발히 활동하였다. 20세기 세계 에큐메니칼 운동은 신앙과 직제, 삶과 봉사, 세계 선교의 세 흐름으로 전개되었고 세 흐름을 대표하는 신학이 제시되었다. 1990년대에는 첫 두 흐름이 합류하고 있다. 앞으로 이 합류된 흐름과 세계 선교 신학과의 합류가 기대된다.

세계교회협의회wcc는 1928년 예루살렘 국제선교대회를 기점으로 하나님의 선교 개념에 근거하여 교회의 사회 참여를 강조하는 선교 개념을 제시했다. 하나님의 선교에 걸맞게 개교회의 구조를 변형시킬 것을 강조했고 "타자들을 위한 교회"를 말하고 "교회의 사회참여"를 더욱 강조하였다. 1948년 세계교회협의회가 창립된 후 세계 에큐메니칼 신학이 어떻게 발전되고 전개되었는지 간단히 짚어 보자. 1948년 WCC 제1차 총회는 "교회의 일치 운동과 새로운 세계 정의를 위한 투쟁을 함께 수행하려는 에큐메니칼 공동체의 결의"를 보여 주었다.[4] 1968년 웁살라 총회에서 절정에 이른 '하나님의 선교Missio Dei' 전통은 1969년에 동터 오른 해방신학과 결합되어 더욱 강화되었고 구조악에 대한 관심이 높아졌다.

세계교회협의회의 에큐메니칼 운동과 신학 논의에서 에큐메니칼이란 말은 사람들이 거주하는 온 세상, 교회 전체, 교회의 전 세계로의 선교적 확장, 초교파적 교회 관계와 하나 됨, 기독교의 하나 됨을 나타냈다. 오이쿠메네의 의미는 온 인류 공동체와 전체 교회였다. 그러나 1970년대에 이르러서는 오이쿠메네가 인간 세계를 넘어서 전 우주와 자연 속에서 살고 있는 모든 생명체를 포함하게 된다.[5] 오이쿠메네는 한 생명 가족으로서 하나님의 가족이며, 하나님의 백성들 안에 내주하시는 성령은 인류와 모든 생명체, 우주 만물 안에도 내주하신다. "하늘에 있는 것이나 땅에 있는 것이 다 그리스도 안에서 통일되게 하려 하심이라"(엡 1:10).

WCC의 이런 선교 개념에 대한 거부로 등장한 복음주의자들의 세계대회들은 초기에는 교회와 세상의 대립을 강조했으나 1974년 로잔대회를 기점으로 하여 1989년 마닐라 선언에 이르러서는 하나님의 선교 신학을 대폭 수용하여, 교회의 사회 참여를 강조한다. 복음주의자들과 WCC의 신학 노선이 가까워진 것이다.

1975년 나이로비 WCC 총회는 복음주의적 요소들을 수용하면서도 하나님의 선교 신학과 해방 신학을 더욱 강조하면서 '정의롭고 참여적이며 지탱 가능한 사회JPSS: A Just Participatory Sustainable Society'를 제시하였다. 1983년 밴쿠버 총회에서는 JPSS가 JPICJustice, Peace, Integration of Creation로 바뀌었고 1990년 JPIC 서울 대회 이후 '창조 질서의 보전Integrity of Creation'이 강조되었다. 세계교회협의회는 그 후 '생명의 신학Theology of Life'에 관심을 집중했다. 또한 1990년대에 이르러 타종교와의 대화와 협력에도 관심을 쏟고 있다.

세계교회협의회 에큐메니칼 운동은 교회의 일치, 교회의 사회 참여를 지향하고, 인류, 생명, 우주 만물의 일치와 갱신을 추구하고 실현하는 운동이다.

2. 한국 에큐메니칼 운동의 내용과 의미

① 문명사적 의미—동서 문명의 정신적 만남과 창조적 융합

지난 500년의 역사는 서세동점의 역사이면서 동서 문명이 충돌하고 결합되는 세계화의 과정이었다. 그 만남과 충돌의 자리는 동양과 제3세계였고 두 문명이 가장 깊고 창조적으로 만난 자리가 한국 근현대의 역사와 사회였다. 미국과 유럽에서는 동서의 만남이 진지하게 이루어지지 않았다. 유럽인과 미국인은 동양 정신과 문화를 존중하지 않았을 뿐 아니라 진지하게 경험하지 못했다. 이슬람 문명권은 서구 문명과 배타적으로 대립하고 충돌했으며, 아프리카에서는 사회·민주적 근대화가 충실히 이루어지지 않았고 전통문화와 서구 근대 문화의 결합이 충분히 이루어지지 않았다. 인도에서 기독교는 여전히 주변 종교이며 전통 사회와 문화는 온존하고 있다. 남미와 필리핀에서는 전통문화가 압살되고 정복자의 문화가 지배했다.

　　동양과 서양의 정신적 만남과 융합은 동북아에서 본격적으로 이루어졌다. 서구 문화의 도전과 충격으로 동양 정신과 문화가 깨어났고 사회적 근대화와 혁신적 변화가 일어났다. 중국과 일본과 한국은 사회·경제적 근대화와 민주화를 달성했고 동양적 전통과 정신문화를 간직하고 있다. 그러나 중국은 공산화되면서 전통문화가 억압되고 서구 정신문화는 배제되었다. 일본은 명치유신에 의해 천황제와 전통 종교 신도神道를 바탕으로 서구 기술 문화와 결합하여 군사 제국주의로 치달음으로써 일본 민족과 서구 정신문화의 깊은 만남은 이루어지지 않았다. 한국에서는 조선왕조가 붕괴되면서 민중이 민족사의 전면에 나섰고, 한국 민족, 민중과 서구 정신문화의 깊은 만남이 창조적으로 활달하게 이루어졌다. 기독교 정신과 서구 근대정신의 도전과 충격으로 민족정신이 깨어나고 민중의 각성이 이루어졌다. 기독교 신앙과 근대 민주 정신의 수용은 동학혁명과 3·1운동, 4·19혁명과 민주화 운동으로 이어졌다.

　　한국의 근현대사 자체가 한국의 정신문화와 기독교 정신 및 서구 근대문화의 창조적 만남과 융합의 과정이다. 동학, 증산교, 한국 기독교, 3·1독립운동 그리고 민주화 운동과 통일 운동 자체가 동서 정신문화의 종합의 과정이다. 한국 근현대사는 서구 문명과 동양 문명의 공존과 상생의 가능성, 융합fusion의 가능성을 보여 준다.

　　한국 기독교는 종교문화사적으로도 중요한 의미를 지니

고 있다. 종교학자 김종서 교수는 한국 종교사의 전체 맥락에서 한국 기독교의 위상을 밝혔다. 그는 한국 종교사를 세 시기로 구분한다. 첫째, 무속적 신앙 양태가 중심이었던 한국 고유 신앙의 시대, 둘째, 중국으로부터 한자 문화와 더불어 유교, 불교, 도교가 들어와 토착화되었던 전통 종교의 시대, 셋째, 서구 기독교가 수용되어 전통 종교들과 경쟁하게 되는 다종교의 시대이다. 김종서에 따르면 기독교의 유입은 "한국종교사의 양대 변혁 중 하나를 구성하는 국가적 엄청난 사건"이다. 이것은 "한자 문화가 중국으로부터 유입된 뒤 근 2,000년간이나 지속되어 온 기층적 무속 신앙 위에 형성된 유불도 삼교 전통 종교 중심의 종교 지형에 대대적인 지각변동이 일어난 민족적 개벽의 시점"이다. 더 나아가서 기독교의 유입은 "이미 토착화된 전통 종교들에 기반한 조화로운 중층다원적 한국인의 종교 심성이 기존의 동양적 국지성을 타파하고, 경쟁적으로 등장한 새 기독교와 더불어 서양적 양태까지를 포괄하는 통문화적cross-cultural이며 세계적인 차원에로 확대되는 계기가 된 것이다".[6]

한국 기독교의 선교를 통해서 동서 정신과 문화가 창조적으로 융합되었고, 이 만남을 통해서 새로운 역사가 펼쳐졌다. 동양 정신 또는 한국 정신과 서구의 기독교 정신이 만나서 세계적인 새로운 정신이 형성되고 있다. 동북아와 한국이 기독교 신앙과 서구 근대정신을 깊이 받아들여서 근대화, 즉 산업화와 민주화를 이루었다는 것은 문명사적으로 매우 중요한 사건이다.

② 민족사적 의미

한국 기독교는 전래된 지 1, 2백 년에 지나지 않았으나 한국의 정신문화와 정치 사회에 심대한 영향을 끼쳤다. 새로운 종교로서 기독교는 19세기 민중 종교인 동학과 증산교의 창시에 영향을 주었고, 개화기와 일제 식민 통치 시기에 계몽 운동과 민족 자주 운동에 앞장서고, 전체 인구의 1.5퍼센트밖에 안 되면서 3·1운동을 실질적으로 주도했으며, 60년대 후반 이후 90년대까지 민주화 운동과 통일 운동의 중심에 서 있었다.[7] 서구 근대문화와 함께 기독교가 한국 역사 속으로 들어오면서 민족정신과 민중의 생명력이 분출했다. 제3세계에서 새로 유입된 종교로서 기독교가 민족 사회의 갱신과 개혁을 주도한 사례는 세계 선교사에서 찾아보기 어렵다.

서구 열강과 함께 아시아의 다른 지역에 들어온 기독교는 민족적이고 민주적인 해방 운동의 주역이 되지 못했다. 한국의 기독교가 민주화 운동과 사회 개혁 운동에 앞장설 수 있었던 것은 한국 역사와 기독교, 한국 정신문화와 기독교 신앙의 창조적이고 생산적인 만남이 이루어졌기 때문이다. 한민족과 기독교 신앙의 만남이 지닌 의미를 밝히기 위해서 정치·사회적, 교회사적 서술뿐 아니라, 종교·철학·신학적인 해석과 평가가 요구된다.

한국 기독교, 특히 개신교의 선교는 조선왕조가 몰락하고 일제의 식민지가 되는 특수한 역사적 과정에서 이루어졌다. 국가 권력과 지배 이념(종교)이 약화된 상황에서 민중이 역사의 전면에 설 수 있었기 때문에, 기독교는 민중과 직접 만날 수 있었고 민중은 주체적이고 자발적으로 기독교 신앙을 받아들였다. 기독교의 수용과 국가의 근대화가 동시에 이루어졌기 때문에 많은 지식인들은 기독교 신앙을 가지고 민주적이고 자주적이며 통일된 민족국가 수립에 앞장섰다.

한국에서는 기독교가 역사의 주체로 등장한 민중과 만났으며, 기독교인들이 독립운동과 민주 통일 운동에 주도적으로 참여했다. 선교사가 오기 전에 이미 한국인들이 기독교 신앙을 받아들여 교회를 세웠고 성경 번역이 일부나마 이루어졌다는 것은 매우 특별하다. 한국 기독교는 교회 안에만 머물러 있지 않고 독립운동, 교육 사업, 병원과 의료 복지 사업에 앞장섰다.

안창호, 이승훈, 조만식, 김규식, 이동휘, 여운형, 김구, 송창근, 김재준, 문익환, 유영모, 함석헌 등은 일제시대부터 90년대까지 기독교인이자 민족 지도자로서 독립과 민주화와 통일 운동을 주도했다. 한국 기독교가 주도했던 3·1운동은 임시정부 수립과 독립운동, 4·19혁명과 민주화 운동, 통일 운동의 민족사적 큰 흐름의 정신사적 원점이 되었다. 또한 3·1운동은 민족사적 정통성과 헌법 정신의 근거가 되었다. 3·1운동에서 교파들을 뛰어넘어 협력했을 뿐 아니라 타 종교와의 연대와 협력이 이루어졌고 기독교 신앙을 가지고 민족의 독립과 자주를 위해 헌신했다는 점에서 3·1운동은 에큐메니칼 운동의 귀감이 된다.

이들이 특정 교회 조직의 대표로서 활동하거나 교파의 대표로서 활동하지는 않았으나 기독교 신앙과 정신을 가지고 활동한 것은 분명하다. 이들의 높은 인격과 열린 자세, 겸허한 섬김과 살림에 바탕을 둔 지도력, 나라와 민족을 위한 철저한 헌신성과 공공성은 민족사에 귀감이 될 수 있으며, 에큐메니칼 운동의 정신적 유산으로 받아들여야 한다.

한국 교회의 에큐메니칼 운동과 정신
―선교사들과 교파 교회의 형성

장로교 선교사 언더우드와 감리교 선교사 아펜젤러는 비교적 교파주의에서 자유로운 인물이었다. 이들은 교회 확장과 전도에만 힘쓰지 않고 교육과 사회복지, 의료 사업에도 힘씀으로써 기독교가 한국 사회에 깊이 스미게 했다.[8]

성공회는 교회 건축 양식에서부터 한국 문화에 뿌리내리는 교회를 지향했고, 80년대 이후 나눔의 집을 통해서 사회복지와 나눔 운동에 앞장섰다. 복음 교회는 시작부터 한국적이고 토착적인 교회를 지향했으며, 주체적이고 참여적인 교회를 형성했다. 구세군은 자선냄비가 상징하듯이 사회복지와 구제에 관심을 쏟음으로써 교회의 사회 관심을 보여주었다. 순복음교단은 늦게 에큐메니칼 운동에 합류했으며, 대중성과 복음적 열정과 활력을 가지고 있으며, 나름대로 에큐메니칼 신학과 활동을 모색하는 것으로 보인다.

1907년에 평양을 중심으로 일어난 대부흥 운동과 영적 각
성운동으로 많은 사람이 기독교 신앙을 받아들이면서 교회의
일치를 지향하였다. 선교사들과 한국 기독교 지도자들은 교파
를 통합하여 하나의 교회를 만들기로 합의했으나 미국의 교
단 본부에서 거부함으로써 좌절되었다. 3·1운동 이후 장로교
와 감리교가 합동안을 연회와 총회에서 수년 동안 논의했으나
미국 선교부와 한국 교회의 의견이 일치하지 않아 실현을 보지
못했다.[9]

한국기독교교회협의회의 에큐메니칼 운동과 신학

① 에큐메니칼 운동의 역사

한국기독교 연합회는 1946년 창립되었다. 장로회, 감리회,
성결교, 구세군 그리고 각 선교부와 교회 기관들이 가입했다.
1968년에 김관석 목사가 총무로 선임되면서 국내 연합 사업
의 재검토와 에큐메니칼 정신의 구현에 박차를 가했다. 1970년
23회 총회에서 연합 기구 체제로부터 교회 협의체로 전환되었
다. 한국기독교교회협의회로 명칭도 바뀌었다. 그러나 명칭이
말해 주듯이, 교회협은 교단 교회들만의 단체가 아니라 기독교
기관과 기구들이 망라된 연합 기관이었다.[10] 후에 교회 교단들

의 주도성이 강화되었으나 교단들과 기관들의 연합체로서의 성격은 유지되었다. 이승만 독재정권, 6·25전쟁과 분단의 비극 속에서 한국 기독교는 선교적 사명을 망각하고 잠들어 있었다. 그러다가 4·19혁명을 겪은 후 깨어나서 에큐메니칼 운동을 다시 시작했다. 3·1운동을 정신사적으로 계승한 4·19혁명의 자극과 영향으로 한국 기독교는 잠에서 깨어난 것이다.[11] 1961년 '예수 그리스도는 세상의 빛'이라는 주제로 열린 WCC 뉴델리 총회에서 국제선교협의회가 WCC와 병합했고 WCC의 신학이 확고하게 방향을 정해 가자, 한국 기독교의 사회 참여 운동이 활발하게 일어났다. 1962년에 한국기독교교회협의회는 군사정권의 민간 이양을 촉구하는 성명을 내었으며, 1965년에는 정부의 한일 국교 정상화 협상에 대해서 비판적인 입장을 나타냈다. 같은 해 7월에는 240명의 기독교 지도자들이 구국 위원회를 구성하고 한일 협력 비준 반대 성명을 냈다.[12]

그러나 한국 장로교 가운데 매킨타이어의 영향을 받은 근본주의 계열이 하나님의 선교 신학과 사회 정의를 강조하는 WCC를 용공으로 규정하고 나서면서 분열을 가져왔다. 예장에서는 1959년에 WCC를 탈퇴하자는 안이 부결되었고 탈퇴를 주장한 복음주의연맹(NAE)이 새로운 교파를 형성했다. 이 파는 다시 매킨타이어의 ICCC에 가입하는 문제로 갈라졌다. 예장에서는 에큐메니칼 파와 중립파가 있었고 중립파의 주장에 따라서, 이탈한 예장과의 합동을 위해서 WCC 총회에 대표를 파송

하지 않기로 결의했고, 1961년과 1968년의 총회에 옵저버만 파송했다. 한국의 에큐메니칼 운동은 일부의 근본주의 노선으로 분열과 분립을 가져왔다. 예장은 NAE 측과의 합동 노력이 무산되자 1969년에 WCC 회원으로 적극 참여하기로 결의했다. 기독교장로회는 1954년 에반스톤 총회에서 가입 신청서를 냈고 1961년 뉴델리 총회에 정식 회원으로 참가했다.[13]

하나님의 선교 신학, 사회 정의와 갱신을 강조하는 WCC 에큐메니칼 신학 노선이 문제가 되어 한국 교회의 에큐메니칼 운동이 분열되었다. 분열의 주체는 누구이며, 분열의 진정한 원인은 무엇인가? 하나님이 세상에서 선교를 이끌어 간다는 '하나님의 선교', 교회의 사회 참여, 사회 정의, 가톨릭과 정교회의 참여, 자본주의와 공산주의에 대한 비판을 추구한 WCC의 신학 노선은 에큐메니칼 정신에 충실한 것이다. 근본주의 신학을 내세우는 일부 교회들이 교회와 세상의 분리, 반공주의와 같은 반에큐메니칼 정신과 원리에 매여서 에큐메니칼 운동에 분열을 초래했다.

에큐메니칼 운동은 교회의 본질과 사명을 실현하는 운동이다. 교회다운 교회가 되려면 분열은 극복되어야 한다. 한국 교회는 보수와 진보의 대립에 머물지 말고 서로 배움을 통해 양자의 화해와 일치를 지향해야 한다. 진보 신학은 근본주의와 순수 복음을 강조하는 보수신학에서 복음의 순수한 내용과 원칙을 지키려는 진지한 열정을 배우고, 순복음주의자들의 뜨거운 영 체험과 대중적 활력을 존중해야 할 것이다. 보수 신학은 진보 신학에서 사회 참여의 열정과 역사에 대한 책임을 배우고 성경과 고대 교회의 기본적인 에큐메니칼 정신과 원리를 회복해야 한다.

② 에큐메니칼 신학

한국 에큐메니칼 운동에서 두드러진 구실을 한 신학은 민중신학이다. 1970년대 한국 에큐메니칼 운동은 민중 선교와 민주화 운동을 강력히 지원했고, 민주화 투쟁에 앞장섬으로써 많은 민중 신학자들이 옥고를 치르고 시련을 겪었다. 고난과 시련을 넘어 민주화와 사회 정의, 민족 통일을 위해 헌신한 70년대 이후 한국 에큐메니칼 운동은 나라가 망하고 일제의 식민지가 되었을 때 기독교 신앙을 가지고 민족 자주 독립운동을 이끌었던 민족 지도자들의 삶과 정신을 이어받은 것이다.

한국기독교교회협의회는 신학위원회를 통해 민중신학을 발전시키고 출판하였다. 도시산업선교회와 민중 선교를 통해 민중과 더불어 사는 신앙과 삶을 드러냈다. 민중 선교와 민중신학은 민중을 위해서 민중과 더불어 민주화와 사회정의를 위해 싸우는 신학이었다.

많은 젊은 신앙인들과 목회자들이 민중과 함께 사회 정의와 민중 해방을 위해 독재 권력에 맞서다가 옥고를 치렀고 옥고를 치른 후에도 시련과 고난을 무릅쓰고 하나님의 선교 신학에

171

따라 민중 선교와 사회 선교를 힘차게 전개한 것은 에큐메니칼
운동의 큰 정신적 유산이며 힘이다.

민중신학과 민중 선교에 대한 신학적 논의를 바탕으로 새로
운 통찰과 전망을 가지고 여성 신학(이우정, 박순경), 통일 신학
(박순경, 홍근수)이 나왔다. 여성 신학은 여성신학회와 여성신학
자협의회를 통해 발전되었고 통일 신학은 교회협의통일위원회
와 통일신학동지회를 통해 논의되고 있다.

1988년에 평화통일 신학선언이 나왔으며(서광선, 오재식, 김
용복), 1990년대에 한국에큐메니칼 운동과 신학(이형기, 박종화,
이상윤), 희년신학(김홍기, 채수일, 양권석), 생명신학(이삼열, 박재
순, 선순화, 이정배), 세계화에 대응하는 진보신학(김용복, 권진관,
강원돈)이 탐구되었다.

한국기독교교회협의회는 기독교 신앙 전통을 분명히 견지
하면서 가톨릭과의 대화를 추진했을 뿐 아니라 다른 종교들과
의 대화와 협력에도 힘썼다.

3. 한국 에큐메니칼 운동의
신학 전통과 유산

한국기독교교회협의회는 창립 이래 교회의 일치와 협력뿐 아니라 민중 선교와 사회 선교, 민주화 운동과 통일 운동에 앞장섬으로써 선교 초기부터 강력하게 형성된 기독교 민족 독립 운동과 근대화 운동(신분 타파와 민주화)을 뚜렷이 이어받고 있다. 초기 한국 교회는 독립운동과 근대화 운동에 앞장섰다. 3·1 독립운동 이후 선교사 중심의 이른바 정통 교회들이 교회와 정치의 분리를 내세워 민족사의 중심에서 밀려나 배타적이고 폐쇄적인 교회로 변질된 것과는 달리 안창호, 이승훈, 조만식, 이동휘, 송창근, 김재준, 함석헌, 김교신, 최태용, 이용도, 이호빈 등은 기독교 선교 초기의 민족 해방적 성격과 에큐메니칼 전통을 견지했다. 한국기독교교회협의회는 민족 독립운동과 사회 변혁 운동의 주체이며 산실이었던 한국 초기 교회들과 기독교 민족 지도자들의 정신을 잇고 있다.

　　해방 후 50년대 이후 90년대까지 함석헌, 장준하, 김재준, 문익환은 기독교 신앙 정신을 가지고 민주화 운동과 통일 운동을 이끌었다. 이들은 기독교 신앙을 바탕으로 민주화 운동과 민족의 자주 통일 운동의 중심과 선봉에서 몸과 맘을 다해 싸웠으며, 이 과정에서 에큐메니칼 신학과 사상을 닦아 냈다.

　　나는 한국 에큐메니칼 운동의 신학 유산으로서 민중신학, 여성 신학, 통일 신학의 성과를 소개하는 대신에 한국 에큐메니칼 운동의 정신을 대표하는 신학 사상으로서 김재준, 함석헌, 문익환의 정신과 사상을 살펴려고 한다.[14] 그 까닭은 이들의 삶과 정신과 사상이 기독교사와 민족사뿐 아니라 동서 문명을 아우르는 인류사적 의미를 갖는다고 생각하기 때문이다.

　　김재준의 주체적인 역사 참여 신학, 함석헌의 평화적이고 생명 친화적인 씨올사상, 문익환의 생명평화통일 신학은 치열한 민주화 투쟁 과정에서 형성된 한국 에큐메니칼 신학이다. 이들의 신학과 정신은 실천적 치열성과 성실성에서 그리고 사상과 정신의 깊이와 넓이에서 세계 에큐메니칼 운동의 신학과 정신을 능가하며, 한국 교회와 세계 교회, 한국 민족을 위해 중요한 정신적 유산이 된다.

　　이들은 예수를 믿고 따랐을 뿐 아니라 예수의 삶을 살았고 예수의 가신 길을 온몸과 맘을 다해서 갔다. 이들은 누구보다도 예수의 삶과 정신을 오늘 우리에게 보여 주었다. 이들의 삶과 정신은 교파의 벽을 넘어서, 교회와 세상의 벽을 뚫고 인간과 뭇 생명체들의 하나 됨에 이르는 길을 뚜렷이 드러냈다. 김재준과 함석헌과 문익환은 진지하고 치열한 신앙 정신에서, 민중에게 배우고 민중을 섬기려는 겸허한 민주 정신에서 정의와 평화와 생명 사랑의 큰 길을 드러내고 그 길을 힘차게 달려갔다는 점에서 한국 기독교 120년의 에큐메니칼 운동사에 전형과 귀감이 된다. 이들의 정신과 사상에 민중신학과 민중 선교, 통일 운동과 통일 신학, 교회의 일치와 갱신 운동이 종합되고 압축되었다고 보고 한국 에큐메니칼 운동의 신학적 전통과 유산으로 이들의 정신과 신학을 제시하려고 한다.

김재준의 주체적 역사 참여 신학

① 주체적 신학

선교사들은 정통주의 신앙을 강조함으로써 한국 교회를 정신적 식민지 상태에 빠지게 했다. 우선 그들은 한국 교회의 신학적 자립, 정신적 자립을 저지했다. 근본주의적인 교리를 주입함으로써 스스로 판단하고 행동할 수 있는 신학적 주체성을 배제했다.[15] 선교사의 신학을 추종한 박형룡은 내 신학은 따로 없고 남의 집 화원에서 꺾어온 꽃다발이라고 하면서 선교사의 신학을 정신학正神學이라고 내세웠다.

김재준은 성경의 복음과 한국인의 삶이 통전되는 주체적

신앙과 신학을 추구했다. 장공은 말년에 한국의 학문 풍토를 돌아보면서 지나치게 각주에 의존하는 학문, 서구 학자들의 주장과 이론에 의존하는 학문 자세를 비판하는 글을 썼다. 그는 "서書와 아我가 일체가 되는 경지"를 말함으로써 주체적인 학문, 학문의 자립을 강조했다.[16] 학문의 권위와 주체성과 창조성을 얻으려면 남의 글에 의존하기보다는 '나와 글'이 일치하는 경지에 서야 한다. 문자와 주해에 매인 서기관과는 달리 예수는 가르침에 권위가 있었다(마 7:29).

② 참여와 행동

김재준은 한국 교회가 정신적 식민지 상태에서 벗어나 역사의 주체로서 책임지는 신앙과 신학을 추구했다. 그는 신앙을 "주격과 주격의 만남"으로 보았고,[17] 신앙인을 "세상 역사를 그리스도의 역사로 변질시키는 하나님의 구원사에 참여하는 존재"로 파악했다. 그는 "역사는 하나님이 인간을 부르는 장소"라고 했다.[18]

4·19혁명을 겪은 후 한국 기독교는 새로운 사명을 자각하고 연합 운동을 일으켰다. 이것은 3·1운동의 정신사적 계승이었다. 이 시기에 김재준은 세상과 대립하고 세상으로부터 고립된 교회주의, 타계주의, 정통주의를 비판하고 반성했다. 전도는 "'이방'에 대한 교회로서의 국경선 확장 운동"이었고, "세상에 납치된 인간들을 탈환하여 교회에 적을 옮기게 하는 것이 신자

의 최대의 직무"로 여겨졌다. 이런 교회주의에서 벗어나 "누룩 같이, 소금같이 스스로의 자태를 감추고 어떤 의미에서는 소실 시키면서 세상에 배어들어 이를 변질"시켜야 한다는 것이다.[19] 김재준은 역사 속에서 자신의 모습을 감추고 자기를 소실시키 면서 역사 속에서 십자가 사건을 일으키는 것이 그리스도인의 실존이라고 했다. "사건의 한가운데서 십자가의 도를 너 자신이 연출하라. 이것이 크리스천으로서 오늘 실존한다는 뜻이다."[20]

③ 예수의 혁명—역사의 화해와 인간의 갱신

김재준은 그리스도를 역사의 화해자로 본다. 역사의 화해 는 전통과 창조, 보수와 진보, 적극과 소극의 화해를 뜻한다. 그 리스도의 속량의 봉사는 "하나님과 인간, 인간과 인간, 그리고 온갖 상충되는 인간사위人間事爲에 화해를 성립시키는 봉사였다. …… 그리스도 안에서 전통과 창조, 옛것과 새것, 보수와 진보, 적극과 소극이 화해를 이루어간다".[21] 또한 그리스도 안에서 세 속사와 구원사가 결합되고 완성된다고 보았다. "지금 세계 역사 는 그리스도 역사에로 변질되어 간다." 결국에는 "남과 북이 통 일되어 폭력이 인자로, 불법이 공의로, 독재가 민주로, 빈곤이 복 지로 변질될 것을 본다". 또한 그리스도의 화해 안에서 아시아 사와 한국사, 성경의 역사가 합류되고 산 자와 죽은 자의 경계 가 철폐된다. "그리스도 안에서는 산 자와 죽은 자가 한 고장에 서 만납니다. ……모세…… 엘리야…… 공자, 맹자나 우리나라의 성현, 지사, 열사들도 하나님 안에서 살아 계실 것입니다."[22]

김재준의 역사관은 온 우주적 생명의 역사를 포괄하고 동서 문명의 합류와 통합을 내다보면서도 구체적인 한 사람을 존중한다. 역사의 변화는 한 사람의 인간성이 갱신되는 데서 비롯된다. 1939년에 쓴 '한 크리스찬의 선언宣言'에서 그는 "(역사의) 모든 문제는 '사람' 자신의 문제이고…… 인간의 모든 문제는 결국 (한 사람 한 사람의) '나'의 문제에 귀착된다"[23]라고 갈파했다. 예수는 "보잘것없는 인간 하나하나에게 자기를 동일시했다".[24] 예수 시대에 바리새파, 사두개파, 헤롯당, 열심당, 엣세네파, 로마 군대 등등은 모두 그 나름의 '집단 인간들'이었다. 예수는 이들 어느 집단에도 기대를 걸지 않고, 버림받은 인간들 하나하나를 찾아다니며 하나님의 자녀로, 하나님의 형상으로 세워 주었다.[25]

인간성의 갱신과 상승은 "창조주 하나님과 성령의 감화와 성자 예수의 속량 사랑에서만 기대될 수 있다".[26] 인간성과 역사를 변화시키는 근본 자리는 예수의 십자가 사랑, 삼위일체 하나님의 사랑 속에 있다. 예수는 이 사랑의 화신이며 인간과 역사를 새롭게 하는 분이다. 전체 역사와 구체적 한 인간의 근본적 변화를 가져오는 예수 그리스도는 근원적인 화해와 해방을 가져오는 궁극적인 혁명가이다.

예수 혁명은 "사랑을 통한 인간성 혁명, 스스로 속죄제물이 되어 십자가에 몸을 던짐으로써 인간을 자연적인 노예에서 해

방하고 인간관계의 저주에서 탈출시키고…… 하나님의 형상이
회복된 새 인간으로 변혁시키려는…… 그야말로 최후의 혁명,
가장 근본적인 혁명이었다".[27] 그리스도 안에서 개인만이 아니
라 한국 역사 전체가 하나님 아들의 형상으로 변화하여 통일된
자주, 자립, 자치의 방향을 추구해야 한다고 김재준은 보았다.

④ 예수상像을 아로새기는 생활 신앙

김재준은 살아 계신 그리스도를 삶의 핵심으로 모시고 교
회생활을 내원內員으로, 사회생활을 외원外員으로 해서 통전된
삶을 살았다.[28] 그의 이러한 생활 신앙은 역사 참여의 신학의 바
탕이 된다. 그는 "우리 역사의 그리스도화"를 강조했고, 그리스
도 신앙이 한국 역사에 뿌리내리도록 힘쓸 것을 촉구했다. 말
년에 장공은 서구 신학의 패러다임에서 벗어나 "생동하는 갈릴
리의 원복음, 곧 갈릴리 예수의 생명과 심장 속에 직접 뛰어들
어 가 거기에서 샘솟는 생명력으로 한국적 현실과 대결하려 하
였다".[29]

역사는 그리스도 안에서 하나님 나라로 새롭게 형성되어야
한다. 예수 왕국은 "지금도 역사 안에서 성장하고 있다".[30] 한국
그리스도인은 예수의 상像을 한국 역사 속에 아로새겨야 한다.
한국 역사 속에 예수의 상이 아로새겨지는 것이 한국 민족의
구원사이기도 하다. "그리스도로 사는 생활이 그대로 그리스도
문명이다. …… 믿음 안에서 모든 '속俗'은 다 '성聖'이 된다. ……

정치는 민주적으로 되고…… 사회는 서로 위해 주는 공동사회
로…… 교육은 인간의 본모습을 되찾는 인간 건축 과정으로 되
어 간다."[31]

⑤ 우주적 호연지기浩然之氣와 범우주적 사랑의 공동체

자기를 희생한 그리스도의 사랑은 우주적 보편성을 지닌
다. 그리스도는 "참으로 살아 계신 인격이시고 전 우주의 인격
적 중심"이다.[32] 자신을 버리고 희생하는 예수의 순수한 십자가
사랑이 매임 없는 자유로운 삶을 가능케 한다. 이 사랑 안에서
사는 사람은 하늘 같은 마음을 가지고 거리낌 없는 호연지기를
지닐 수 있으며 이런 마음을 지닌 자만이 나라도 세우고 사회
도 고치고 사람도 가르칠 수 있다.[33] 김재준은 "浩然之氣(호연지
기)가 與長空無礙(여장공무애)라"[34]고 했다. 그리스도의 사랑을
지닌 사람은 하늘과 같이 거리낄 게 없다. 하늘 같은 그리스도
의 마음과 함께 하늘의 생명 기운이 샘솟을 때 범 우주적 사랑
의 공동체가 살아 움직인다.

함석헌의 씨올 사상—독립운동과 민주화 운동에서
형성된 풀뿌리 민주 철학

씨올사상은 일제의 식민 통치와 군사독재에 맞서 싸운 독립
운동과 민주화 운동에서 닦여져 나온 풀뿌리 민주 철학이다.

씨올사상은 한민족의 삶에서 우러난 주체적이고 실천적인 철학이다. 함석헌의 말대로 "우리 삶에서 글월이 돋아나지, 공작의 깃 같은 남의 글월 가져다 아무리 붙였다기로 그것이 우리 것이 될 까닭이 없다".[35] 참된 사상과 철학은 민족과 민중의 삶에서 우러나야 한다.

함석헌의 신앙도 주체적이었다. 그는 예수를 단순히 믿고 따르는 데서 더 나아가 예수의 삶을 살려고 했다. 시 '흰 손'에서 그는 예수의 피가 내게 효력이 있으려면 내 손바닥에서 피 한 방울이라도 흘릴 수 있어야 한다고 했다. 내가 예수의 살과 피를 먹고 사는 그리스도인이라면 예수의 살과 피가 내 피와 살 속에 뼛속에 배어 있어야 한다는 것이다.

함석헌은 3·1운동에 참여한 후 오산학교에서 공부하고 가르쳤다. 안창호는 나라가 망해 가던 1907년에 한국에 돌아와 비밀 독립운동 조직인 신민회를 구성하고 교육으로 나라를 구할 수 있다고 보고 교육 운동을 일으켰다. 나라의 토대와 주체인 민을 깨워 일으킴으로써 나라를 되찾고 바로 세울 수 있다고 보았던 것이다. 남강 이승훈은 신민회 평안북도 조직 책임자로서 오산에서 민족사학을 세웠다. 신민회의 핵심 멤버인 여준이 학교를 이끌었고 신채호 등이 참여했다.[36]

안창호, 이승훈, 여준, 조만식, 유영모, 함석헌이 이끈 오산학교의 정신은 민족 독립 정신과 기독교 신앙과 민주 정신이 결합된 것이었다. 중국의 정치 문화와 지배층에 의해 오랫동안 짓눌려 있던 민족의 혼과 얼이 개인의 영혼과 인격을 쇄신하는 기독교 신앙과 비판적이고 자유로운 민주 정신에 의해 일깨워졌다. 오산의 설립자 이승훈은 3·1운동의 실질적인 주도자였고 오산학교는 3·1정신의 본산이었다. 3·1운동의 정신과 이념은 건국의 정신적 토대이자 헌법 정신의 원점이다. 오산 정신을 이어받은 함석헌은 평생 돈 욕심, 자리 욕심 내지 않고 민족과 진리를 위해 살았다.

안창호, 이승훈, 조만식, 유영모, 함석헌은 깊은 기독교 신앙을 가졌으면서 기독교의 교리나 종교 형식에 매이지 않고 종교 냄새를 조금도 내지 않으면서 사랑과 정의, 진리와 양심을 실현하는 일에 앞장섰다. 이들은 교회의 울타리에서 벗어났고 교리나 종교적인 용어와 냄새를 말끔히 씻어 내고 역사와 사회 속에서 사랑과 정의, 진리와 양심을 실천했다는 점에서 신학사적으로 큰 의미를 지닌다.

서구 신학사에서 전통적인 신학과 교리에 대해서 근본적이고 철저한 비판과 성찰을 했던 가장 선도적인 신학자는 루돌프 불트만과 프리츠 부리와 디트리히 본회퍼였다. 불트만은 교회의 선포 내용인 케리그마의 탈신화화를 주장하였다. 케리그마의 핵심은 십자가에 달린 예수가 죽은 지 사흘 만에 부활하여 하늘로 올라갔다는 것이다. 불트만은 부활과 승천을 신화로 보고 부활과 승천의 신학적·실존적 의미를 예수의 십자가 죽음과 관련하여 새롭게 해석하였다. 불트만의 제자인 부리는 한

걸음 더 나아가서 탈케리그마화를 주장함으로써 기독교의 선
포 내용 자체로부터 벗어나려고 했다. 탈케리그마화를 통해 부
리는 기독교의 역사·문화적 전통과 제약에서 벗어나 기독교의
하나님 신앙과 성경의 말씀을, 인간의 생명과 실존의 진실을 드
러내는 보편적인 진리로 해석하였다. 따라서 기독교의 하나님
신앙을 가지고 타종교인 불교, 유교와 자유롭고 진지하게 대화
하는 신학을 추구하였다. 본회퍼는 기독교의 종교 전통과 관념
에서 벗어나 종교적인 형식과 냄새를 드러내지 않는 비종교적
실천을 추구했다. 교리와 신학뿐 아니라 성경의 용어와 개념까
지 버리고 하나님이 없는 것 같은 세상의 불의한 고난 속에서
하나님 없이 하나님 앞에서 기도하면서 사랑과 정의를 실천하
려고 했다.

　불트만과 부리와 본회퍼가 이런 논의를 하기 전에 이미 한
국에서는 안창호, 이승훈, 유영모, 함석헌이 불트만의 탈신화화,
부리의 탈케리그마화, 본회퍼의 비종교화를 신학적으로 그리고
실천적으로 실현하고 있었다. 이들은 교리와 종교 냄새를 드러
내지 않으면서도 기독교 신앙과 정신을 가지고 역사와 사회를
새롭게 하는 신학과 철학을 형성하였고 역사와 사회 갱신과 변
혁 운동에 헌신하였다. 교리적 형식과 냄새를 씻어 버린 함석헌
의 씨올사상은 비신화화, 탈케리그마화, 비종교화를 실현한 실
천적 사상이다. 그는 민중씨올의 삶 속에서 하나님과 예수를 보
았고 하나님과 예수 안에서 민중씨올을 보았다. 이성과 영성의

통합을 지향한 그의 사상은 철학과 신학의 경계를 넘어 종교와 철학을 통합하는 독창적이면서 종합적인 사유에 이르렀다.

해방 후 한국의 철학계와 사상계는 신채호, 정인보, 최남선, 유영모가 일제시대부터 닦은 민족 주체적인 한국 사상과 단절된 채 주로 외래 사상과의 교류 속에 발전해 왔다. 이에 반해 씨올사상은 주체적인 한국 사상의 맥을 이어서 현대적으로 발전시킨 한국적인 풀뿌리 철학(신학)이다.

씨올사상은 한민족의 얼과 혼을 일깨움으로써 민족 자주와 민주화를 이루려 했다. 함석헌은 겨레 얼을 '한' 혹은 '한올'과 직결시킨다.[37] 함석헌에 따르면 '한'은 우리 겨레를 가리키는 말이기도 하고 '한님, 하나님', '한울'(하늘)을 가리키는 말이기도 하다.[38] 그는 이렇게 말한다. "한 혹은 한올이 우리 정신생활의 등뼈다. 우리 사람은 한 사람이요, 우리나라는 한 나라요, 우리 문화는 한 문화다. 그리고 그것을 인격화하여 대표하는 것이 한님 곧 하나님, 환인桓因이다."[39]

함석헌은 '한'(하나임·하나 됨)을 사상의 중심과 토대와 목적으로 놓는다. 하나님과 인간의 하나 됨이 신앙의 목적이고, 인류의 하나 됨이 역사의 목적이다.[40] 또 '한'이 민주화 운동과 민족 자주 운동의 바탕이고 동력이 된다. 씨올은 민족 정신의 원형질인 '한'을 옹글게 지닌 존재다. 함석헌은 '크고 하나임'을 추구하는 한민족의 혼을 '백두산 호랑이'로 나타낸다. 그는 한민족의 민중 정신이 호랑이로 표현된 흔적을 한민족의 건국 신화인 단군신화에서 찾는다. 함석헌은 가진 것 없고 솔직한 민중이 호랑이처럼 강직하고 용감할 수 있다고 보았다.[41] 흩어진 민중은 힘이 없지만, '크게 하나 되어' 일어서는 민중은 호랑이처럼 강하고 용감하다. '크게 하나이며', '밝고 환한' 민족혼이 살아날 때 한국 민중은 백두산 호랑이의 기상을 드러낸다. 한국 민중은 평소에는 조용하고 평화로우며 순해 보이지만 외적이 침입하거나 불의에 맞서 '하나 되어' 떨쳐 일어설 때는 호랑이처럼 굳세고 용맹한 모습을 보여 준다. 병자호란이나 임진왜란, 구한말 일제의 침입에 맞서 일어난 의병운동이나 동학의 갑오농민전쟁, 3·1독립운동(1919), 4·19학생혁명(1960), 박정희 독재에 저항한 부마항쟁(1979), 전두환 독재에 맞선 광주민중항쟁(1980), 6월 민주항쟁(1987)에서 한국 민중은 호랑이의 기상을 충분히 보여 주었다.

⑥ 나라와 역사의 주체인 민중

씨울사상은 자연 생명과 역사와 종교(신앙)의 근본 원리를 '스스로 함'으로 보고,[42] 특권을 누리지 않는 보통 사람인 씨울을 나라와 역사의 주체로 본다. 씨울이 나라의 바탕이고 중심이다. "새 나라는 '나'에서 시작이다. 내(씨울)가 나라다. 루이 14세는 그 말 하면 죄지만, 바닥에 있는 씨울이 하면 당당한 말이다."[43] 그러므로 씨울에게 근거하지 않은 혁명은 성공할 수 없다. "민중과의 호흡이 끊어진 순간 혁명의 힘도 끊어진다. 장자가

'참 사람은 발꿈치로 숨을 쉰다' 한 것은 이것일까? 민중이 뭐냐? 하나님의 발꿈치, 나라의 발꿈치지."[44]

씨울 하나 속에 수억 년 지나온 생명의 역사가 담겨 있고, 앞으로 펼쳐질 수억 년 생명의 미래가 들어 있듯이, 한 인간 속에는 과거 역사와 미래 역사가 담겨 있다. "너는 씨울이다. 너는 앞선 영원의 총결산이요, 뒤에 올 영원의 맨 꼭지다. ……지나간 5천 년 역사가 네 속에 있다."[45] 사람의 몸과 맘에는 생명 진화와 인류 역사가 새겨져 있고 영원한 생명과 하늘의 뜻이 씨울로서 심겨져 있다.

씨울 속에 하늘의 생명 기운이 맺혀 있듯이, 역사와 사회의 밑바닥에서 수천 년 동안 온갖 고난과 시련을 당하면서 민족의 삶을 지탱해 온 민중 속에는 큰 힘과 지혜가 숨겨져 있다. 함석헌은 "민중의 본바탕을 밝혀내기만 하면 큰 기적을 행할 수 있다" 했다. 함석헌은 지배자들이 돌이나 책에 기록한 문화와 역사에 의존하지 말고 민중의 가슴과 삶에 새겨진 문화와 역사를 살려내라고 했다.

민중의 삶과 문화 속에 민족의 정신과 역사가 들어 있으므로, 모든 정치가와 종교 지도자는 민중을 가르치기 전에 민중에게 겸허히 배워야 한다. 그러므로 먼저 씨울이 말하게 하고 씨울의 소리를 들어야 한다. 민중과 유리된 정치는 반드시 타락하고 민중을 떠나서는 하나님을 만날 수 없다고 했다.

⑦ 한국 민중의 생명평화 신학

지난 역사 속에서 남을 억압하고 수탈하는 지배 엘리트들이 전쟁을 일으켜서 죽이고 파괴했다면, '스스로 하는' 민중들은 농사짓고 건설함으로써 평화를 이루었다.[46] 지배자들로부터 고난을 당하면서도 씨올은 지배자들이 파괴하고 더럽힌 공동체적 삶을 지탱하고 정화하는 구실을 했다. 5천 년 민족사 속에서 평화적인 삶을 몸으로 익힌 씨올은 비폭력 투쟁을 통해 민족과 인류의 평화 공동체를 실현할 저력을 지니고 있다.

함석헌의 씨올사상은 민중을 개체와 전체의 일치 속에서 이해한다. 개체로서의 씨올을 전체와 직결시킴으로써 당파주의와 집단주의를 배격했다. '내'가 전체(하나님)와 직결되어 있으며, 모든 인간이 '하나'라는 것을 부정하는 것이 당파요 집단이다. 당파주의나 집단주의는 '다른' 사람들을 부정하기 때문에 필연적으로 폭력적일 수밖에 없다.[47] 그에 의하면 실제로는 당파주의·집단주의이면서 전체를 표방하고 씨올에게 폭력을 휘두르는 게 국가주의이다.[48] 이 국가주의가 개인과 전체를 희생시킨다.[49]

폭력적이고 배타적인 집단적 당파주의에 대한 그의 비판은 세계평화주의로 이어진다. 앞으로의 세계는 "어쩔 수 없이 유기적인 사회, 전체 사회가 돼서 미워도 고와도 한데 살 수밖에 없게 되었고, 그렇지 못하면 전체가 멸망하게 돼 있다".[50] 전체와 직결되어 있고, 전체를 품고 있는 씨올은 평화주의로 나갈 수밖에 없고 '하나의 세계'를 추구할 수밖에 없다.

문익환의 생명평화통일 신학

문익환은 북간도에서 불타올랐던 기독교 민족 독립운동의 역사적 혈통을 이어 살았다. 만주 독립운동의 대통령으로 일컬어졌던 김약연 목사, 그리고 신앙 교육과 근대 학문과 독립 정신을 가르친 정재면 목사가 일군 명동촌과 용정의 기독교적이면서 민족적인 분위기에서 문익환은 독립운동과 목회에 헌신한 문재린 목사와 김신묵 권사 슬하에서 태어나 자랐다.

그는 마지막 19년의 삶 가운데 12년을 감옥에서 지냈다. 마치 신랑이 신방에 들듯이 기쁜 마음으로 자주 기꺼이 감옥에 들어갔다. 온몸으로 자유롭게 춤추며 기쁨으로 예수의 길을 갔다. 몸과 맘이 활짝 열려서 생명과 평화의 대통일에 이르는 길을 주저 없이 서슴없이 갔다.

그가 1975년 이후 민주화 운동과 통일 운동에 전적으로 헌신하기 전에 신구교 성경공동번역사업에 참여하면서 "신교와 구교의 벽이 허물어지는 경험, 신학적 편견이 걷히는 경험, 히브리인들과 한국인들 사이의 벽을 허물고, 교회와 사회를 갈라놓는 말의 담을 허무는 경험"[51]을 했다. 이것은 참으로 에큐메니칼한 경험이었다.

문익환은 성경에로 돌아가 화해의 신학을 추구했다. 그는 화해의 신학을 펼친 이는 바울이라고 하였다. 로마제국의 지배 아래 많은 종족들이 갈등을 일으키던 시대에 화해의 신학을 바울이 펼친 것이다. 율법의 행위로 구원에 이른다는 율법학자들의 할례 논쟁과 안식일 논쟁은 백해무익한 흑백논리다. 이 흑백논리가 화해의 최대의 적이다. 바울은 이 흑백논리를 버리고 '믿음만'을 붙잡은 것이다. 그도 당파적이고 형식적인 흑백논리에 빠져 있을 때는 형제를 원수로 알고 죽이려 들었고 지엽말단적인 것에 사로잡혀서 삶의 알짬과 중심을 놓치고 살았던 것이다. 그러나 예수를 만나면서 바울의 독선적이고 독단적인 흑백논리는 깨어지고 오직 믿음만으로 모두 하나로 되는 생명 사랑의 세계로 들어간 것이다.[52]

문익환은 오직 믿음으로 의롭다고 인정받는다는 바울의 의인론義認論을 생명평화의 대통합 원리로 파악했다. 바울의 의인론이 죄인의 삶까지 있는 그대로 받아들이고 살리는 대통합의 원리, 살림과 평화의 원리라는 것이다. 아무 조건이나 차별 없이 믿기만 하면 하나님의 자녀로 받아 주고 의롭다고 인정된다는 것은 인간의 삶과 영혼을 있는 그대로 조건 없이 전적으로 긍정한다는 것을 뜻한다. 이것은 생명에 대한 대긍정이며 전적인 사랑이다. 역사와 사회, 인류와 문명을 통합하는 문익환의 이런 신학적 통찰이 개인구원에 머문 종교개혁자 루터의 인의론 해석보다 더 깊고 넓다.

루터의 의인론은 종교개혁의 기본 원리가 되는 교리이다. 루터에게 의인론은 기독교 신앙이 서고 넘어지는 교리라고 할만큼 중요한 교리이다. 그러나 루터의 의인론은 가톨릭에 저항

하는 투쟁의 원리였고, 믿음과 은총만을 강조하는 배타적 교리였다. 이런 가르침에 근거한 개신교는 끝없는 교리 논쟁으로 흘렀고 교파적 독단과 배타성에 매여서 다툼과 분열에 빠졌다. 한국 개신교 특히 한국 장로교는 심한 분열에 빠졌고 장로교단만 100여개에 이를 만큼 분열과 갈등, 교파주의적 독단과 배타성이 체질화되었다.

문익환은 십자가 복음의 사랑과 진리를 온몸으로 받아들이고 화해와 통합의 길로 서슴없이 거리낌 없이 갔다. 50년 분단의 벽을 넘어 그가 남한 사회의 원수로 낙인찍힌 김일성을 끌어안은 것은 예수의 십자가 복음을 실천한 것이다. 남북 분단의 벽을 넘은 문익환의 행위와 사건은 민족 분단의 역사 속에 숨겨진 하나님 나라의 보물이었다.

그는 단순한 민족주의자가 아니다. 민족을 넘어 인류 문명을 넘어 우주 생명을 끌어안는 사랑과 평화의 사람, 예수 복음의 사람이었다. 《문익환 평전》의 저자 김형수도 문익환이 펼친 인권 운동, 민중 운동, 통일 운동의 내면적 실체는 "그리스도적 가치의 실현"이라고 보았다.[53] 다만 문익환은 다른 그리스도인과는 달리 기독교 복음을 몸과 맘에 철저히 체화했다.

나는 김재준, 함석헌, 문익환이 20세기의 불의한 권력과 편견과 거짓에 맞서 싸우면서 가장 치열하고 순수하게 기독교 복음과 정신을 구현하는 삶을 살았고 가장 힘 있고 활달하게 에큐메니칼 정신을 보여 주었다고 생각한다. 이들의 삶과 정신과 사상에서 예수와 초대 교회의 일치 개념과 정신이 드러났고 실현되었다는 점에서 이들의 삶과 정신과 사상은 한국 에큐메니칼 운동의 정신과 신학적 유산을 나타내 준다.

3장

반전反戰, 평화를 위한 신학적 성찰

한국 사회는 일제의 식민 통치를 거치고 남북의 군사적 대결과 민족 전쟁을 거치고 30여 년 동안 군사정권의 통치 아래 있었기 때문에 군사 문화에 깊이 물들어 있다. 오늘날 전쟁 군사문화의 내면화와 일상화, 생태계 파괴와 지구화의 현실은 전쟁에 대한 근본적인 성찰과 반성을 요구하고, 공존과 상생의 평화 세상을 간절히 요청하며 평화 세상에 이르는 신학적·철학적 이해와 성찰을 요구한다.

1. 전쟁에 대한 신학적 이해

서구 신학사에서 전쟁에 대한 근본적인 문제 제기와 반성을 찾아보기 어렵다. 서구 정신사에서 엄격한 평화주의 전통을 수립한 것은 퀘이커다. 1661년 1월 21일에 퀘이커의 창시자 조지 폭스George Fox는 왕에게 한 평화의 증언에서 이렇게 말했다. "전쟁과 싸움은 인간들의 욕망에서 생겨난 것으로 우리는 압니다(약 4:3). 주님께서는 우리를 이 욕망에서 해방시키셨고 전쟁을 일으키는 일들에서 벗어나게 하셨습니다. ……외적인 무기들을 가지고 싸우는 모든 전쟁들, 전투들, 싸움들이 어떤 목적과 구실을 가지고 일어난다고 해도 우리는 그런 것들을 모두 버립니다."[1]

전쟁의 뿌리인 욕망은 원초적 생명 의지에서 나온다. 생명은 타자와의 교류와 소통 속에 존재하면서 자기 안에 중심을 가진 주체적이고 자유로운 존재다. 또한 생명은 살기 위해서 먹어야 하는 이기적인 존재다. 인류는 다른 생명체와 마찬가지로 자신의 생존을 위해서 다른 생명체를 먹어야 산다. 더 나아가서 인간은 자신의 생존에 필요한 만큼 먹는 데 자족하지 않고 타자와 세상을 지배하고 소유하려 한다. 자신의 삶을 유지하고 개인적·집단적 자아의 삶을 실현하고 확대하고 팽창시키기 위해서 인간은 타자와 자연 자원을 지배, 정복, 소유하려 한다. 타자와 자연 자원을 지배하고 정복하고 소유하려는 인간의 욕망은 필연적으로 전쟁으로 귀결되었다. 그런 의미에서 전쟁은 타자와 자연 자원을 지배하고 소유하려는 인간의 개인적·집단적 의지에서 비롯된 것이다. 그리고 지배하고 소유하려는 인간의 의지는 자신의 생존을 위한 원초적 생명 의지가 비정상적으로 확대된 것이다.

전쟁은 원죄의 표현

창세기의 인간 타락 이야기는 지배와 소유의 삶에로 전락한 인간의 모습을 드러낸다. 성경에 따르면 선악과 나무는 에덴동산의 중앙에 있었고 하나님은 인간에게 선악과 나무의 열매를 따먹으면 반드시 죽는다고 하였다. 이것은 선악과가 생명 동산의 중앙에 있고 하나님께 속한 것임을 가리키며, 인간이 사적으로 선악과를 따먹으면 안 된다는 것을 나타낸다. 선과 악의 분별은 생명 전체에 관련된 일이고 공적인 일이며 하나님께 속한 일이다. 따라서 개인이나 집단이 사사롭게 선악과를 따 먹어서는 안 되는 일이었다. 그래서 하나님은 인간이 선악과를 따 먹으면 반드시 죽는다고 준엄하게 말했던 것이다.

선악과를 따 먹고 눈이 밝아 선악을 분별하게 되었다는 것은 인간이 모든 일과 존재를 자기중심적으로 분별하고 판단하게 되었음을 뜻한다. 창조 세계의 중심에, 다시 말해 하나님의 자리에 인간이 서게 되었다.

창조자의 자리에 선 인간은 모든 것이 내 것, 내 소유라고 선언하게 되었다. 이것은 창조주에 대한 부정과 거부다. 창조 세계에 대한 인간의 독점을 선언한 것이 인간의 타락이며 원죄다. 타락한 인간은 자신과 타인을 소유하려 함으로써 사람을 사물화, 대상화한다. 자연 생명 세계도, 정신세계조차도 내 것이라는 착각과 환상을 갖게 되었다. 하나님마저도 내 소유와 지배의 대상으로 삼으려 한다. 자신을 절대화하고 신격화하는 이런 착각과 환상은 자연 생명 세계에서 하늘과 소통하는 인간만이 갖는 환상이고 착각이다. 모든 것을 지배하고 소유하려는 이 환상과 착각은 인간을 인간으로 보지 않고 내 소유와 이용물로 노예로 보게 한다. 이 환상과 착각에서 인간은 권력을 추구하고 숭배했으며 전쟁을 정당화했다.

전쟁은 인간의 자기중심적 사고에서 나온 것이고, 선과 악, 좋고 나쁨의 이기적 분별에서 오는 결과다. 전쟁은 자기중심적인 탐욕과 지배욕의 집단적 표현이며 분출이다. 전쟁은 죄의 표현이고 지배다.

전쟁에 대한 종교·사회적 정당화

인간이 소유와 권력의 독점을 추구하는 데서 전쟁이 시작되었다. 그리고 힘과 폭력이 모든 문화·종교 관계의 근본 구성요소다. 권력과 종교는 처음부터 긴밀히 결합되어 있다.[2] 전쟁은 처음부터 종교·사회적으로 정당화되었을 뿐 아니라 많은 종교들에서 신들은 전쟁의 신으로 나타났다. 고대 동방에서는 흔히 여신이 잔인한 전쟁 신으로 나온다. 우가릿 서사시에서 이스타론, 아스타롯은 "말과 전차의 여전사"로 나오고, 가나안의 바알신과 나란히 나오는 아낫 여신은 살육한 주민들의 머리와 손들로 치장하고 죽은 이들의 핏속을 거니는 잔혹한 신이다. 전쟁과 생산성의 상관성도 일반적이다.[3] 힌두교에서 베다의 신과 악귀 사이의 전쟁은 아리안 침입자와 원주민 사이의 전쟁을 반영한다. 베다 시대의 신 인드라는 전쟁의 신이었다.[4]

생산력의 증대와 소유의 축적이 가능해진 농업 문명과 함께 국가 문명이 수립되었다. 생산력이 증대되고 소유가 축적되고 독점되면서 군대가 생기고 전쟁이 일어나서 노예가 생기고 창녀가 나오고 성직 계급이 나왔다고 한다. 고대의 제국들은 흔히 군사 국가였고 침략과 정복을 일삼았다. 국가와 국가, 민족과 민족 사이에 전쟁이 일어나고 패배한 국가의 국민은 살해되거나 노예가 되었다. 정복 전쟁으로 치달은 제국주의 국가들을 움직인 것은 개인적·집단적 권력욕과 소유욕이었다. 권력욕과 소유욕이 포만되면 난폭해지고 난폭하면 파국적 재난이 초래된다. 문명 연구가 아놀드 토인비에 따르면 군국주의는 자살적 성격을 지니고 있다.[5]

군국주의가 지배하는 인류 역사 속에서 지배층은 생산력을 증대시키기 위해 다른 민족을 정복할 뿐 아니라 자연 생명 세계를 착취하고 파괴하였다. 타자를 차별하는 폭력이 인류사를 지배했다. 제3세계 민중, 여성, 자연이 차별과 폭력의 대상이 되는 타자였다.

타자를 지배하고 정복하는 인류 역사와 사회 속에서 전쟁은 찬미되고 정당화되었다. 흔히 사회의 대립 구조를 드러내는 전쟁은 미학적 견지에서 인류의 매혹적 집단화로서 서술되었다. 전쟁은 개인적으로나 집단적으로 인륜적·정신적 힘들의 발산으로서 합법화되었다.[6] 종교·문화적으로 전쟁은 당연하고 정당한 것이었을 뿐 아니라 신격화되고 신성한 것으로 여겨졌다.

전쟁에 대한 신학적 정당화

평화에 대한 예수의 가르침과 삶을 진지하게 생각했던 고대 교회의 교부들과 신자들은 전쟁에 참여하지 않고 폭력 사용을 포기하려고 힘썼다. 유대인, 노예, 해방 노예 출신이었던 초기 그리스도인들은 로마군에 징집되지 않았다. 많은 그리스도인들은 평화의 임금 예수의 군사로서 황제의 군사가 될 수 없다고 여겼다. 그들은 황제와 군을 위해 대도를 드렸다. 그럼에도 많은 군인 그리스도인들이 순교당한 사실에 비추어 보면 군인들 가운데 그리스도인들이 있었음을 알 수 있다. 국교가 되면서 그리스도의 군대와 황제의 군대 사이에 양립할 수 없는 대립은 없었다.[7]

중세 이후에는 교회 지도자들과 신학자들이 전쟁을 당연한 것으로 여기게 되었다. 중세에는 전쟁이 서구 신앙사의 한 현상으로 되었다.[8] 루터교의 호전적 태도는 당국에 대한 복종, 소명 사상, 조국 수호의 동기를 통해 강화되었다. 루터에 따르면 전쟁은 "항구적이고 지나친 불법을 막는 작고 짧은 불화, 큰 불행을 막는 작은 불행에 지나지 않는다".[9] 칼뱅주의는 예정 교리와 소명 교리를 통해 성과윤리를 강조했고 근대적 호전주의에 이르렀다. 전쟁, 특히 식민지 전쟁은 십자군 전쟁으로, 가톨릭 세계, 지배 세력과 경쟁하는 전투로서 그리고 복음과 기독교 문화의 빛을 저발전 민족들에게 전하는 문화 전쟁으로 치러졌다.[10] 이에 반해 루터교는 두 왕국설과 지방주의적 성격 때문에 "하나님 나라를 위한 전쟁 윤리"를 발전시키지 못했다.[11]

고전주의와 낭만주의에서 전쟁은 "기초를 놓고, 역사를 지배하고, 현존을 형성하는 것"으로서 신격화되었다. 노발리스는 그의 소설에서 "전쟁에서 원시 바다가 출렁이고 세상의 본질이 드러난다"라고 했다.[12] 영구평화론을 제창한 칸트조차도 장기적인 평화는 "단순한 상업정신, 저급한 이기심, 소심과 유약함이 지배하게 하고 국민의 사고방식을 저급하게 만드는 경향이 있다"[13]면서 전쟁을 고상한 일로 여겼다. 피히테에 따르면 참된 전쟁의 목적은 참된 법치국가(평등)에 있다.[14] 푸르동은 전쟁을 역사의 신비로 보았다. 빈궁이 민족전쟁과 혁명의 원인이며 참된 평화의 조건은 폭력 포기뿐 아니라 사회경제의 변화라고 보았다.[15]

서구의 대표적인 신학자들은 '정당한 전쟁론'을 폈다. 어거스틴에 따르면 전쟁은 신이 허락한 일이다. "신이 친히 하거나 정당하게 일어나게 하는 일밖에 일어나지 않는다."[16] 루터의 정당한 전쟁론을 요약하면 다음과 같다. 하나, 전쟁, 검의 법은 오직 당국에 속한 일이다. 둘, 칼의 직책은 창조 질서의 보존에 속한다. 셋, 두 왕국설. 넷, 불의한 전쟁은 양심에 따라 거부할 수 있다. 다섯, 직책과 인격은 구분될 수 있다.[17] 칼뱅은 정당한 전쟁을 "국가를 보존하고 약자를 보호하는 전쟁"[18]으로 규정했다. 루터와 칼뱅에 따르면 시민들은 부당한 전쟁을 거부할 수 있다.

그러나 현실적으로 중세 시대나 근세 시대에 개인으로서 시민이 전쟁의 부당성을 판단할 수 없었다. 따라서 로테는 신학 윤리에서 "책임을 당국에 맡기고 편한 맘으로 전쟁하라!"[19]고 선언했다. 루터교는 전쟁을 죄 있는 세상의 당연한 일이라고 보았다.[20]

현대에 이르러 혁명 신학은 정의로운 전쟁론에 입각하여 정의로운 혁명, 폭력 사용의 정당성을 말한다. 혁명의 신학이나 해방의 신학은 구조적이고 제도적인 폭력에 맞서는 제한적인 폭력 사용의 정당성을 말하지만 전쟁의 가능성을 열어 놓는다는 점에서 평화주의와는 거리를 두고 있다.

서구의 지성 사회에서는 20세기에 이르러 비로소 전쟁에 대한 근본적인 문제 제기와 반성이 이루어졌다. 정당한 전쟁론 자체가 현대 사회에서 성립할 수 없다는 주장이 제기되었다. 두 가지 점에서 현대전은 불의한 전쟁으로 규정된다. 첫째, 유익보다 해악이 크면 불의한 전쟁이다. 전방과 후방을 구분하지 않고 전투원과 비전투원을 가리지 않으며, 엄청난 파괴와 재앙을 초래하는 현대의 전쟁은 유익보다 해악이 크다는 점에서 모두 불의한 전쟁이다. 둘째, 절멸전은 정의로운 전쟁일 수 없다. 현대전은 절멸전이다. 따라서 현대전은 불의한 전쟁이다.[21] 전쟁 극복을 위한 현대 국제법의 경향도 정의로운 전쟁론의 극복을 지향한다.[22] 1920년의 국제연맹 조약에서 정의로운 전쟁과 불의한 전쟁의 구분이 없어졌다. 1928년 브리안트 켈로그 협약 이래 일반적인 전쟁 금지가 생겼다. 1948년 유엔 조약은 전쟁 금지를 폭력 금지로 확대했다. 2차 바티칸 공의회는 모든 전쟁의 절대 금지를 먼 목적으로 삼고, 인류적으로 허용된 방어권을 잠정적으로 인정했다.[23]

원자전은 공격전이든 방어전이든 정당화될 수 없다. 원자 무기 시대에 전쟁은 모든 관여자들에게 너무나 위험이 크기 때문에 "평화가 기술문명의 생존조건"C.Fr.v. Weizsäcker이 되었다.[24] 이런 상황에서 우리는 퀘이커의 평화주의 특히 조지 폭스의 평화의 증언에 진지하게 귀를 기울일 필요가 있다. 더 나아가서 성경의 평화 전통을 살펴보고 전쟁과 평화에 대해서 하나님께서 성경과 복음을 통해 주시는 말씀에 귀를 기울여야 할 것이다.

2. 성경의 평화 전통
—전쟁과 폭력 속에서 싹튼 평화

　　동양의 종교 경전들과 비교하면 구약성경은 가나안 진입 과정에서 집단 살육과 배타성을 보이며, 호전적 성격을 드러낸다. 그런가 하면 이사야서에서는 이를 데 없이 고귀하고 아름다운 평화의 꿈이 펼쳐진다. 지극히 순수한 평화 전통과 배타적이고 호전적인 전통은 질적으로 고양되고 순화된 형태로 신약성경과 기독교에서도 지속된다. 산상설교의 평화주의와 계시록의 호전적 서술, 원수 사랑에 대한 가르침과 위선자들에 대한 독설이 공존한다. 성경의 이런 양면성과 이중성은 이스라엘 민족이 살았던 사회·역사적 현실의 중층적이고 복잡한 성격에서 형성되었다. 늘 절박하고 척박한 현실 속에서 살았기 때문에 이스라엘 민족에게는 원리적이고 관념적인 일관성과 순수성을 지키는 것보다는 굶주림과 종살이의 엄혹한 현실 속에서 생존하면서 평화의 꿈을 키우는 것이 중요했다.

구약성경과 신약성경에서 호전적 성격과 평화적 성격이 함께 나타나지만 두 성격이 평면적이고 원리적으로 공존하는 것은 아니다. 성경의 기본 의도와 흐름은 평화 지향적이다. 배타적이고 호전적인 성격은 척박한 현실 속에서 부수적으로 생겨난 것이다. 현대의 구약성경 연구도 이런 관점을 지지한다. 최근 학자들의 연구에 따르면 구약성경에서 후대에 생겨난 전승일수록 야훼 전쟁이 강조된다.[25] 야훼 전쟁 이데올로기는 주로 후대에 책상에서 구상된 것이다.[26]

이스라엘에서 전쟁의 찬양이나 신격화가 이루어지지 않았다는 사실이 중요하다. 이스라엘 백성은 모든 갈등과 재난이 지난 후 더 이상 전쟁이 없고, 무기들이 농기구들로 바뀌는 시대를 기다렸다(사 2:2-3; 미 4:1-3; 욜 3:10; 사 9:5, 11:1-9, 32:18, 54:10. 그 외 레 26:6; 시 72:3, 7 겔 34:25).[27]

이스라엘 역사는 국가 권력의 억압과 전쟁으로 고통당하면서 정의와 평화의 하나님 나라를 기다리고 하나님 나라를 향해 나아간 역사였다. 그런 의미에서 이스라엘 역사는 전쟁과 폭력에서 벗어나 평화의 나라에 이르는 하나님의 구원사였다. 이 역사의 완성과 성취로서 예수의 하나님 나라 운동이 나왔다. 하나님의 평화를 향한 고통스러운 순례로서 이스라엘 역사와 하나님의 평화를 실현하는 예수의 하나님 나라 운동은 전쟁과 폭력에서 공존과 상생의 평화 세계로 나가는 인류 역사의 중심에 있고 인류 역사의 대리적·범례적 의미를 지닌다.

전쟁과 폭력 속에서 싹튼 평화

전쟁과 폭력의 길고 험난한 역사 속에서 평화에 이르는 길을 연 대표적인 본문이 고난의 종의 노래이다. 이사야 53장에 나오는 고난의 종의 노래는 바벨론에서 오랜 종살이를 한 끝에 나온 평화의 노래이며 평화에 이르는 길에 대한 이스라엘 민족의 집단적 깨달음이다. 억압과 전쟁의 폭력 속에서 신음하고 고난받는 이들의 삶에서 인류의 죄가 씻어지고 상처와 질병이 치유되며, 차별받고 고통당하는 이들이 우리 모두를 구원하는 속죄양이라는 것이다!

> 사람들에게 멸시를 당하고 퇴박을 맞았다. 그는 고통을 겪고 병고를 아는 사람, 사람들이 얼굴을 가리고 피해 갈 만큼 멸시만 당하였으므로 우리도 덩달아 그를 업신여겼다. 그런데 실상 그는 우리가 앓을 병을 앓아주었으며, 우리가 받을 고통을 겪어주었구나…… 그를 찌른 것은 우리의 반역죄요, 그를 으스러뜨린 것은 우리의 악행이었다. 그 몸에 채찍을 맞음으로 우리를 성하게 해주었고 그 몸에 상처를 입음으로 우리의 병을 고쳐주었구나(사 53:3-5).

'고난의 종'을 '그'라고 지칭한 것은 오랜 종살이를 한 이스라엘 백성을 대상화한 것으로 여겨진다. 이스라엘 백성이 치른 종살이의 고난이 무의미하고 허망한 것이 아니라는 것이며, 멸시와 학대를 당했으나 '우리'를 살리는 구원자와 치유자라는 것이다. 고통받고 학대받은 전쟁 패배자들이 구원자와 치유자로 전환된다. 이로써 모든 가치 판단과 선악 판단의 표준도 뒤집힌다. '내'가 선악 판단과 가치 판단의 중심과 표준이 아니라 고난받고 짓밟힌 '그'가 가치 판단과 선악 판단의 중심과 표준이 된다. 이로써 원죄와 전쟁의 소용돌이에서 벗어나 하나님의 평화에 이르는 길이 열린다. '그'의 고난과 아픔과 수치를 이타적인 것으로 이해함으로써 타자를 지배하고 소유하는 전쟁과 폭력의 이기주의와 대립된다.

여기서 '우리'는 먼저 학대하는 지배자들, 그 지배자들의 생각과 삶에 동조하는 모든 이들이다. 지배자와 학대자의 관점이 뒤집힌다. 고난당하는 사람을 학대하고 멸시하던 관점에서 고난당하는 사람을 자신들의 구원자와 치유자로 보는 관점으로 바뀐다. 가해자와 피해자, 우리와 그들 사이의 벽이 무너지고 고난받는 '네'가 '나'로 되고 학대하고 멸시하던 '내'가 고난받는 '네'가 된다. "네가 나다!", "내가 너다!"라는 고백과 선언이 이루어진 것이다. 네 속에 내가 있고 내 속에 네가 있음을 깨닫게 된 것이다. 이것은 '너'와 '내'가 하나님 안에 있음을 깨닫고 고백하고 선언한 것이다.

여기서 '우리'는 고통당하는 이스라엘 백성 자신이기도 하다. 정복자들은 피정복자들을 열등하고 부도덕하며 불운한 못난이로 여긴다. 고난당하는 사람들도 다른 고난당하는 사람을 업신여기고 자신의 신세를 한탄하고 낙심하기 쉽다. 고난당하는 사람들은 자신들이 열등하고 무력한 패배자요 못난이며 불운한 사람들이라고 생각하기 쉽다. 그런데 여기서 자신들을 보는 관점이 바뀐다. 고난당하는 자신들이 세상을 구원하고 살리는 하나님의 종이라는 놀라운 깨달음에 이른다. 이것은 죄와 욕심에 눈먼 사람들에게는 보이지 않는 진실이다.

이렇게 그들은 나라를 빼앗고 학대한 자들에 대한 분노와 미움을 삭이고 함께 평화에 이르는 길을 열었다. 탐욕과 분노와 미움에서 침략 전쟁이 나왔고 침략을 받고 학대를 받으면 다시 분노와 미움에 사로잡힌다. 정복자와 피정복자 사이에 깊은 차별의 벽이 생긴다. 차별받은 사람의 분노와 미움에서 다시 차별이 나온다. 차별받은 유대인은 다시 이방인을 차별한다. 차별의 벽에 갇혀 타자에 대한 분노와 미움과 편견에 사로잡힌 집단 사이에는 전쟁과 폭력이 그치지 않는다. 고난의 종의 노래는 전쟁과 폭력의 관계 구조를 근본에서 허문 것이고 지배와 폭력의 악순환의 고리를 끊은 것이다. 여기서 평화롭게 더불어 살 수 있는 길이 열린다.

고난의 종의 노래가 지닌 의미를 네 가지로 요약할 수 있다. ㄱ) 평화 세계는 스스로 이루어 가는 것이다. 억눌린 사람들이 일어설 때 평화가 오는 것이다. 평화는 남이, 지배자가 약탈자가 베푸는 것이 아니다. ㄴ) 차별하고 학대하는 자들을 원망하고 한숨만 쉬고 있으면 구원은 없다. 학대받고 차별받은 삶의 상처 속에서 평화의 삶이 피어나게 해야 한다. 고난받는 이들이 생명을 치유하고 용서하고 살리는 길을 연다. 고난의 삶에서 평화의 삶이 싹트고 화해와 해방의 길이 열린다. ㄷ) 고난에 참여해야 평화가 온다. 지배자의 참회, 억압자의 참회와 화해가 이루어져야 한다. ㄹ) 고난의 나락에서 하나님에 대한 가장 깊은 깨달음에 이르고 , 하나님 안에서 비로소 고난의 깊은 의미를 깨달을 수 있다.

고난의 종의 노래는 가해자와 피해자, 희생을 요구하는 자와 희생자가 하나님 앞에 드리는 죄책 고백이다. 이 세상에 순전한 피해자, 순수한 희생자는 없다. 정도의 차이는 있지만 누구나 가해자이면서 희생자이고 희생자이면서 가해자다. 희생자가 자기를 학대하면 자기에 대한 가해자가 되고 억압받는 민중이 제 아내와 자식을 학대하면 가해자가 된다. 인류는 모두 죄와 악, 폭력과 고난의 악순환 속에 있다.[28]

이 악순환 속에서 가해자인 피해자로서 주로 피해를 당해온, 역사의 희생양이었던 이스라엘 백성은 자신의 죄와 고난을 하나님께 고백한다. 죄와 고난을 고백함으로써 불의한 폭력의 악순환을 끊고 역사 속에서 하나님의 평화를 이루어 간다.

예수의 평화주의

예수의 삶과 가르침을 관념이나 원리로 재단할 때 핵심을 비껴가기 쉽다. 예수는 비폭력이나 원칙주의적 폭력 포기를 요구한 것 같지는 않다. 그 자신도 성전에서 장사꾼들의 상을 뒤엎으며 완력을 썼다. 그러나 그렇다고 해서 예수가 폭력 사용이나 전쟁 수행 문제에 중립적인 태도를 취했다고 말할 수는 없다. 전쟁과 폭력에 관한 예수의 태도를 알기 위해서는 예수의 삶과 가르침의 기본 성격과 의도에 비추어 생각해야 한다.

원수를 사랑하라고 가르치고 왼뺨을 때리는 자에게 오른뺨도 돌려대며, 5리를 가자는 이에게 10리를 가주며, 겉옷을 달라는 이에게 속옷마저 내주고 악을 악으로 갚지 말라고 가르친 예수는 적어도 심정과 동기에서는 근본적이고 철저한 의미에서 평화주의자다. 일곱 번씩 이른 번이라도 용서하고 제물을 드리기 전에 먼저 형제와 화해하라고 함으로써 용서와 화해를 강조한 것도 평화를 추구한 것이다.

그가 군대를 모집하거나 군사 전략에 의지하여 평화로운 나라를 이루려 하지 않고 스스로 죽음의 길을 감수한 것도 그의 평화주의를 나타낸다. 그가 원리적이고 이념적인 비폭력 평화주의를 추구했는지는 논란의 여지가 있다. 그러나 스스로를 타인의 밥으로 내어 주고 십자가에 달린 것은 평화주의적인 자세와 원칙을 지킨 것이다. 꼴찌가 첫째 됨을 말하고, 섬김을 받으

러 오지 않고 섬기러 왔다고 선언한 것도 평화의 원리와 길을
보여 준다.

 복음서의 예수에게서 이기심과 자기중심성의 흔적을 찾을
수 없다. 예수는 오직 하나님의 뜻과 하나님 나라, 그리고 고통
받는 민중의 삶을 위해서만 움직였다. 디트리히 본회퍼가 말하
듯이 예수는 온전히 '타자를 위한 존재'였다. 마태복음 8장 17
절에서 말하듯이 "몸소 우리의 허약함을 맡아 주시고 우리의
병고를 짊어지셨다". 자기를 철저히 비우고 고난당하는 이들과
함께 더불어 사는 공△의 길을 갔다. 소유욕과 지배욕을 버리
고 자기중심성에서 벗어나 고통받는 타자를 섬기고 살리는 삶
을 끝까지 지켰다는 점에서 그는 전쟁과 폭력의 뿌리를 가장
철저히 잘라 냈고 이스라엘 역사 속에서 열린 평화의 길을 가
장 충실히 갔다. 그의 시대와 그 이후의 시대를 위해서 예수는
고난의 종으로 살았고 고난의 종에서 드러나는 평화의 정신과
깨달음을 가장 온전한 형태로 구현하였다.

3. 반전反戰, 평화를 위한 신학적 성찰

　　전쟁과 폭력의 뿌리는 원죄, 인간의 타락에 있다. 인간의 타락은 원초적 생명 의지의 어둡고 맹목적인 자기중심성에서 비롯되었고 창조자를 대신해서 모든 타자를 독점하고 지배하려는 착각과 환상을 낳았다. 독점과 지배의 생존 의지에서 사회의 대립과 갈등, 폭력과 전쟁이 나온다.

　　따라서 폭력과 전쟁을 극복하고 평화로운 세상을 이루려면 이념과 전략만으로는 어렵고 몸과 영혼과 사회관계가 혁신되어야 한다. 일상의 삶과 가치관, 사회의식과 행태가 평화적이고 공동체적으로 바뀌지 않고는 참된 평화 운동이 일어날 수 없다. 전쟁을 반대하고 평화를 이루기 위해서는 몸 살림, 영혼의 상태, 사회관계와 행태가 평화적이어야 한다.

몸의 평화

몸이 평화롭지 않으면 인간관계가 평화롭지 않고 인간관계
가 평화롭지 않으면 사회가 평화롭지 않다. 따라서 평화는 나
의 몸에서 시작된다. 나의 몸뿐 아니라 남의 몸도 소유와 지배
의 대상이 아니라 인격과 영혼을 드러내는 존귀한 존재이며 하
나님의 영이 거하는 거룩한 집이다. 생명의 유기체로서 몸은 제
안에 중심과 힘을 지닌 자발적 존재이다. 몸은 스스로 할 때,
주체로서 꼿꼿이 설 때 힘 있고 평화롭다. 내 몸이든 남의 몸이
든 지배와 소유의 대상으로 삼고 종으로 부리면 사랑, 정의, 평
화의 삶에서 멀어지고 분노와 미움의 폭력이 몸을 지배한다. 지
배욕과 소유욕에서 벗어난 몸이 자유와 평화의 삶에 이를 수
있다.

하나님이 사람을 지을 때 흙으로 빚고 코에 하나님의 생기,
숨을 불어 넣었다. 몸은 흙과 숨으로 이루어졌다. 흙의 겸허하
고 어진 품성을 익힐 때 몸은 평화롭다. 흙은 자기를 부수어 뭇
생명을 살린다. 흙처럼 몸을 낮추고 비워서 남을 섬길 때 몸은
평화의 매체가 된다.

몸은 숨을 쉼으로 산다. 숨은 자신을 여는 것이고 바깥 세
계와의 소통, 교류, 사귐이다. 숨에는 영원한 삶에 대한 열망과
그리움이 담겨 있고 하나님의 생기가 실려 있다. 숨을 고르고
깊게 쉬면 몸이 평화롭고 힘이 날 뿐 아니라 영혼도 고요하고

평안해진다.

몸과 영혼을 분리할 수 없고, 몸을 하나님의 집이라고 본다면 몸을 탐욕과 미움의 도구로 삼아서는 안 된다. 몸에 필요한 만큼 몸에 알맞은 음식을 먹어야 몸이 평화롭다. 유전자 조작 식품, 인스턴트식품, 오염된 식품, 지나친 육식은 몸을 손상시키고 불안하게 한다. 알맞게 먹는 습관을 들이지 않으면 몸의 평화가 깨지고 몸의 평화가 깨지면 평화로운 관계를 맺을 수 없다.

평화로운 삶과 평화 운동은 몸을 인격적이고 신령한 존재로 존중하고 숨을 깊게 쉬고 알맞게 먹는 데서 시작해야 한다.

영혼의 평화—오직 믿음으로!

어거스틴이 "하나님 안에서 비로소 내 영혼의 참 평안을 얻었다" 말한 것은 인간이 하나님과의 관계 속에 있을 때, 다시 말해 지배욕과 소유욕에 매인 인간의 관점과 판단에서 벗어나 하나님의 관점, 하나님의 눈과 마음으로 보고 받아들여질 때 비로소 인간의 영혼은 평안을 얻는다는 의미로 이해된다. 타자를 타자의 자리와 관점에서 보지 않는 모든 판단과 주장은 독선이고 위선이다. 하나님의 눈으로 본다는 것은 온갖 사회 규정과 판단, 소유욕과 지배욕에 물든 자기중심의 관점에서 벗어나 억눌린 사람을 있는 그대로 하나님의 자녀로 하나님 나라의 주인으로 보고 받아들이는 것을 뜻한다. 예수는 창조자의 마음으로, 아버지, 어머니의 마음과 눈으로 사람을 보고 차별 없이 누구나 받아 주고 살림으로써 평화의 세계를 열었다.

바울은 예수의 복음을 '오직 믿음으로 구원받는다!'는 말로 나타냈다. 율법의 행위로 구원받는다고 할 때 율법의 행위는 사회적 업적, 신분, 능력을 나타낸다. 율법주의는 차별과 당파의 논리다. 율법은 죄인과 의인, 율법을 지키는 자와 지키지 않는 자를 갈라놓았다. 율법에 대한 해석이 갈라지면 또 파당이 생겨난다. 율법은 사람을 가르는 잣대였다.

율법주의가 낙인찍고 갈라놓고 차별하여 영혼과 생명을 죽이는 원리라면 '오직 믿음'은 하나 되게 하고 살리는 생명과 사랑의 원리이다. 믿음은 삶과 사랑의 기초이며 원리이다. 삶과 사랑은 관계로 이루어지며 이 관계는 믿음으로만 세워진다. 믿음은 서로 하나 되게 하는 모험이다. 믿음만으로는 온갖 차별을 넘어서서 서로 다름 속에서 한 몸을 이루는 원리다. 바울의 '믿음만으로!'가 대통합과 평화의 생명 원리라는 것을 문익환 목사가 옥중에서 깨닫고 제시했다. 문익환은 평화의 반대되는 것을 전쟁, 빈곤, 폭력으로 보고 이것들을 거부하려는 모든 노력은 생명 사랑으로 나타난다고 보았다. 그에 따르면 바리새파의 율법주의는 차별과 억압을 조장하고 정당화하는 흑백논리다. 바울은 이 흑백논리를 거부하고 생명사랑과 화해에 이르는 '믿음만!'을 붙잡았다.[29]

'믿음으로만', '예수로만!'은 겸허하게 자기를 부정하고 비우고 하나님께 자신을 여는 것이고 예수와 일치되는 것이다. 예수 안에서 '내'가 무한히 열리는 것이고 '내' 안에서 예수만 살아나게 하는 것이다. 그런데 이것이 예수(진리)에 대한 배타적 독점을 나타내는 것으로 왜곡되어 사용된다. '믿음으로만'의 원리는 가장 낮은 자리에서 겸허하게 자기를 비우고 누구나 받아들이고 누구에게나 열린 통합과 화해의 원리이며, 하나님의 은총에 의지하고 감응하는 감사와 섬김의 원리다. '믿음으로만!'이라는 원리로써 모든 독점과 권위, 특권과 업적, 능력과 소유가 쌓아올린 장벽이 무너지고 누구나 자매와 형제로서 사귀는 평화의 세계가 시작된다.

사회의 평화—십자가의 자리

십자가는 정치·사회·종교적 지배와 독점이 관철되는 자리이고 폭력이 지배하는 자리인 동시에 타자를 위한 예수의 사랑과 희생의 삶이 관철되는 자리다. 무한한 희생과 헌신, 자기 비움과 원수 사랑의 마음이 뚜렷이 드러나는 자리다. 예수는 남을 살리기 위해 죽음의 길을 갔고 그 길의 귀결이 십자가였다. 십자가에서 죽고 다시 사는 그리스도인들에게는 근원적인 소유욕과 지배욕의 굴레에서 벗어나는 자리이다. 폭력과 전쟁으로 몰아가는 충동과 욕망의 고리가 십자가에서 깨어진다.

십자가에 달려 죽은 청년 예수가 인류의 구원자라는 말은 무엇을 뜻하는 말인가? 예수의 고난과 죽음이 예수만의 고난과 죽음이 아니고 우리 모두의 고난과 죽음이라는 것을 뜻한다. 예수의 고난과 죽음이 인류 전체, 생명 전체의 고난과 죽음이 되었다. 그러므로 예수의 십자가는 우리 모두가 하나로 되는 자리다. 십자가를 통해서 지금 고난당하는 이들의 고난이 우리 모두의 고난, 나의 고난이 된다. 고난받는 이들의 삶에서 나와 너의 일치, 하나 됨, 온 우주 생명의 하나 됨을 깨닫는다. 고난받는 이들의 삶에서 하나님의 임재와 현존, 하나님 나라의 동틈을 느끼는 것, 이것이 십자가의 의미이고 고난의 종의 노래에 비추어 예수의 죽음을 이해한 복음서의 기독교 신앙이다.

십자가의 큰 슬픔에서 큰 사랑이 나오고大慈大悲, 큰 슬픔에서 한 몸이 된다同體大悲. 하나님은 지금 고통받는 사람과 하나임을 느끼는 순간에 존재하고 행동하며 사건화한다.

예수의 십자가 죽음을 기념하는 성만찬은 예수의 살과 피를 먹고 마시는 사건이다. 예수의 생명을 먹고 예수의 생명에 참여함으로써 영생에 이른다고 믿는다. 십자가에 달린 예수를 믿는다는 것은 나와 예수가 하나로 되는 사건이 일어나는 것을 뜻한다. 예수가 남이 아니고 나라는 것을 깨닫는 것이다. 내가 예수와 함께 십자가에서 죽고 다시 사는 것이다. 고통받는 예수가 바로 온 인류이고 나라는 깨달음, 지금 고통당하는 사람, 신

음하는 사람이 예수이고 하나님이고 우리이고 나라는 깨달음
이 와야 한다. 내가 남과 하나가 되는 사건, 깨지고 깨닫는 사건
에서 새 사회, 평화가 온다.

평화에의 모험

전쟁과 폭력이 지배하는 세상에서 믿음과 사랑으로 평화의
세상을 연다는 것은 모험이다. 나치 군사 정권에 항거하다 처형
당한 독일의 신학자 본회퍼는 이 점을 분명하게 밝힌다.

> 어떻게 평화가 이루어지는가? 정치적 조약을 통해서? 국제 자본
> 을 다른 나라들에 투자함으로써? ……또는 평화를 보장하기 위해
> 서 보편적이고 평화적인 재무장을 통해서? 이런 것들로는 안 된
> 다. 그 까닭은 평화를 안전과 혼동하기 때문이다. 안전의 길로는
> 평화에 이르지 못한다. 왜냐하면 평화는 감행되어야 하기 때문이
> 다. 평화는 위대한 모험이다. ……평화는 안보의 반대이다. 보장을
> 요구하는 것은 불신하는 것이며, 이 불신이 전쟁을 초래한다. 평
> 화는 아무런 보장을 요구하지 않고 자신을 온전히 하나님의 법에
> 맡기는 것이다.[30]

본회퍼는 평화의 길이 신뢰와 사랑의 길임을 갈파했다. 참

된 평화, 공생과 상생의 평화는 무기 경쟁과 적대적 위협에 의해서 이루어질 수 없고, 신뢰와 사랑을 통해서만 이루어질 수 있다. 삶의 바탕인 신뢰와 사랑은 자신의 삶을 남에게 열고 내맡긴다는 점에서 모험적이다.

도로테 죌레는 평화에 이르는 삶의 모험적 성격을 '상처받을 수 있는 창문'이라는 시로써 투명하게 밝히고 있다.

군인은 군비경쟁을 정당화하기 위해서, 상처받을 수 있는 창문은 닫혀야 한다고 말하네. 내 살갗은 상처받을 수 있는 창문이지, 습기 없고, 접촉 없으면 나는 죽게 되네. 상처받을 수 있는 창문이 막히면, 내 땅은 살 수 없다오. 생각할 수 있기 위해서, 빛이 필요하고, 숨쉬기 위해서, 공기가 필요하듯, 우리는 하늘 향해 열린 창문이 필요하다오.[31]

과학기술의 물질적인 안전에 지나치게 의존한 현대 문명은 마치 소라나 조개가 상처받는 것을 두려워하여 단단한 껍질을 뒤집어씀으로써 생명의 자유로운 진보가 막힌 것처럼 생명의 자유로운 미래를 잃게 되었을 뿐 아니라 생명과 정신의 황폐와 공멸의 위기를 맞게 되었다. 죌레가 말하듯이 '상처받을 수 있는 창문'이 완전히 닫히고 막혀 버리면, 요새 안에서 안전하다고 생각되는 사람들은 빛과 공기의 부족으로 죽게 된다. 오직 타자를 향해 열리고, 상처받고 죽을 위험을 감수하는 생명만이 살 수 있다.[32] 사랑과 진리, 생명과 자유의 숨을 쉬기 위해서는, 공생과 상생의 삶을 위해서는 상처받을 수 있는 창문을 열어 놓고 평화로운 삶에로의 모험을 감행해야 한다.

1975년 세계교회협의회 나이로비 총회는 그리스도인들에게 군사주의에 맞서 싸울 것을 촉구했다. 또 교회들에게 "무기의 보호 없이 살려는 의지를 밝히고, 효과적인 군축을 위해 일할 것"을 촉구했다.[33] 무기의 보호 없이 살 각오를 하고 군축을 위해 나서는 것은 스스로 무장을 해제하고 폭력 사용을 포기하며 상처받을 위험에 자신을 내맡기는 것이다. 하나님이 나사렛 예수의 몸을 입고 세상에 오셨다는 것은 폭력 사용을 거부하고 아무 보장 없이, 그리스도 안에서 상처받을 수 있는 존재가 되었다는 것을 뜻한다.[34]

4. 평화의 삶과 실천

　　전쟁과 폭력의 뿌리가 인간의 몸과 마음과 정신에 깊이 박혀 있기 때문에 평화 운동은 이념이나 전략만으로 성공할 수 없다. 삶과 정신의 근본적인 쇄신을 통해서 사회 제도와 구조의 변혁에까지 이를 때 평화 운동이 힘차게 일어날 수 있다. 그런 의미에서 한국 사회에서 평화 운동은 몸과 정신의 쇄신에서 시작되어야 할 것이다. 몸과 정신의 쇄신은 예수의 평화 정신과 한민족의 평화 정신이 창조적으로 결합될 때 이루어질 수 있다.

　　원수를 사랑하라는 예수의 가르침과 십자가의 희생 정신은 평화 운동의 원리가 될 수 있다. 또한 한국인의 원융합일 정신도 포용적이고 공생적인 평화 운동의 바탕이 될 수 있다. 한국인의 정신적 원형을 드러내는 뿌리 말은 '한'이다. 하나님이란 말 속에, 한겨레란 말 속에 이미 차별 없는 밝고 하나인 삶, 두루 둥글게 하나로 끌어안는 삶의 꿈이 담겨 있다. 한국인에게

는 하나가 되려는 열망이 너무나 강력해서 하나를 느낄 수 있
는 작은 집단으로 갈라지는 경향도 있지만 그 밑바탕에는 하나
가 되려는 강한 열망이 숨겨 있다.

전쟁의 문제는 결국 삶의 문제로 귀결된다. 삶 속에서 평화
를 위한 삶과 진리를 진지하게 추구한 이가 유영모와 함석헌이
었다. 이들의 진리탐구와 평화주의적 실천은 일제의 군국주의
가 지배하는 시기에 그리고 6·25전쟁을 거쳐 분단과 군사독재
가 지배하는 폭력적인 시대에 이루어졌다는 점에서 큰 의미가
있다.

유영모는 70여 년 동안 날마다 냉수마찰을 했고 40여 년
동안 하루 한 끼를 먹으며 예수와 일치된 삶을 살고 하나님께
자신을 산 제물로 드리려 힘썼다. 새벽 3시에 일어나 널빤지에
무릎 꿇고 앉아 단전호흡을 하며 명상했다. 유영모는 매우 금
욕적이어서 해혼解婚하고 식욕과 색욕에서 벗어나 이웃을 사랑
하고 이웃을 섬기려 했다. 그는 식욕과 색욕에서 벗어나야 이웃
을 사랑하고 섬길 수 있다고 보았다.

그가 대학 진학을 포기한 것은 겸허하게 일하면서 이웃을
섬기는 진리의 삶을 살기 위해서였다. 남 위에서 남을 부리며
놀고먹는 양반이 나라를 망쳤다고 보았다. 그는 민중, 씨울을 사
랑으로 섬기는 것이 예수의 가르침대로 사는 진리의 삶이라 보
았다. 대학 공부는 남보다 출세하는 길을 가는 것이라 여겨서
대학을 버리고 농사짓고 살기로 하고 시골에 들어가 살았다.

그는 예수를 믿을 뿐 아니라 예수의 삶을 살려고 했다. 예수
만 십자가 짐을 지게 하지 않고 믿는 이도 함께 십자가 짐을 지
고 예수의 일을 해야 한다고 보았다. 밥 한 그릇에 온 우주 생
명의 정기와 활동이 압축되어 있고 농부와 상인과 밥 짓는 이
의 수고와 땀이 들어 있다. 유영모는 밥값은 "밥의 가치의 몇억
분의 일도 안 된다"면서 밥은 "하나님의 은혜로, 수많은 사람의
덕으로 대자연의 공로로 주어져서 먹는 것"이라고 했다.[35] 밥을
은혜로 먹는 데서 나의 몸과 영혼이 평화로워지고 정의롭고 평
화로운 사회관계를 위한 실천이 시작된다.

그는 "(역사와 사회의 무거운 짐을 지고 고생하는) 노동자 농민
이 세상의 짐을 지는 어린양"[36]이고, "빨래하고 청소하는 사람
이 귀인貴人, 한가한 선비閑士들의 속구주(贖垢主, 때를 씻어 주는
주님)"[37]라고 했다. 고통받고 밀려난 사람들을 중심에 세울 때
세상은 평화에 이른다. 이것은 고난의 종의 노래와 예수의 십자
가에서 드러난 성경의 핵심 사상이면서 교회와 사회를 근본적
으로 뒤집는 민주적이고 혁명적인 평화 사상이다. 이 생각이 함
석헌의 씨올사상, 70년대의 민중신학으로 발전되었다.

우찌무라 간조의 무교회신앙의 순수 복음주의와 유영모
의 순수한 영성적 삶에서 배운 함석헌도 하루 한 끼를 먹으면
서 믿음 생활과 사회적 실천을 통전시키려 힘썼다. 그는 마음을
'없음'과 '버림의 나라'로 보았다. 없음과 버림, 즉 모든 것에 대
한 순수한 부정 속에서 비로소 진정한 자유에 이른다. 이 자유

는 내면적 자유로 그치지 않고 실천에로 이른다. 진정한 버림, 진정한 자유는 나 자신의 존재마저도 하나님을 위한 행동 속에 던져 버릴 때 성취된다.[38] 함석헌은 '나'를 하나님과 직결시키고 하나님을 '전체'로 파악하며 이 전체를 다시 '씨올'(민중)과 직결시킨다. 모든 사회문제는 '나'에게서 비롯되고 믿음은 '전체의 자리에 서는 것'이라고 보았다.

그의 사상의 바닥에는 씨올에 대한 찬양과 지배 특권층에 대한 분노가 깔려 있다. 그러나 없음과 비움을 추구한 그는 "대적 자체가 없다"는 신념을 지니고 있다. 지배 특권층에 대한 분노와 "대적 자체가 없다"는 신념은 비폭력 투쟁 속에서 결합된다. 그는 평생 비폭력 투쟁을 내세웠는데 비폭력 투쟁은 '사랑하는 마음'으로 '이기고 짐을 초월한 마음'으로 싸우는 싸움이다.[39] 마음속에서 이미 '원수'에 대한 증오를 극복하고 싸워야 한다는 것이다.[40] 일제 때는 민족 독립운동에 앞장서고 1950년대 후반부터 1980년대 초까지 민주화 운동에 앞장섰던 함석헌의 투쟁적인 삶은 그 자체가 믿음의 진리를 실현하기 위한 수행이었고 평화를 위한 실천이었다고 생각된다.

형식논리와 이해관계의 평면적 지평에서 보면 전쟁과 갈등은 피할 수 없다. 적대적 관계 속에 있는 인간들과 집단들이 평화 세계로 들어가려면 높고 낮고 잘하고 못하고 살고 죽고의 한가운데로 솟아오를 길을 찾아야 한다. 예수의 삶과 죽음의 십자가는 이 길을 열었다. 예수를 따라서 그리고 예수와 함께 우리는 전쟁과 폭력을 낳는 욕망의 소용돌이 속에서, 전쟁과 폭력이 지배하는 현실의 논리를 넘어서 평화에 이르는 '가운데 길'을 찾아가야 할 것이다.

4장

동아시아의 평화
— 우찌무라 간조와 한국 제자들,
함석헌과 김교신

기독교 신앙과 민족애를 긴밀히 결합시켰던 우찌무라의 신앙
은 한국의 제자들 특히 함석헌과 김교신에게 큰 감동과 영향
을 주었다. 기독교 신앙과 사회주의 사이에서 고민하던 함석
헌은 참된 신앙이 참된 애국이라는 우찌무라의 주장에서 힘
을 얻고 기독교 신앙을 삶의 노선으로 확정하게 되었다.

1. 동아시아의 평화

유럽 사람들은 산업 기술, 군대, 기독교를 앞세워 아프리카와 아메리카와 인도를 거쳐 동북아시아까지 세력을 뻗쳐 왔다. 지중해와 대서양을 넘나들다가 드디어 '큰 평화 바다太平洋'를 건너 동아시아에 이르렀다.

지난 5백 년의 인류사는 서세동점西勢東漸의 역사였다. 서구 세력의 팽창과 정복의 역사요, 동양의 수난과 고난의 역사였다. 산업화와 근대화의 물결 속에서 동양의 정신과 영성을 새롭게 발견하는 시대였다. '큰 평화 바다'에서 동서의 정신과 문명이 만나는 지구화 시대였다.

일본과 중국과 한국은 아시아 대륙과 태평양을 품고 있다. 우리가 여기 살게 된 것은 아시아 대륙의 넓고 활달한 기상과 '큰 평화 바다'의 크고 깊은 품을 익히라는 하나님의 뜻이 있다. 평화를 배우느라 동아시아인들은 그렇게 오랜 세월 서로 갈등을 빚고 상처를 입었는가 보다. 이제 인류와 뭇 생명이 한 울타리 안에서 함께 살며 서로 살리는 지구 생명 공동체 시대, '큰 평화 바다 시대'를 맞았다.

평화시대의 큰마음을 가지려면 먼저 아시아의 오랜 역사와 문화 속에 길러 온 평화의 영성과 정신을 일깨워 살려 내고, 근대 서구 정신과 기독교 정신에서 비판적이고 저항적인 자유정신과 주체적 책임성을 배워야 한다. 그리하여 동양과 서양의 정신과 문화가 융합되어 인류가 하나로 되는 정신세계를 열어야 한다.

첫째, 우리 자신의 평화정신과 영성을 회복하자. 동아시아 종교 전통은 자기 비움과 부정을 강조하고, 타자(하늘과 자연과 이웃)와의 합일과 일치를 추구한다. 동아시아는 타자를 공경하고 타자에게 친절하고 예의를 지키는 전통을 키워 왔다. 이런 평화의 정신문화 전통은 기독교 신앙과 신학을 더욱 풍부하게 하고 심화할 수 있다.

둘째, 동아시아의 전근대적 정신문화 전통을 극복해야 한다. 특히 유교 문화를 중심으로 가부장적이고 권위주의적인 가치관과 질서가 온존하고 있으며, 남성, 강자, 표준적인 다수의 주류 중심적 사고와 가치와 문화가 동아시아를 지배한다. 이것은 약자와 소수의 소외자들에 대한 문화적 폭력이며 억압이다. 동아시아 사회의 평화를 위해서는 고난받는 약자에 대한 관심과 배려, 고난받는 약자를 가치와 문화의 중심에 놓는 자세와 태도를 성경에서 배워야 한다.

셋째, 민주적인 주체 의식과 책임 의식을 확립해야 한다. 동아시아에는 합일과 일치, 공동체, 전체를 강조하는 전통이 우세하고 개성, 인격적 주체와 자유, 책임적 행위의 윤리가 약하다. 동아시아의 평화를 위해서는 민주화를 이루는 게 필요하고 민주화를 이루려면 성경과 기독교 신학에서 인격적 주체성과 책임적 행위에 대한 가르침을 배워야 한다.

넷째, 지배와 정복의 굴레에서 벗어나야 한다. 세계 강대국들의 지배와 정복의 힘이 한반도에서 충돌한다. 식민지 경험과 전쟁의 아픔에서 지배와 정복의 세력을 극복하고, 평화와 자유의 세계를 여는 힘이 나와야 한다.

동아시아는 위대한 종교 전통과 평화의 정신을 지녔다. 동아시아에서 앞으로 기독교의 역할이 더욱 커질 것이다. 앞으로 북한과 중국에서 크게 확장할 가능성이 높은 기독교가 평화의 영성을 동아시아에 형성하는 일이 매우 중요하다. 기독교의 배타성과 호전성이 그대로 중국과 북한에 심어진다면 동아시아의 평화 수립에 매우 부정적인 결과를 가져올 것이다.

동아시아에서 국가주의를 극복하고, 군사적·경제적 팽창주의를 극복하고 평화 세계를 열기 위해서는 민족국가를 넘는 동아시아 태평양 시대의 비전을 제시하고 일본, 중국, 한국 사이에 일치와 연대의 길을 열어야 한다. 동아시아의 그리스도인으로서 하나님 나라의 평화를 이루기 위해서는 고난의 종 예수

그리스도에게서 평화의 길과 힘을 찾고 '타자를 위한 존재'로서
섬기는 종의 길을 가야 할 것이다.

'큰 평화 바다' 시대와 동북아시아의 꿈

'큰 평화 바다' 시대를 이끌 정신과 삶의 원리는 서로 다름
을 하나로 끌어안는 '두루 어우러져 하나로 됨圓融合一', '더불어
삶共生'과 '서로 살림相生'이다. 권력투쟁과 계급투쟁을 통해 늘
새롭게 사회를 형성해 온 서구 사회의 정신과 사상은 갈등과
대립을 전제한다. 또한 동양과 제3세계를 희생시키고 군림한 서
구 사회의 정복자적 정치·문화에서는 서로 다른 인종과 계층,
민족과 국가를 크게 하나로 아우르는 '큰 평화 바다의 지구생
명공동체'에 대한 꿈을 제시하기 어렵다.

동북아시아의 세 나라 중국, 한국, 일본은 서구 세력의 지배
와 도전에 맞서 근대화와 민주화를 경험했을 뿐 아니라 동양의
풍부한 영성을 간직하고 있다. 이 세 나라는 서로 다른 종교인
유교, 불교, 도교, 기독교가 공존하는 나라이기도 하다. 동북아
시아 세 나라의 종교·철학 원리는 자연과의 합일, 일치와 동화
에 있다. 이 세 나라는 정치·경제적으로나 영적으로 '큰 평화
바다의 꿈'을 제시하고 새로운 길을 열 수 있다.

이 세 나라가 손을 잡을 때 동북아시아가 세계를 이끌 수

있다. 남북통일도 세 나라가 손잡지 않으면 어렵다. 일본은 대동아공영권을 내세우며 아시아를 침략하고 짓밟았던 과거를 반성하고 새로워져야 한다. 중국은 중화주의와 대국주의의 오랜 전통을 버리고 마음을 열어야 한다. 한국은 오랜 세월 짓밟히고 예속당했던 과거의 아픔과 상처에서 벗어나 일본과 중국을 끌어안아 '큰 평화 바다'에 이르는 길을 열어 가야 한다.

예수는 십자가에서 자신의 몸을 깨트려 온 인류를 위해 화해의 길을 열었다. 예수와 함께 오늘 우리가 '큰 평화 바다'에 이르는 문을 열어야 한다. 평화 시대의 문을 열려면 먼저 자신을 깨트리는 모험을 감행해야 한다.

평화는 모험이다. 모험하는 사람만이 평화 시대의 문을 열수 있다. 한반도와 동북아시아에서 서로 안보와 평화 협정을 맺고 전쟁을 하지 않겠다는 선언을 하고 군대를 감축해야 한다. 중국과 일본과 한국이 전쟁을 하지 않겠다고 선언하고 평화 협정을 맺으면 북한도 군사적인 도발을 하지 않을 것이다. 일본과 중국과 한국에서 감축하는 군대를 세계평화봉사단으로 바꾸면 어떤가? 평화를 위한 꿈을 꾸고 평화를 이루기 위해 상상의 날개를 맘껏 펼쳐 보자. 북한군 10만과 남한군 10만을 합쳐 남북한 20만의 젊은이로 세계평화봉사단을 만들자! 새로 징집된 군인들에게 군사 교육을 시키지 말고 평화와 섬김, 생명 사랑과 살림의 정신과 이념을 가르쳐서 세계 평화를 일구는 일꾼이 되게 하자.

2. 우찌무라 간조의 신앙과 사상

우찌무라 간조(內村鑑三, 1861~1930)는 일본 근대화의 선각
자로 여겨지는 후쿠자와 유키치(福澤諭吉, 1835~1901)와 대조를
이룬다.

서양만이 문명의 총화라고 여기고 동양에 결별을 고했던
후쿠자와의 '탈아입구' 노선은 뒤집어 보면 '아시아 멸시관'과
약육강식의 제국주의 노선이었다. 그가 내건 '탈아입구' 노선을
추종한 덕분에 일본은 아시아에서 먼저 전근대를 탈피하는 데
성공했는지는 모르지만 이웃 나라에는 무한한 고통과 희생을
강요했다. 한국과 만주를 식민화하고 중일전쟁을 일으키고 아
시아를 전쟁의 고통 속에 빠트렸다.

우찌무라는 서구 문명을 받아들였지만 기독교 신앙을 중
심에 받아들임으로써 천황과 국가를 상대화하고 전쟁을 비판
할 수 있었다. 천황의 교육칙어敎育勅語를 받들어 절하지 않고 전

쟁을 비판했다고 해서 비국민, 반역자로 낙인찍혀 공직에서 추방되었을 뿐 아니라 가족까지 신변의 위협을 겪게 되었다. 국가 지배의 전통이 강한 일본에서 자유로운 평민의 인격 신앙과 예언자 신앙을 강조한 우찌무라의 신앙과 사상은 일본에서 후쿠자와의 노선과는 다른 새롭고 강력한 사상과 정신의 흐름을 형성했다.

루터의 종교개혁이 지닌 시대적 한계

우찌무라의 신앙은 루터의 종교개혁 신앙을 더욱 철저히 하고 완성하려는 것이었다. 루터는 중세 가톨릭의 봉건적이고 계급적인 체제를 깨트리고 오직 신앙과 은총에 근거한 인격적이고 주체적인 새 종교를 형성하려 했다. '믿음, 성경, 은총'만을 내세우고 만인사제설을 주장했다. 성직 계급을 부정하고 오직 그리스도와 하나님만을 믿으려 했다. 그러나 루터의 종교개혁은 당시의 정치·사회적 세력과 결탁되고 새로운 정치·사회 운동에 휩쓸림으로써 타협적이고 절충적인 불완전한 것이 되고 말았다.

루터가 살았던 시대는 교황과 황제를 중심으로 형성된 중세의 세계적인 교회 국가에서 개별적인 민족국가 시대로 넘어가는 시대였고, 신분적이고 위계적인 봉건사회에서 개인을 중심으로 생각하고 활동하는 자유로운 자본주의 사회로 넘어가는 시대였다. 루터의 종교개혁은 중세 봉건사회에서 자본주의 사회로 나가는 초기 단계의 시대적 제약에 매여 있었다. 봉건 영주와 결탁하거나 시민사회 형성의 초기 단계에 맞추어 종교 개혁 운동이 전개되었다. 따라서 만인사제설은 새로운 성직 체제로 전락했고, 믿음과 은총만을 강조하는 신앙은 배타적이고 독선적인 교파주의로 타락했다. 끊임없이 종교전쟁이 일어나고 끊임없이 교파 분열과 다툼이 일어났다.

우찌무라의 새로운 종교개혁

우찌무라는 개신교의 불순한 요소들을 제거하고 종교개혁과 초대 교회가 추구했던 순수한 신앙 형태를 회복하려고 했다. 그에게 하나님, 그리스도, 영은 지금 현재 살아 있는 생명이었다. 우찌무라는 그리스도교란 종교적 제도와 체제가 아니라 "늘 있어서 살아 있는 예수 그리스도"라고 보았다. 따라서 그리스도교를 특정한 역사적인 형태로 보지 않고, 역사적인 형태를 내부에서부터 파괴시키면서 스스로를 계속해서 새롭게 표현하는 '영靈'적인 존재로서 파악하려고 했다.[1] 그에게 그리스도교는 생명과 영으로서 존재한다.

우찌무라는 교회의 형식과 체제를 부정하고, 선교사와 목사의 지배를 거부하고 오로지 성경과 신앙만을 내세웠다. 그는 만인사제주의를 끝까지 관철하려 했다. 우찌무라의 신앙 운동을 무교회 운동이라고 하는데 그의 무교회 운동은 교회의 형식과 체제를 부정하고 교회의 모임만을 인정한다. 우찌무라는 영원히 살아 있는 그리스도 자신에게 직결하는 '의뢰적 독립'이야말로 기독교 신앙의 본질적 요소라고 보았다. 따라서 우찌무라에게는 신과 인간 사이의 직접적 관계를 중개하려는 모든 인간적 종교 제도, 의식 또는 교리나 성직 제도는 비판과 저항의 대상이었다. 참된 교회는 그리스도를 믿는 사람들이 자연스럽게 연합하여 만들어 낸 사랑의 공동체여야 한다고 주장했다.[2]

우찌무라는 이렇게 치열하고 열정적인 하나님 신앙을 강조하면서도 이성적이고 학구적인 성경 공부를 강조했다. 우찌무라의 무교회 운동은 성경 공부 모임으로 존속했다. 종교적 감정에 빠지지 않고 성경 공부에 힘쓰면서 신앙의 깊이를 파고들었다. 우찌무라의 공부하고 생각하는 신앙은 함석헌에게 이어져서 깊은 철학과 사상을 형성하는 데로 이끌었다.

평민 신앙과 예언자 신앙

지금 역사와 사회의 삶 속에 살아 있는 생명과 영으로서의 하나님에 대한 신앙은 오직 하나님에게만 의존하고 세상에 대해서는 독립적인 평민 신앙과 역사와 사회의 다른 모든 현실과 존재에 대해 비판하는 예언자 신앙으로 나타난다. 하나님을 직접 만나고 경험하는 개인의 인격적 신앙은 한 사람 한 사람을 세상의 다른 어떤 것보다도 존귀한 존재로 만든다. 하나님과 직결된 인간을 말하는 기독교 신앙이 다른 어떤 인본주의보다 더 깊은 자리에서 인간 존재의 존엄과 가치를 강조한다. 우찌무라가 말한 평민을 토비소남土肥昭男은 다음과 같이 설명했다.

> (평민은) 하나님과 자력 이외에는 어떤 것에도 의지하지 않는 자의 칭호이다. 강자의 비호에 의지해서 자기를 일으켜 세우려 하지 않고 정부의 위력을 이용해서 부를 만들려고 하지 않고, 위계 훈장을 이용해서 그 몸의 천함을 덮으려고 하지 않고 단지 공평한 경쟁과 자기의 역량만을 가지고 세상에 대처하려고 하는 자다.[3]

우찌무라는 비국민, 반역자로 낙인찍혔으나 참된 애국자로 자처했다. 실제로 그는 뜨거운 애국자였다. 성경의 예언자 연구에 힘썼던 우찌무라는 예언자의 정의와 평민 신앙을 바탕으로 통렬한 정치·사회 비판을 했다. 특히 절대주의적 권력 체계와 자본주의적 경제 발전을 추구해 가는 메이지 일본에 대해서 전쟁과 영토 확장은 흥국興國이 아니고 망국亡國의 길이며 "정의는 국가보다 큰 것으로 국가의 기초를 정의 위에 세우는 나라만이 영원히 번영한다"는 것을 강조했다.[4]

우찌무라가 말하는 평민은 근본적으로 도덕·종교적 개념으로 신에 의해 전인적 변혁을 이루고 자유와 독립을 부여받음으로써 정의와 진리를 추구하는 예언자적 인간이었다. 평민 신앙과 예언자 신앙은 민주 정신과 평화 정신의 기초가 된다. 러일전쟁 개전 분위기가 고조되고 있을 때도 우찌무라는 러일 전쟁의 제국주의적 성격을 지적하면서 "전쟁의 이익은 강도의 이익으로 검을 가지고 국운國運의 전진을 꾀하려는 것처럼 어리석은 것이 없다"고 절대적 비전론非戰論을 주장했다.[5] 이러한 우찌무라의 예언자적 사상과 행동은 부국강병을 국시로 하여 근대적인 절대주의 국가와 자본주의 체제를 확립하려는 근대 일본을 대변하여 이윤 추구와 대의적 침략까지도 주장하며 탈아론脫亞論을 전개했던 후쿠자와福澤諭吉와 극명하게 비교되는 것으로 근대 일본 사상사에서 높이 평가되고 있다.[6]

우찌무라의 영향과 한계

인격적인 하나님 신앙을 강조했던 우찌무라는 일본의 민족적 주체성을 강조했다. 우찌무라의 사상은 마치 타원형의 두 극점과 같이 일본과 예수가 진리의 양극으로서 동시에 성립하는 두 개의 중심으로 구성되어 있어, 그중 어느 하나를 부정하면 그의 사상과 행동의 근원은 붕괴되는 것이었다.

기독교 신앙과 민족애를 긴밀히 결합시켰던 우찌무라의 신
앙은 한국의 제자들 특히 함석헌과 김교신에게 큰 감동과 영향
을 주었다. 기독교 신앙과 사회주의 사이에서 고민하던 함석헌
은 참된 신앙이 참된 애국이라는 우찌무라의 주장에서 힘을 얻
고 기독교 신앙을 삶의 노선으로 확정하게 되었다.

그러나 일본과 예수를 똑같이 사랑했던 우찌무라에게는 동
아시아의 평화와 관련해서 두 가지 사상적 한계가 있었다. 우
선 애국자였던 우찌무라는 국가주의의 한계에서 완전히 자유
롭지 못했다. 그가 비전론을 주장하면서도 '비전론자의 양심적
전사'를 말함으로써 국가 권력과의 충돌을 피했다. 우찌무라에
대해 함석헌은 청일전쟁의 초기에 이 전쟁을 의전義戰이라고 본
점, 또한 관동대지진 당시 조선인 학살에 대해 침묵한 점 등을
그의 강력한 국가주의적 애국심에서 오는 문제로 보고 우찌무
라를 계승함에 있어서 후대 사람들의 창조적 극복이 요구된다
고 했다.[7] 식민지 조선에 대해서도 우찌무라는 "영국의 스코틀
랜드와 같이 되면 좋지 않은가?"라고 말함으로써 한국의 제자
들을 실망시켰다. 우찌무라는 조선의 독립을 지지하는 데까지
는 이르지 못했다. 그가 일본의 현실은 비판했으나 일본 자체는
그에게 예언자적 비판의 틀 밖에 있었다.[8]

식민지 문제에 대한 둔감성은 그의 역사관이 서구 중심적
문명 사관으로부터 제약받고 있었던 것과 관련이 있다. 역사의
진보를 진리의 현양, "자유의 발달 이외 아무것도 아니다"라고

규정한 그의 역사관은 당시의 서구 우월주의적 담론과 연결되어 있었다.[9] 서구 문화와 정신의 우월성을 찬미하고 동아시아 문화와 정신을 멸시한 것은 후쿠자와와 다를 게 없었다.

> "역사적 인종 가운데 자유의 관념이 가장 결여되어 있는 것은 트라니안인 즉 황인종이다. 그들은 왕자 있는 것은 알아도 자기 있는 것은 모르고 복종하는 것은 알아도 자립하는 것은 모른다. ……황인종에게 왕은 만유萬有이며 백성은 허무이다. ……이들 국가는 인간의 군집체에 머물러 의사를 갖춘 개인의 조직인 유기체에 이르지 못했다. ……황인종의 다수…… 몽고인, 만주인, 그리고 조선인, 중국인 등은…… 바빌론 문명 이전의 황인종으로 역사적으로 가장 열등한 사람들이며 거의 자유의 맹아도 가지지 못한 사람들이다."[10]

우찌무라에 따르면 황인종은 사상·과학·예술 등 순수 진리를 파악할 능력이 결여된 열등 인종이다. 셈 인종이 자유를 파악하고 아리아 인종이 그 자유를 제도화하고 사회적 공유물로 만들었으며 이들에 의해 현대사가 시작되었다.[11] 우찌무라에게 중국과 더불어 조선은 퇴행적 문명의 대명사로서 그 특징은 오직 고대 문명을 현재까지 보존해 오고 있다는 점에 있을 뿐이라고 인식했다. 그는 서구의 제국주의적 식민 통치를 용인했다.[12]

우찌무라는 메이지 유신에 의해 서구와 동일한 자유·평등의 정신을 구현한 일본인의 능력을 서구에 알리려 했다. 그의 타자 인식에서도 항상 일본과 서구가 문제였다. 조선을 비롯한 아시아 인식이 결여된 서구 지향의 타자 인식이 구성되어 있는 한 그의 '두 개의 J'(Jesus/Japan)라는 사상조차도 서구 우월주의적 담론이라는 당시의 '지적知的 제국주의'의 큰 틀에 함몰될 수밖에 없었다.[13]

3. 우찌무라의 한국 제자들

우찌무라의 한국인 제자로서 끝까지 기독교 신앙을 가지고 나라를 위해 치열하게 살았던 사람은 함석헌, 김교신, 송두용이다. 함석헌은 나라를 되찾고 세우는 데 기여했다고 하여 2002년에 정부로부터 건국포장을 받았고, 김교신과 송두용은 2010년에 건국포장을 받았다. 김교신의 제자이며 함석헌의 영향을 받은 류달영은 2004년에 건국포장을 받았다. 그는 새마을운동의 전신인 국민재건운동을 이끌었고 말년에 성천문화재단을 세워서 고전 강좌를 열고 함석헌의 스승인 유영모의 정신과 사상을 알리는 데 힘썼다. 송두용은 평생 무교회 신앙에 충실했고 많은 재산을 어려운 사람들에게 나누어 주고 전도와 봉사에 힘썼다. 먼저 김교신에 대해서 간략히 말하고 함석헌을 중심으로 평화 사상을 말하려 한다.

① 김교신

김교신은 우찌무라를 일본의 예언자로 보았고 그의 '예언자적 실존'이라는 애국의 방법에 매료되었다.[14] 함석헌과 김교신을 움직인 진정한 동인은 무교회주의의 전도사가 되어 기성 교회와 대적하며 세력을 확장하는 것이 아니라 자신의 민족에 대해 예언자로서의 책임을 다해야 한다는 강렬한 사명 의식이었다.[15] 그는 "동양의 범백凡百 고난도 이 땅에 집중되었거니와 동양에서 산출하여야 할 바 무슨 고상한 사상, 동반구의 반만년의 총량을 대용광로에 다려낸 엑키스는 필연코 이 반도에서 찾아보리라" 전망했다.[16] 우찌무라가 세계를 위한 새로운 사상과 정신을 일본에서 기대했던 것을 김교신은 한국에서 기대했다.

사무라이 정신을 이어받은 우찌무라가 냉정하고 계산적인 측면이 있었다면, 김교신은 대쪽 같은 곧은 성격으로 '양칼'이라는 별호를 가지고 우찌무라의 무교회 신앙과 사상을 충실히 따라서 월간지 〈성서조선〉 발행에 집중했다. 그는 조선을 성서 위에 세우려고 했다. 그는 키가 180센티미터였고 힘이 장사였다. 정의감에 투철하면서도 사랑의 열정과 감동의 눈물을 흘리는 자였다. 김교신은 시험 시간에 부정행위를 하는 제자 옆에서 눈물을 쏟음으로써 제자들을 각성시켰다. 그는 1927~1940년 사이 양정고보에서 교사로 있었다. 1936년 올림픽에서 우승한 손기정의 마라톤 코치가 김교신이었다. 손기정은 마라톤 훈련을 할 때 김교신에게 자기가 달릴 때 차를 타고 앞서 가면서 선생님의 얼굴을 보게 해달라고 부탁했다. 존경하는 김교신의 얼굴을 보면 더 힘이 나서 잘 달릴 수 있겠다는 것이다. 그래서 김교신은 차를 타고 앞서 가면서 달리는 손기정을 보았다고 한다. 혼신의 힘을 다해 달리는 제자의 모습을 보고 안타깝게 여긴 김교신은 하염없이 눈물을 흘렸다. 손기정은 앞에서 김교신의 '눈물 흘리는 얼굴'을 보고 힘을 얻어 달렸다고 한다.

1942년 성서조선 사건으로 재판을 받을 때 검사에게 황국신민서사는 망국신민서사라고 일갈했고, 검사의 취조에서도 일본 천황도 신의 피조물에 불과하며 황국신민서사는 망국신민서사가 될 것이며, 일본이 중일전쟁을 일으킨 것은 어린애가 호랑이 탄 격으로 어차피 죽을 수밖에 없을 것이라고 분명히 대답했다고 전한다.

1년간 서대문 형무소에서 옥고를 치르던 김교신은 밑바닥 민중 체험을 했다. 일기를 포함해서 많은 글을 썼던 그가 옥고를 치른 후에는 글과 기록을 남기지 않은 것이 아쉽다. 1944년 7월, 함경남도 흥남 일본질소비료회사 입사하여 후생계장이 된 김교신은 서본궁 공장에 강제징용당한 5천 조선노무자의 복리를 위해 교육, 주택, 대우 등의 처우 개선에 진력하면서 해방을 고대하며 지냈다. 발진티푸스에 걸린 노동자들을 간호하다가 발진티푸스에 전염된 그는 해방을 앞두고 1945년 4월 25일에 죽었다. 그는 말년에 노동자와 함께 노동자를 위해 살았다. 누구보다 진실하고 사랑과 정의에 투철했으며, 민중의 풍성한 삶을 위해 민중과 함께했다는 점에서 김교신은 평화 사상가로 평가될 수 있다. 평화는 진실에 근거한 것이며, 사랑과 정의, 생명이 충만한 것을 뜻하기 때문이다.

② 함석헌

지난 100년 동안 한국의 정신과 사상을 형성하는데 영향을 끼친 인물들을 〈교수신문〉이 선정했는데 함석헌이 1위에 선정되었다.[17]

함석헌의 사상과 실천의 토대, 적어도 하나의 큰 기둥을 우찌무라가 놓아주었다. 함석헌은 1924년 가을 우찌무라의 '예레미야서 강의'를 들으며 조국을 구원할 힘은 기독교밖에 없다는 확신을 갖기에 이르렀다. 함석헌은 우찌무라의 예언자적 실존에서 조국과 기독교 신앙을 결합시킬 방법을 발견하고 이것이야말로 조국을 구원할 수 있는 길이라고 확신했다. 이 발견 앞에서 그는 "지금부터 어떠한 사태, 어떠한 변동이 있어도 신앙을 버리지 않겠다고 신 앞에 맹세했다" 전한다.[18] 함석헌은 개인으로서는 우찌무라 선생에게서 배운 것이 소중해서 일제 35년 동안의 고난을 겪은 것과 바꾸고 싶지 않다고 해방 후 일본에서 발언한 적이 있다.

그는 우찌무라가 주장한 '의뢰적 독립' 즉 신과 자신을 직접 연결함으로써 자신을 세상에 대해 자유롭고 독립한 자아로 세우는 것이 기독교의 근간이며 예언자의 기본적인 소양이라고

보았다. 이 자유·독립의 정신은 형식에 가둬질 수 없는 것으로
기독교는 근본적으로 형식이 아닌 정신이라고 보았다.[19]

함석헌에 따르면 기독교인은 예언자이며 예언자는 절대자
의 위임을 받은 사람이며 진리에 근거한 용기로써 최후 악의 근
본에까지 돌격하는 사람이다. 예언자인 기독교인에게는 눈앞의
성과에 좌우되는 나약함이 없다. 또한 예언자의 애국은 편파적
인 국수주의가 아니라 "영원의 진리, 보편적 정의"에 동포를 이
끄는 애국이다.[20]

함석헌은 식민지 백성으로서 고난을 겪으면서 아시아와 한
국의 종교·문화적 주체성을 가지고 서구의 기독교 신앙, 민주
정신, 과학 사상을 깊이 받아들였다. 그는 유교 경전과 불경, 노
자와 장자를 연구하고 가르침으로써 기독교의 진리를 더욱 깊
이 이해하고 보다 기독교 진리에 더욱 가까이 다가가게 되었다
고 말했다. 아시아의 종교와 문화를 바탕으로 서구 기독교와
문화를 받아들였다는 점에서 함석헌은 아시아의 종교와 문화
를 멸시했던 우찌무라와 구별된다. 함석헌이 동서 정신문화를
아우르는 대종합의 사상을 형성한 것은 그에 앞서 유불도와 기
독교를 회통하는 사상을 형성했던 스승 유영모에게서 받은 영
향이 컸다. 유영모와 함석헌이 식민지 백성으로서 동서를 아우
르는 대종합의 사상을 형성한 것은 국가주의의 지배와 편견에
서 벗어나 민주 정신과 평화 정신을 지녔기 때문이다. 민주 정
신 없는 국가주의와 지배 권력의 억압과 이데올로기에서 벗

어날 수 없고 평화 정신이 없으면 서로 다른 사상들을 있는 그
대로 깊이 받아들이기 어렵다.

일본에서는 도쿠가와 막부 이래 명치유신에 이르기까지 국
가권력과 지식인 엘리트가 역사와 사회를 형성하는 주도자였
고 민중은 수동적으로 따라가는 존재였다. 이와 달리 한국에서
는 조선왕조 말기의 지배 권력이 부패하고 무능했으며, 일제에
병합됨으로써 나라 없는 백성으로 살았다. 따라서 민중이 주도
하는 민주화 운동의 전통이 강력하게 형성되어 있다. 일본에서
는 국가권력이 오랜 세월 안정되어 있었기 때문에 지식인과 민
중의 훈련이 잘 이루어졌고, 한국에서는 불의하고 무능한 국가
권력에 저항하는 전통이 서 있다고 생각한다.

즉 한국은 지배 권력이 약했기 때문에 서구의 기독교와 문
화를 자유롭게 받아들일 수 있었다. 함석헌의 사상과 정신 속
에서 동양의 정신문화, 유불도의 종교 사상과 서양의 정신문화,
기독교, 민주 정신, 과학 사상이 합류하였다. 이처럼 서로 다른
종교·문화의 사상과 정신이 하나로 합류하고 공존하며 종합되
었다는 것 자체가 평화의 정신을 드러낸다. 그리고 동서고금의
서로 다른 여러 사상들이 회통하고 종합하는 일은 지배 권력과
이념의 독단과 편견에서 벗어나 민중의 심정과 처지에서 생각
할 때 비로소 가능해진다는 점에서 민주정신을 나타낸다.

함석헌의 평화사상은 일본과 중국의 외세, 남북 분단과 전
쟁, 군사독재의 폭력 속에서 형성되었다. 민중에 대한 억압과

착취의 현실에서 민중 생명을 실현하는 평화 사상을 제시한 것이다. 그의 평화 사상은 그의 생명 사상에 뿌리를 두고 있다. 함석헌에 따르면 평화는 '내'가 '나'대로 되는 것, 생명의 씨앗이 싹트고 자라고 꽃 피고 열매 맺는 것이다. 생명이 스스로 뻗어 나가고, '나'의 생명이 쑥쑥 자라고 정신을 쭉쭉 펼치는 것이 평화다.[21] 함석헌의 이러한 평화 이해는 평화를 샬롬으로 보는 성경의 평화 사상과 일치한다. 이것은 억눌린 민중의 평화 이해다.

함석헌의 평화 사상은 생명 진화의 사실에 근거를 두고 있다. 인간의 진화된 신체적 형태가 인간의 평화적 본성과 사명을 보여 준다. 사람의 입은 더 이상 서로 물고 뜯게 되어 있지 않고 손톱, 발톱도 더 이상 공격의 무기가 되지 못한다. 인간은 생각하고 말하면서 서로 돕고 협력하는 평화의 존재로 진화했다. 생각하는 이성이 인간의 본성이라면 인간은 생각과 말로 서로 대화하고 협력하면서 이치에 맞게 문제를 풀어가는 존재여야 하고, 영성이 인간의 본성이라면 자유와 사랑으로 하나 되는 공동체적 삶을 실현하는 존재가 되어야 한다. 이성과 영성이 인간의 본성이라면 인간은 평화의 본성과 사명을 가진 존재다. 사람이 사람으로 된다는 것은 평화의 본성에 따라 평화를 실현하는 것을 뜻한다.

함석헌은 평화 사상을 씨울사상으로 발전시켰다. 사람을 씨울이라고 함으로써 자연과 인간 사이의 적대 관계, 인간과 신 사이의 적대 관계를 넘어서 화해와 일치의 평화 세계를 추구했다. 씨올은 인간과 자연 생명 세계의 재통합을 나타낸다. 씨올은 영원한 신적 생명의 불씨를 나타낸다. 사람을 씨올로 파악함으로써 사람과 자연 생명의 화해와 일치를 이루고 사람 속에 영원한 신적 생명의 불씨가 있다고 함으로써 인간과 신 사이의 소통과 친교를 추구했다. 또한 본능과 지성과 영성의 대립과 분열을 극복하고, 통일된 정신에 이르려 했다.

우찌무라의 무교회 신앙이 개인과 하나님을 직결시켰듯이, 씨올사상은 씨올 하나 속에서 전체 생명을 보고 전체 생명 속에서 씨올 하나를 본다. 씨올 하나 속에 수천 년 과거의 생명이 압축되어 있고 앞으로 펼쳐질 무궁한 생명이 잠재되어 있다. 씨올은 개체이면서 속에 전체를 품고 있다. 함석헌의 씨올사상에서 전체는 하나님을 나타내기도 하고 인류 전체, 사회 전체를 나타내기도 한다. 함석헌은 개인과 인류 전체, 세계 전체를 직결시키고, 개인과 전체 사이에 있는 모든 단체, 파벌, 종파의 실체를 부정했다.[22] 모든 집단주의와 파벌주의는 자기 집단과 파벌을 위해 타자의 복종과 희생을 강요하는 폭력주의다. 국가는 전체를 표방하면서 실제로는 특정한 집단의 이해와 관심을 추구하는 집단주의와 폭력주의로 움직이는 단체이고 기관이다. 함석헌은 인류의 마지막 적은 국가주의라고 했다.

개체와 전체를 일치시킴으로써 함석헌은 '사랑의 전체주의'를 지향한다. 사랑의 전체주의는 자유와 평등이 사랑에 의해 통합되는 유기체적 공동체주의다. 사랑의 공동체 속에서는 개체 속에 전체가 들어 있으므로 '잃은 양' 한 마리 속에 100마리 양 전체가 들어 있다. 따라서 함석헌은 가령 유다가 지옥에서 이를 갈고 있는 한, 천국은 무사하지 못할 것이라고 했다.[23] 이런 유기체적 전체로서의 공동체는 사랑 속에서만 존속한다.

사랑은 약하고 부드러운 것이다. 약하고 부드러운 사랑이 나라의 토대이며, 인류 전체의 공동체적 기반이다. 따라서 함석헌은 약하고 부드러운 것이 나라의 보물이라고 했다. 더 나아가서 약하고 못남을 자각하고 의식할 때 생명은 보다 깊어지고 발전하며 사람은 더욱 사람답게 된다.

함석헌은 나라를 잃고 고난을 겪는 한민족의 역사 속에서 세계 평화의 사명과 길을 보았다. 나라를 잃고 혹독한 고난을 겪었기 때문에 국가의 한계를 넘어서 세계 평화를 추구할 수 있었다. 함석헌은 세계통일정부가 수립되기 전에 동아시아 연방의 수립을 기대했다. 함석헌은 2차 세계대전을 겪으면서 세계가 하나로 되는 길로 가고 있음을 뚫어 보았고 하나의 세계를 갈구했다. 국가주의 문명에서 세계평화 시대의 문명으로 나아가는 길목에서 살고 있음을 자각하였다. 세계평화 시대는 태평양太平洋 시대, 큰 평화 바다의 시대다. 태평양 시대의 새 문명을 낳기 위해서는 새 철학과 새 종교가 요구된다. 그의 일생은 새 철학과 새 종교를 위한 실마리를 제시하고 새 철학과 새 종교의 길을 여는 데 바쳐졌다.

함석헌은 개인이 자기를 부정하고 희생하듯이, 국가도 다른 나라를 위해 자기를 부정하고 희생할 수 있어야 한다고 보았다.[24] 자기 국가와 민족을 부정하고 희생하는 심정과 행동은 자기를 죽이고 부정하는 십자가 신앙에서 나올 수 있을 것이다. 또한 모든 것을 비워 버리고 놓아 버리는 유불도의 '없음'과 '빔'의 깨달음에서 국가와 민족을 뛰어넘어 세계평화에 이르는 길이 열릴 것이다.

3부

살림의 신학과 실천

1장

모름의 인식론과 살림의 신학
─ 관념에서 실천에로

이성 중심적인 관념의 신학적 관행을 반성하고 성경과 현실
의 삶에 충실한 신학을 모색하기 위해서 성경의 생명 중심적
언어와 사유를 밝히고 우리말의 분석을 통해서 모름의 인식
론과 살림의 신학을 위한 실마리를 제시하고자 한다.

1. 성경—생명의 책, 생명의 언어

히브리인들은 역사와 삶의 현장에서 믿고 생각하고 행동했다. 역동적인 삶의 과정에서 형성된 히브리인들의 언어와 사유는 매우 역동적이다. 언어 연구를 통해서 히브리적 사유와 그리스적 사유를 비교한 보만Thorleif Boman은 히브리적 사유가 "동적이며, 힘차고, 정열적인, 때로는 거의 폭발적인 성격"을 지녔음을 지적한다.[1] 히브리적 사유의 이러한 동적 성격은 히브리어의 성격과 일치한다. 보만은 히브리어의 특징을 두 가지로 제시한다. 첫째, 히브리어 동사들에는 시칭형식들時稱形式, Tempusformen이 나타나지 않는다. 둘째, 그리스 유럽어의 존재에 해당하는 히브리어 동사는 '하야'haya인데 '하야'는 "'있음'이 아니라 '됨', '일어남', '출현함' 등으로 번역되었다."[2]

히브리어는 문장도 동사 중심의 구조로 되었고, 과거완료시제가 없고 현재를 중심으로 완료와 미완료시제만 있다. 과거는 현재와 관련된 과거였다. 현재를 중심으로 일이나 행위가 끝났는가, 이어지는가의 구별만 있었다. 히브리 동사들의 기본 의미는 "언제나 움직임 혹은 작용作用을 표현한다."[3] 정지 상태를 나타낼 경우에도 움직임을 나타내는 동사에 의해서 표현된다.[4] 운동만을 나타내는 히브리어 동사들의 성격은 현대 물리학과 일치한다. 현대 물리학에서도 "운동만이 실재성"이고 "정지 상태는 운동=0, 즉 무無이다."[5] 존재를 '됨', '일어남', '출현함'으로 파악한 것도 히브리인들이 삶의 시간성과 운동성에 충실한 것을 나타낸다.

히브리어 동사의 시제가 매우 단순한 것은 그리스·라틴·유럽 언어들에서 동사의 시칭이 매우 복잡하게 발전된 것과 대조된다. 그리스어와 라틴어 동사의 시칭이 과거, 현재, 미래로 구분되고 다시 대과거, 완료, 미래완료로 구분되는 것은 시간의 공간화를 뜻하며, 역사와 삶을 기하학적 공간으로 환원시키는 것을 의미한다. 공간을 시간보다 존중했던 그리스인들의 시간 이해와 존재 이해는 삶과 역사를 고정불변한 실체와 본질, 개념과 법칙으로 공간화하고 고정시키는 것을 뜻한다. 이것은 과학을 위해서는 유용하지만 삶과 현실을 왜곡하고 관념화한다. 현실을 주로 시간으로 체험한 히브리인들은 삶과 현실을 생성과 변화의 시간 속에서 보기 때문에 이들의 언어는 삶과 역사의 동적 성격을 그대로 반영하며, 이들의 존재 이해는 "기능적이고 인격적"[6]이며 이들의 사유는 "인간의 의식 속에서 방향이 설정된 사유"이며, "종교와 윤리에 아주 적합하다".[7] 인간의 의식과 인격은 삶과 역사의 주체인 '나'를 나타낸다.

히브리어는 행동적·사건적 언어였고, 히브리 신앙은 역사와 삶 속에서 해방을 갈구하는 희망과 기다림의 신앙이고 약속과 성취의 종교였다.

예수 시대의 이스라엘 백성은 제국의 억압과 수탈 속에서 가난과 질병을 지고 살았다. 예수는 치병과 밥상 공동체 운동을 일으켰다. 로마의 식민 통치 아래서 굶주림과 질병 속에 살았던 이스라엘 백성을 위해 예수가 벌인 하나님 나라 운동의 실천적 핵심 내용은 치병 기적과 개방적인 공동 식사였다.[8]

예수는 치병과 공동 식사뿐 아니라 죄의 용서와 회개를 통해서 사람들의 마음을 새롭게 하는 일에 힘썼다. "하나님 나라가 가까이 왔으니 회개하고 복음을 믿어라"(막 1:15)는 구절은 예수 사역의 내용을 압축해서 표현한 것인데 회개와 복음이 하나님 나라 운동의 중심에 있음을 말해준다. 하나님 나라는 하나님이 다스리는 나라다. 하나님의 임재와 능력 속에서 삶의 변화가 일어난다. 회개는 죄와 악에 매인 낡은 삶에서 벗어나 새 사람이 되어 정의와 사랑과 평화의 새로운 삶에로 옮겨 가는 것이며, 예수의 하나님 나라 복음은 새 사람의 새로운 삶에 대한 기쁜 소식이다. 하나님과 사람 사이, 사람과 사람 사이를 소통시켜 하나로 통하게 하는 공동체적 삶이 새롭게 시작되고 있다는 기쁜 소식을 예수는 가난한 민중에게 전하였다. 예수의 하나님 나라 운동은 이러한 공동체적 삶을 전파하고 실현하는 운동이었다. 예수의 하나님 나라 운동은 회개하고 서로 용서하며 병을 고치고 함께 밥상 잔치를 벌이는 방식으로 전개되었다. 예수 운동은 용서와 은총의 말씀 사건, 병을 고치는 사건, 평등 공동체적 밥상 잔치가 함께 어우러진 생명 회복 운동이었다. 그것은 가난하고 병든 자들의 고통을 함께 짊어지고 새 하늘, 새 땅의 새로운 세상을 열어 가는 하늘나라 운동, 생명 나눔 운동이었다.

마가복음 3장 1절 이하를 보면 "손이 오그라든 사람"을 둘러싸고 생명을 살리는 예수와 생명을 정죄하고 죽이는 바리사이파가 대조된다. 바리사이파는 율법을 위반했는가에 초점을 두고, 생명을 살리는 예수를 정죄하고 죽이는 데 열정과 관심을 가지고 있다. 병든 사람이나 예수에 대해서는 구경꾼으로 머물렀다. 옳고 그름, 죄와 의를 삶 속에서 보지 않고 율법과 교리에 비추어 자신들의 율법 이해와 종교 의식, 종교 관념과 가치관에 따라 판단하려 했다. 이에 반해 예수는 가난한 민중의 삶 속으로 들어가서 죽어 가는 삶을 살리려고 했다. "살리는 것이 옳으냐 죽이는 것이 옳으냐? 착한 일을 하는 것이 옳으냐 악한 일을 하는 것이 옳으냐?"고 예수는 묻는다. 살리는 것이 착한 일이고 옳은 일이며, 삶을 실현하고 완성하는 것이다. 생명을 살리는 것이 자연 생명 세계와 우주의 법도와 이치에 맞고 하나님의 뜻에 따르는 것이다. 바리사이파는 선과 의를 추구한다면서 결국 죽이는 일, 악한 일, 하나님의 뜻을 거스르는 일을 일삼는다.

사도행전 2장 43절 이하와 4장 32절 이하에 서술된 초대 교회의 공동 생활은 생명 잔치이며 밥상 공동체다. 믿음만으로 의롭다 함을 받는 은총의 선언(복음)과 조건 없는 사귐을 여는 밥상 공동체는 일치한다. 믿음과 용서의 복음은 조건 없는 공동체적 사귐의 전제. 믿음과 행위를 분리하는 것은 성경에서는 있을 수 없다. 율법을 충족시키는 행위가 구원의 조건이 될 수 없고 오직 믿음만으로 구원받는다는 것은 온갖 속박과 조건에서 벗어난 삶의 자유와 존귀를 선언한 것이며 이기적인 자아의 감옥으로부터 벗어나 서로 살림에로의 해방을 선언한 것이다.

성경은 생명의 책이다. 성경은 죄와 죽음에서 생명을 구원하는 하나님과 인간의 이야기로 가득 차 있다. 성경의 이야기들에서 삶의 아픔과 절실한 염원이 드러나고 참된 삶의 아름답고 온전한 실상이 드러난다. 삶의 가장 고통스럽고 절실한 상황에서 하나님을 부르고 만나고 하나님과 함께 자유롭고 정의로운 삶을 이루어 가는 역사가 성경에 기록되어 있다. 가장 치열하고 진실하고 간절한 삶, 죽음과 절망에서 참된 생명과 희망에로 나가는 삶의 과정이 생생하게 드러나 있다. 함석헌이 말하는 대로 "참 삶의 모습이 보고 싶은" 사람은 "지금도 살아 진동하는 생명의 화산인 성경을 찾아 올라가면" 참 삶의 모습을 보게 될 것이다.[9] 참된 생명이 분출하는 활화산과 같은 성경의 생명 사건을 드러내는 일이 오늘 신학의 과제다.

그런데 기존의 서구 신학은 성경의 역동적이고 생명적인 사유와 언어에서 벗어나 그리스의 관념적이고 실체론적인 사유와 어법에 매이게 되었다. 페터 아이허Peter Eicher는 신학Theologie이란 말 자체가 성경의 말이 아니며, 기독교의 신학이 그리스의 정신과 철학의 맥락에서 생겨났음을 밝혔다.[10] 서구의 기독교 신학은 그리스의 철학과 결합됨으로써 그리스 철학의 관념과 실체에 근거한 교리 논쟁과 사변에 사로잡혔고, 국가 권력과 결탁됨으로써 교권과 제도에 매여 복음의 생명력과 실천력을 잃었다. 따라서 서구 신학은 삶과 유리된 신학이 되었다. 이성 중심의 신학, 로고스 중심의 이론과 해석을 추구하는 신학, 교권과 체제 유지를 위한 신학이 되었다. 그리스에서 인간 본성의 원리이면서 우주의 존재와 생성의 원리였던 로고스가 중세에는 인간 본성의 원리였고, 근대에는 비판적 계몽의 원리였다. 로고스 개념이 협소해짐에 따라 신학도 우주 자연과 인간 본성을 논하는 신학에서 성경과 신앙에 대한 합리적이고 비판적인 이론 신학으로 전락했다. 오늘날 한국의 신학도 이러한 교리 신학, 이성 중심의 지식과 논리를 탐구하는 신학, 서구의 이론을 해석하고 소개하는 신학에 머무는 경향이 있다.

이것은 하나님께 복종하는 신학이 아니라 교권과 제도와 권력에 복종하고 길들이는 신학이다. 이것은 '나'를 죽이는 신학이며 '너'에게 이르는 길을 가로막는 신학이다. 삶의 현장과 유리된 신학이고, 삶의 현장에 이르는 길을 차단하는 신학이다.

신학을 하면 할수록 삶의 현장에서 멀어지고 '나'는 사라진다. 사변과 지식을 추구하는 신학에서 삶과 실천에로 나가는 신학이 되어야 한다. 교리와 교권, 관념과 이데올로기, 편견과 욕망과 사나운 감정에서 벗어나 생명을 살리는 살림의 신학, 믿음과 복종에 이르는 말씀과 영의 신학, 생명 나눔과 생명 잔치를 실행하는 삶과 행동의 신학이 되어야 한다.

오늘 신학은 성경의 생명적이고 역동적인 사유와 언어를 회복할 필요가 있다. 삶과 믿음의 언어와 사유, 삶을 소통시키고 생성시키는 말씀과 영감의 언어와 사유를 회복해야 한다.

2. '나'를 찾는 신학

　모든 생명체에게는 스스로 하는 '나'가 있다. 삶의 주체인 '나'는 이성의 언어와 개념, 논리와 법칙으로 해명될 수 없는 깊이를 지니고 있다. 생명을 생물학이나 심리학의 차원에서 접근하면 개념과 논리와 법칙으로 설명할 수 있지만 생명의 물질적·심리적 인과관계를 밝힐 뿐 생명의 주체인 '나'를 주체로 드러낼 수 없다. 성경은 인간의 생명을 인격적 주체, 영혼으로 드러내고 하나님을 창조자적 주체로 드러낸다. 성경은 '나'를 찾고 발견하는 자리다.

　'나'를 잃은 삶, '나'가 없는 삶은 죽은 삶이다. 생명신학은 '나'를 찾고 살리는 신학이 되어야 한다. 인간이 죄를 짓고 타락했다는 것은 '나'를 잃고 영혼이 죽었다는 것을 뜻한다. 성경에서는 인간이 선악과를 따먹고 타락하여 생명 동산에서 쫓겨났다고 말한다. 하나님처럼 모든 존재와 삶의 중심과 꼭대기가 되려는 욕심을 가지고 선악과를 따먹은 인류는 삶의 중심에서 쫓겨났고 '나'를 잃고 저주와 죽음의 나락에로 빠졌다.

왜 선악과를 따먹은 인간이 '나'를 잃고 죽음의 나락에 빠졌나? '나'는 물건과 일, 물질과 몸의 주인이고 주체다. 본래 선악의 지식은 생명의 주체인 '나'를 새롭게 하고 선하고 아름답고 참되게 하고 고양시키고 향상시키기 위해 있는 것이다. 인간이 하나님의 명령을 어기고 선악과를 따먹었다는 것은 선악을 분별하는 지식을 하나님의 자리에서 하나님 중심으로, 다시 말해 생명 전체의 자리에서 공적으로 쓰지 않게 되었다는 것을 뜻한다. 인간이 자신을 위해 선악과를 따 먹은 것은 선악의 지식을 자기중심적으로 사사롭게 몸의 본능을 충족시키고 물질적 이익을 얻기 위해 쓴다는 것을 의미한다. 선악의 지식을 이기적으로 사용하면 선악을 알게 하는 지식이 '나'를 물질과 몸에 대한 욕망과 집착에 빠지게 한다. 물질의 주인인 영혼이 물질의 종이 되면 영혼은 죽는다. 선악의 지식에 사로잡힌 인간의 세상은 서로 죽이는 지옥이 되었다.

사람이 선악과를 따 먹었다는 것은 삶의 선악, 좋고 나쁨에 대한 지식(관념)을 이기적으로 자기중심적으로 왜곡했다는 것을 뜻한다. '나'의 욕심과 편견이 선악의 지식과 결합되면, 선과 악, 좋음과 나쁨에 대한 지식(앎)이 왜곡된다. 선악에 대한 왜곡된 지식에 사로잡히면 우리는 삶의 중심에서 벗어나 자신의 왜곡된 지식과 관념에 빠진다. 왜곡된 지식과 관념에 빠진 사람은 선과 악을, 삶의 좋고 나쁨을 있는 그대로 보고 느끼지 못한다. 욕망과 집착, 왜곡된 지식에 사로잡힌 '내'가 보고 싶은 대로 보고, 느끼고 싶은 대로 느낀다. 따라서 삶에 대한 모든 지식과 판단, 생각과 느낌에는 '나'의 편견과 욕심이 들어 있다. 편견과 욕심은 '나'를 물질에 예속시키며 편견과 욕심에 물든 지식과 감정은 삶을 왜곡하고 평면화시킨다. 왜곡된 지식과 감정을 가진 사람은 삶을 있는 그대로 깊이에서 주체로 보지 못하고 옹글게 전체로 보지 못한다. 선악과를 따먹은 아담과 하와가 에덴동산에서 쫓겨났듯이, 선과 악에 대한 왜곡된 지식과 관념에 사로잡힌 사람은 삶의 중심과 깊이를 잃고 물질적 이해관계와 다툼 속에 빠진다.

삶을 이기적으로 왜곡하는 지식은 다툼의 원인이 된다. 모든 갈등과 투쟁과 문제는 편견과 욕심에 물든 지식과 사상에서 나온다. 욕심과 편견의 지식과 생각에 사로잡히면 삶의 중심, 개인적 삶의 중심인 '나'와 공동체의 중심인 '공公'을 잃어버린다. 삶의 지혜와 힘을 잃고 산다. 선악에 대한 공적 지식이 '나'의 사유私有가 되고, '나'는 다시 지식의 노예가 된다. '나'는 삶의 중심과 주체가 되어야 하는데, 인격적 관계와 사귐의 주체가 되어야 하는데, 편견과 욕심에 물든 지식과 감정과 생각의 노예가 되어 삶의 중심과 주체에서 벗어나게 되었다. 선과 악의 왜곡된 지식과 판단에 사로잡힌 사람은 스스로 하는 자유와 인격의 주체, '나'를 잃는다. 그런 사람은 나 없는 삶을 살고 물질 세상의 주인이 아니라 종노릇하는 종살이를 한다. 선악의 왜곡된 지식과 판단을 가진 사람은 하나님을 떠나 '참 나'를 잃고 종살이를 한다. 하나님 안에서 하나님 앞에서만 삶의 주체인 '나'를 찾고, 참된 주체와 참된 전체인 하나님의 마음으로 선악을 분별하고 삶의 중심과 깊이에서 공동체적 사귐을 열어 갈 수 있다.

성경은 삶의 참된 주체인 '나'를 찾는 책이다. 모든 생명은 자발적 주체, 스스로 하는 주체로서의 '나'를 가진다. 나 없는 삶은 죽은 삶이다. 죄와 죽음에서 벗어나려면 먼저 나를 찾아야 한다.

이집트에서 종살이하는 히브리인들의 삶은 나를 잃은 삶, 나 없는 삶이었다. 모세가 하나님의 부름을 받고 하나님의 이름을 물었을 때 하나님은 "나는 나다"(에흐예에흐예)라고 했다. 하나님 야훼의 이름말은 "나는 나대로 있는 이", "나는 하고자 하는 대로 하는 이", "나는 되고자 하는 대로 되는 이", "만물을 창조하는 이"로 번역될 수 있다.[1] 이것은 역사와 우주의 주체 선언이다. 하나님은 삶과 역사의 현장에서 주체를 선언했다. 삶과 역사의 참된 '나'이신 하나님은 우리의 '나'를 세워 준다.

예수는 "나는 길이요, 진리요, 생명이다"라고 했다. 예수가 흔히 쓰는 말 "에고…… 에이미"(나는…… 이다)는 "나는 나다"라는 신 이름을 가리킨다. 예수는 '너'에게서 '나'를 본 이다. 너와 나를 하나로 본 이다. 예수는 너와 나의 만남의 사건이며

'너'에게 이르는 길이다.

바리사이파의 율법 지식은 자신을 정당화하고 남(민중)을 정죄했으나 예수의 치병 행위는 자신을 감추고 민중(의 나)을 세우고 빛나게 하고 힘 있게 했다. 예수는 병든 이를 고치고 나서 치병 행위를 비밀로 하도록 당부하고 병든 이를 고향으로 돌려보내거나 제사장에게 가서 병이 나은 것을 확인하게 했다. 예수는 자신이 치병 기적을 통해서 영광받기를 원하지 않고, 자신은 숨고 병든 이는 힘차게 우뚝 서기를 바랐다. 예수는 모든 사람의 '나'를 세우고 섬기는 종이 되었다.

예수는 상처받은 이의 마음을 덮어 주고 싸매 주고 받아 주었다. 예수는 용서를 선언하고 치병과 밥상 공동체 운동을 벌였다. 치병은 너와 나의 공명과 일치와 사귐에서 일어나는 기적이다. 너를 빛나게 하는, 힘 있게 하는 일이다. 밥상 공동체는 서로 섬기고 살리는 운동이다. 서로 주고 서로 먹이고 살리는 상생과 공존의 사귐이다.

3. 모름의 인식론과 실천

관념론적 교리 신학으로는 성경의 생명 사건과 오늘의 삶을 인식할 수도 없고, '나'를 살리고 공동체적인 생명 나눔의 사건을 일으킬 수 없다. 서구적인 인식론과 방법론으로는 체험적이고 실천적인 생명신학을 하기 어렵다. 인간의 탐욕과 망상으로 가득 찬 선악과의 지식에서 그리고 오만한 독단과 편견이 지배하는 율법 지식과 행위에서 벗어나 생명을 살리고 생명을 나누는 예수의 복음과 실천에 참여하는 신학을 모색하기 위해서, 생명 친화적인 생명 이해와 실천을 가능케 하는 한국적이고 동양적인 신학 방법론으로서 '모름의 인식론'을 제안하고자 한다.

모름의 인식론은 카를 바르트의 신앙 유비와 신 인식론, 디트리히 본회퍼의 선악과 해석과 믿음과 복종에 대한 이론을 전제한다. 카를 바르트는 이성과 문화에 기초한 자유주의 신학을 비판하고 성경의 생명과 신적 주권의 세계를 발견했다. 성경의

세계는 인간이성이나 노력으로 이를 수 없는 하나님의 창조자
적 주권의 세계이다. 카를 바르트는 성경에서 새롭게 하나님의
창조자적 주체성을 발견한 신학자였다. 바르트는 하나님의 창
조자적 주권과 자유를 침해하고 간섭하려는 모든 노력을 불신
앙과 죄로 규정했고 하나님의 주권과 자유가 드러나게 하려고
했다. 하나님의 주권과 자유가 생명과 역사, 정신과 자연, 사회
와 우주의 창조적 근원이고 토대이다. 인간의 주체성과 자유는
하나님의 주체성과 자유에서만 창조되고 형성되고 새로워진다.

바르트의 신앙 유비와 신 인식론의 핵심은 인간의 이성과
노력으로 하나님을 인식할 수 없으며, 하나님이 스스로 자신을
알리는 말씀(계시)에 근거해서 하나님을 알 수 있는 길이 열린
다는 것이다. 인간은 하나님을 직접 알 수 없다. 다만 하나님의
말씀을 믿음으로써 하나님을 알 수 있는 길이 열린다.

바르트의 이런 신 인식론은 소아시아 동방정교회 교부들
과 신플라톤주의자 플로티누스학파의 불가해론적 신학apophatic
theology과 통한다. 하나님은 초월적 절대자이므로 인간 이성의
개념과 논리로는 알 수 없다는 것이다. 하나님에 대해서 직접적
인 진술을 할 수 없고, 소극적이고 부정적인 방식으로만 말할
수 있다는 것이다. 바르트의 신학에서는 인간이 하나님에 대해
서 알 수 없다는 인식, 인간이 근본적으로 하나님을 모른다는
자세가 전제된다.

3부 살림의 신학과 실천

모름의 인식론

　　동양적 학문의 방법과 내용인 가르침과 깨달음은 몸과 인격적 주체의 참여를 전제한다. 객관적인 지식과 정보로서의 앎만을 얻는 것이라면 인격적 참여와 깨달음이 필요 없다. 인격적 참여와 깨달음은 '모름'을 전제한다. 생명과 물질의 세계는 이성의 빛이나 물질의 빛으로는 다 헤아릴 수 없는 깊이와 신비의 차원을 지닌다. 생명은 '스스로 하는' 자유롭고 자발적인 주체를 가지고 물질은 고유한 존재의 깊이를 지녔기 때문에 밖에서는 다 알 수 없고 규명할 수 없는 모름의 차원이 남는다. 이성과 개념의 인식은 이 알 수 없는 모름의 차원을 훼손하지 않고 지킴으로써만 생명과 물질의 내용과 성격을 밝힐 수 있다. 모름지기는 '반드시', '꼭'을 뜻하는데 유영모는 '모름직이'(모름을 지킴)로 풀이한다. 절대와 초월의 궁극적인 세계와 삶의 미묘한 세계는 논리와 개념으로, 생각과 감각으로 알 수 없는 세계다. 알 수 없는 모름의 세계에서만 '반드시', '꼭'이 성립된다. 생성소멸하고 늘 변화무쌍한 상대 세계에서는 '반드시', '꼭'이라고 말할 수 없다. '모름의 세계'를 지킬 때 '반드시', '꼭'이란 말을 쓸 수 있다. 모름을 지킬 때 삶과 사물의 본질적 깊이와 궁극적 차원을 드러낼 수 있다.

　　서구 주류 철학사에서 플라톤과 아리스토텔레스, 데카르트와 베이컨, 칸트와 헤겔, 마르크스와 하버마스에 이르기까지 인간 이성의 인식능력에 대한 신뢰는 일관성 있게 견지되었다. 그러나 한국을 비롯해서 아시아와 동양에서는 존재와 사물의 본성과 본질의 진리에 대한 깨달음을 강조했다. 깨달음은 사물과 존재의 본성과 본질에서 나온 빛이 인간의 인식 능력을 일깨움으로써 인간의 부족한 인식 능력이 참된 앎에 이르게 되는 것이다. 생명과 존재의 진리와 도를 깨달음은 생명과 존재의 진리와 도가 드러나서 알게 되는 것이다. 여기서 인식 대상이 대상으로 머물지 않고 인식 활동을 일으키는 주체가 됨을 알 수 있고, 인식 대상에 대한 인식 주체의 겸허한 자세와 신뢰를 볼 수 있다.

다른 나라 말들에서는 '안다'는 말 앞에 부정사를 써서 알고 있지 않음을 나타낸다. 영어는 'know', 'don't know'라고 한다. 영어를 비롯한 서구 언어가 다 그렇고 중국어와 일본어도 그렇다.

그런데 왜 우리는 '안다', '안 안다'고 하지 않고, '안다', '모른다'고 할까? '모른다'는 '못 안다'에서 온 말이다. '모름'은 '못-앎'에서 온 것으로 생각된다. 《우리말 語源辭典》에서는 '모르다'의 어원을 '몯[不能]+ᄋ[매개모음]+다[어미]'로 보기도 한다.[12] '모른다'는 말에는 "능력이 없거나 미치지 못한다"는 뜻이 담겨 있다. 어원적으로 '모름'이 '못 앎'에서 오지 않았다 해도 '모름'에 인식능력이 없거나 미치지 못한다는 뜻이 담겨 있다면 '모름'은 '못 앎'을 뜻한다. '못-앎'은 '안-앎'과는 다르다. '못'은 능력이나 형편이 미치지 못한 것을 나타내고 '안'은 사실에 대한 부정을 나타내거나 말하는 이의 의지를 드러낸다.

인식 능력이 미치지 못하는 존재와 생명 세계에 대한 겸손한 인정과 접근 태도가 모름이란 말에 담겨 있다. 앎의 세계와 알고 있지 않은 세계를 지배하고 통제하는 자세와 태도가 아니라 나의 인식 능력이 미치지 못하는 모름의 세계를 긍정하고 존중하는 자세가 '모름'이라는 말에 드러나 있다. 모름은 인식 능력이 미치지 않는 차원의 세계가 내게 알려 주기를 기대하고 기다리는 자세를 나타낸다. 모름을 모르는 대로 두어 두고 모르는 대상이 알려지기를 기다린다는 것은 모르는 대상을 맹목적으로 수용하는 것은 아니다. '모름'을 지키는 것은 나의 인식 능력과 주체의 한계를 인정한다는 것이지 인식 능력과 인식 주체를 포기하거나 부정하는 것은 아니다. '내가 알지 못하는' 대상에게 모르는 것을 물으면서 모르는 대상이 스스로 알려 주기를 기다리는 것이고 '나' 자신이 깨달아 알게 되기를 기다리는 것이다. 지금 능력이 미치지 못해서 알지 못하지만 '알고 싶다'. '알고 싶은 데 모른다'는 뜻이 담겨 있다. '모름'은 인식 대상에 대한 존중과 경이를 내포하고, 모르는 것에 대한 알고 싶은 의욕과 의지를 담고 있다. 이것은 '모름의 세계'에 대한 구도자적 탐구의 자세를 포기하지 않으나 모르는 대상에 대한 인식론적 왜곡과 폭력을 피하는 주의 깊은 태도이다.

'가르침'과 '깨달음'을 전제하는 이러한 '모름'의 인식론에는

'모르는 것'이 알려질 수 있다는 낙관적 신념이 들어 있다. 지금 모르지만 알 수 있는 가능성이 닫혀 있지 않다. 지금 인식 능력이 부족하고 미치지 못하지만 알 수 있다는 신념과 알고 싶은 의욕이 깔려 있다. 인식 주체의 인식 능력이 늘어나고 커질 수 있으며, 인식 대상이 스스로를 드러내고 알릴 수 있다. 모름의 인식론에서는 인식 대상이 인식 행위와 과정에서 주도적인 구실을 한다.[13] 이런 인식 관계 속에서는 인식 대상도 수동적이고 닫힌 존재가 아니라 능동적이고 주체적으로 인식 행위와 인식 사건에 참여한다. 인식 대상이 인식 주체로 하여금 눈을 떠서 새로운 차원을 보도록 일깨우고 자극하고 영감을 준다. 모름에 대한 깨달음을 추구하는 인식 주체도 모름의 차원과 세계를 인식하고 받아들일 수 있도록 스스로를 새롭게 변화시킨다. 단순한 정보information를 추구하지 않고 모름의 세계를 깨달으려는 사람은 스스로를 변형transformation시켜야 한다. 질적으로 새로운 차원의 앎에 이르기 위해서는 기존의 인식 방식과 관점과 관념을 변형시켜야 한다.

이미 '깨달음'이란 말 속에도 이런 인식론적 의미가 담겨 있는 것 같다. 서정범은 '깨'의 조어형組語形 '걷'은 눈을 나타내는 말이고 '닫'(=돋)은 '언어, 뜻'을 나타내는 말이라고 보았다. 그에 따르면 깨닫는 것은 "정신적이며 언어적인 인식"이며, "참뜻을 아는 것"이다.[14] 서정범의 어원 풀이에 따르면 '깨'는 객관적 인식 대상에 대한 시각적 인식이고 '닫'은 인식 대상의 뜻을 나타낸다. 깨달음은 '눈'으로 인식 대상의 '뜻', 내적 의미와 존재를 보는 것이다. 여기서 인식 주체의 몸과 정신이 하나로 되고, 인식 주체와 인식 대상이 하나로 된다.

김민수가 펴낸 어원사전은 '깨'를 "참깨, 들깨의 총칭"으로 보고, '깨다'의 첫째 의미를 "잠, 꿈, 술기운이 사라져 정신이 맑아지다", 둘째 의미를 "조각이 나게 하다"로 풀이한다. 그리고 '깨닫다'의 어원을 '씨覺+돋走+다'로 보고 "생각하고 궁리하여 알게 되다", "어떤 경지에 이르다"를 뜻한다고 보았다.[15] 그리고 '깨닫다'의 의미를 '깨다'의 첫째 의미와 연결 짓고 있다.[16] 깨닫는 것은 인식 주체의 인식이 무지와 편견의 어둠을 뚫고 분명한 앎에 이르는 것이다.

여기서 깨닫는 것을 '깨다'의 둘째 의미 '조각이 나게 하다'로 생각할 수 있다. 깨닫는 것은 깨지고 조각나는 것이다. 그런데 깨지는 것은 인식 주체의 무지와 편견이지 인식 대상의 존재와 본질이 아니다. 인식 주체의 자아가 아주 작은 깨알처럼 깨질 때 인식 대상의 알짬(내적 존재 구조와 본질)이 드러나서 알게 된다.

깨달음은 깨지고 깨어나서 인식 대상의 알짬에로 '내닫는'(달리는, 走) 것이다. '깨져서 깨어나면' 인식 주체와 인식 대상의 '다름'을 넘어, '다름'을 뚫고 깨트려서, '인식 주체의 알짬'과 '인식 대상의 알짬'이 소통한다. 인식 주체와 인식 대상 사이에 생명의 빛이 난다. 유영모는 "……말씀은 빛나는 거야. 빛 날려면

깨야지, 깨져야지, 죽어야지"라고 했다. 삶의 빛이 나려면 깨어
나야 하고 깨어나려면 "낡은 자아가 깨져야 한다".[17] 인식 주체
가 깨지고 깨어나면 앎의 빛이 나고 인식 주체와 인식 대상이
서로 주체가 되어 하나로 살아나면 삶의 빛이 난다.

학문성의 기준—삶에 대한 감수성, 참여와 상상력

생명신학은 삶과의 교감과 합일 속에서 삶을 인식하고 실
현하려 한다. 이런 생명신학적 관점에서 보면, 학문성의 기준뿐
아니라 학문의 방법과 태도가 달라질 수밖에 없다. 삶의 본성
과 내용에 걸맞은 인식론과 학문 방법이 요구된다. 학문은 진리
탐구이다. 그것은 사실, 진실, 진상과 진리를 밝히고 드러내는
일이다. 겉으로 뵈는 것을 넘어서 뵈지 않는 속 알맹이를 뚫어
보고, 생명, 존재, 활동의 서로 이어진 전체적 관계와 바른 지향
성을 밝히자는 것이다. 현상적, 감각적 착각과 부분적, 단편적
편견을 넘어 깊이 뚫어 보고, 존재와 활동의 바른 방식과 길과
목적을 밝히고, 전체적 상호 관련성을 드러내는 것이다.
생명을 이해하고 드러내고 실현하려면 개념과 논리를 정확
하게 사용하는 것뿐 아니라 생명과의 공명과 감응, 교감과 일치
가 먼저 요구된다. 그리고 생명을 이해하고 표현하는 직관, 상상
력, 영감이 더욱 중요하게 된다. 생명을 생각하는 사람은 생각

을 머리만, 의식만, 뇌 세포만으로 하는 게 아니라 온몸과 맘으로 한다. 창자로, 손으로, 눈으로, 발로 생각한다.

개념과 논리만으로는 삶과 현실을 깊이 볼 수 없다. 생각과 의식이 깊고 넓어지려면 자신의 편견, 선입견, 사고의 틀이 깨져야 한다. 생명신학은 서로의 삶을 함께 느끼고 함께 생각하고 서로 주체가 되어 서로의 삶을 꽃 피우고 열매 맺는 신학이다. 따라서 생명신학은 끊임없이 애쓰고 노력하는 것일 뿐 완결된 체계에 이를 수 없다.

4. 모름지기의 신학—모름을 지킴과 살림

생명은 깊고 묘한 것이며, 하나로 이어진 것이고, 스스로 새로워지는 것이다. 깊고 하나이며 늘 새로워지는 생명은 땅에서 몸을 가지고 물질에 힘입어 살지만 속에 하늘을 품고 하늘을 그리워하고 하늘로 솟아오르는 것이다. 하늘을 품은 생명은 관념과 물질을 넘어서 하나님의 초월과 절대, 없음과 빔의 차원을 지니고 있다. 따라서 생명은 평면적인 것이 아니라 입체적인 것이며, 깊이와 높이를 지닌 신비하고 신령한 것이다.

생명을 살리고 일으키고 사귀려면 믿음과 사랑으로 생명을 대해야 한다. 믿음과 사랑은 생명의 깊이와 높이, 존귀함을 알아주고 믿어 주는 것이다. 생명의 속에, 뒤에, 옆에 하나님이 계심을 믿고 생명을 존귀하게 받들고 섬겨야 한다. 너를 다 알아봤다고 하면 너를 다 헤아려 보고 재봤다 하면 너와의 참된 사귐은 끝난 것이다. 네 속을 다 들여다봤고, 네 인격과 존재의 무

게를 안다면 사업 관계, 정치 관계는 해도 인격적 사귐은 끝난
것이다. 너 속에 하늘이 깃들어 있음을 믿고 너를 영원한 너로
존중하고 받들 때 너와 나의 사귐은 다함이 없을 것이다.

관념에서 벗어나려면, 사업적인 관계를 넘어서 서로 살리는
삶의 관계로 들어가려면 삶의 미묘하고 초월적이고 신비한 차
원, 모름의 차원을 꼭 지켜야 한다. "몰라줌이 알아줌이고, 믿
어줌이다"(함석헌). 함석헌은 늙어서도 친구인 송두용을 만날
때 서로 큰 절을 하며 "선생님, 그동안 편안하셨습니까?" 하고
인사를 한 후 이야기를 나누었다고 한다.

생명은 '하나'를 품은 것이다. 유영모는 단일허공單一虛空인
하늘의 세계는 '하나'의 세계이며, 하나의 세계는 인식론적으로
'깜깜한 세계'라 했고 '하나'에 대해서는 까막눈이라고 했다.[18]
없음과 빔, 초월과 절대의 세계는 '하나'의 세계이며, '하나'의 세
계는 모름의 세계다. '하나'인 없음과 빔의 세계에서 우리는 하
나님을 만나고 인류와 우주 생명 세계가 하나임을 알 수 있다.
모름을 지킴으로써 절대 초월의 자리에 이를 수 있다. 이성은
절대, 초월을 알 수 없다. 이성의 빛이나 물질의 빛은 절대 초월,
하나 됨의 세계를 비출 수 없다. 그것은 모름의 세계다. 모름을
지키는 것이 믿음이고 사랑이다. 모름을 지킬 때 삶이 있는 그
대로 옹글게 드러나며, 삶에 대한 바른 생각과 지식에 이르며,
바르고 힘찬 행동을 할 수 있다.

선악에 대한 이기적 지식은 사변적 가능성에 머물고 자기

정당화와 이웃에 대한 비판과 정죄, 논쟁과 분열로 이끈다. 이런 지식과 사변을 끊어 버리고 오직 믿음으로 들어갈 때, 살림의 행동에 이를 수 있다. 선악에 대한 지식과 바리사이파의 율법 지식은 하나님(의 말씀과 뜻)에서 분리되는 것을 뜻하며, 자기 자신 및 이웃과의 분열에 빠진다. 바리사이파의 율법 행위는 하나님에게서의 분리, 자신과 이웃과의 분열을 나타낼 뿐이다.[19] 선악에 대한 지식은 인간을 지식과 관념의 사변적·감정적 가능성에로 이끌며, 믿음은 하나님의 말씀과 뜻에 대한 단순한 복종, 현실적인 삶의 행동에로 이끈다.[20] 본회퍼도 오직 행위에서만 삶의 자유가 있다고 한다. "가능성에서 동요하지 말고, 현실적인 것을 담대히 붙잡으라. 사고의 세계로 도피하는 것이 아니라, 오직 행위에만 자유가 존재한다."[21]

오직 모를 뿐, 오직 할 뿐─숭산의 선불교

"오직 믿고 복종하라"는 본회퍼의 신학은 개신교 신학의 핵심이며 한국 선불교의 가르침과 통한다. 미국과 유럽에 한국 선불교를 널리 펼친 숭산 스님의 가르침은 "오직 모를 뿐, 오직 행할 뿐"으로 압축된다. 앎은 잘못된 것이고, 말함은 그릇된 것이고 생각하는 것도 참된 삶에서 벗어난 것이다. 앎, 말, 생각은 욕심과 편견에 깊이 물들어 있기 때문이다. 그래서 앎, 말, 생각은 진실한 삶에서 벗어난 것이고 어긋난 것이다. '나'의 마음이 욕심과 편견에서 벗어나 맑은 거울처럼 깨끗해지고 텅 비어서 아무 걸림이 없을 때 세상을 보이는 대로 보고 들리는 대로 듣게 된다. "보이는 대로 보고 들리는 대로 듣는 경지"가 바로 깨달음의 경지이며 이 경지에 이르면, "우주와 나는 하나로 되는 것"이다.[22]

삶과 나 자신에게 충실하자면 모름을 지키고 그저 행할 뿐이다. 모름을 지킬 때만 '나'에게 이를 수 있고 삶에로 들어갈 수 있고 삶 속에서 행동할 수 있다. 의심 덩어리인 화두를 붙잡고, 오직 모를 뿐인 마음만을 지키고 나가면 언젠가는 미묘하고 깊은 삶의 세계, '진공묘유眞空妙有의 세계가 열린다. 이것이 하나님과 함께 있는 삶의 차원이고, 너와 내가 하나로 되는 것이고, 너도 살고 나도 사는 상생의 세계다. 이것이 그릇된 관념과 감정에 휘둘리지 않는, 믿음과 사랑으로 열리는 삶의 깊은 세계다.

숭산의 선불교는 기독교인에게 부족한 몸 공부와 마음공부의 자세와 방법을 가르쳐 준다. 기독교인은 자신의 신앙에 충실하면서도 선불교에서 몸 공부와 마음공부를 배울 수 있다.

선불교에서 강조하는 '모름'은 매우 한국적이면서 동양적이다. '모름'은 서구 학문 전통에 빠진 신학이 한국 생명신학이 되기 위해서 배우고 익혀야 할 중요한 개념이며 '모름'에는 한국적인 인식론적 방법과 자세가 담겨 있다.

이렇게 모름을 강조하는 것은 이성과 앎을 강조하는 서구의 인식론적 원칙과 경향과 대조된다. 소크라테스는 나에 대한 무지, 모름에서 앎으로 나아갔다. 너 자신을 알라고 한다. 소크라테스, 플라톤, 데카르트, 헤겔, 피오렌자는 이성에 대한 신뢰 속에서 진실을 탐구한다. 피오렌자의 의심의 해석학은 이성의 이념적 가치 판단에 비추어 성경의 본문에 대한 불신과 의혹을 가지고 성경의 본문을 해체한다. 인식 주체인 나의 이성으로 인식 대상인 성경을 깬다. 이념과 이데올로기에 근거해서 성경의 본문을 해체한다. 여기서는 이념과 이성이 지배한다.

이렇게 인식 주체가 인식 대상을 깨트리는 것은 모름과 깨달음이 시사하는 한국적 인식론에서 인식 주체의 깨어짐이 강조되는 것과는 대조된다. 인식 대상을 해체하고 깨트리는 서구의 인식론은 인식 대상을 왜곡하는 관념과 말을 부정하는 선불교의 인식론과도 대조된다. 선불교에서는 비이성적인 역설과 모순, 의미 없는 화두를 가지고 나의 이성적 편견과 망상, 관념과 집착을 깨고, 나의 주장과 가치 판단을 중지시키고, '나' 자신에게로, 삶의 현실로 간다.[23]

모름을 지키는 것이 관념과 망상과 감정에서 벗어나는 것이고 오직 행하는 것이 삶의 현실로 들어가는 것이다. 이성과 관념의 평면을 넘어 초월적이고 미묘한 생명 세계로 들어간다. 모름을 지킨다는 것은 무엇을 뜻하는가? 모든 관념과 생각을 끊고 놓아 버리는 것이다. 숭산은 모든 생각과 관념을 "놓아 버리라!" 한다. "모든 조건과 상황, 미움과 분노, 집착을 놓아 버리라. 그러면 자유로운 삶이 나온다. 놓으면 참 마음 드러나고 나를 믿을 수 있고, 마음 맑아져 삶의 진상 드러난다. 알고 모르고 옳고 그르고 떠나서 허공같이 맑고 넓은 도道에 이른다."[24]

숭산에게서 "오직 모를 뿐"은 "오직 할 뿐"으로 이어진다. 관념과 이념의 잣대나 가치판단의 기준, 사사로운 감정에서 벗어날 때 비로소 자유롭고 바른 행동, 참된 사랑의 실천이 나온다. 모름을 지킬 때만 생각과 관념에서 벗어나 살림과 섬김의 행동을 할 수 있다.

책이나 공안에 매이면 깨닫지 못한다. 여러분의 견해나 조건 상황을 모두 놓아 버리면 마음이 맑아져 저절로 정답이 나온다. 이해하려고 애쓰지 말고 오직 모를 뿐인 마음을 지키며 쉬지 말고 정진하면 도, 진리, 인생을 깨달아 진리를 올바르게 수용하게 된다. 일체 생각을 내지 마라. 찰라찰라 오직 행할 뿐으로 날마다 오직 한마음으로 정진해서 중생을 구제하라.[25]

모름을 지키는 것은 이성에 대한 부정을 뜻하지 않는다. 그것은 선악에 대한 주관적인 지식과 욕망과 분노의 감정에 휘둘리는 이성을 자유롭게 해방한다. 루터가 인간의 이성과 의지는 '악마의 창녀'라고 말했듯이, 인간의 이성과 의지와 행동은 편견과 욕망, 죄로 깊이 물들어 있다. 편견과 욕망의 노예가 된 이성과 행동은 모름을 지킴으로써 자유롭고 진실하게 된다.

모름을 지키는 것은 관념의 사변에서 벗어나 삶에로 들어가는 것이다. 앎은 존재와 본질, 정신과 생명의 왜곡이며 평면화이다. 모름 속에서 삶의 현실이 드러날 뿐 아니라 모름 속에서 삶의 상처는 치유된다. 모름의 어둠 속에서 존재와 정신은 온전히 드러난다. 그 깊이와 전체가 알려진다. 어둠에서 생명의 면역력이 회복되듯이 모름의 인식론적 어둠 속에서 정신과 생명이 회복되고 공동체적 힘, 사랑의 힘이 솟아난다. 사람을 하나님의 자녀로 알아주는 것은 정죄하고 비판하는 것이 아니라 믿어 주고 기다려 주는 것이다. '너'를 하나님의 자녀로 인정하는 것은 너의 초월적 높이와 깊이를 인정하는 것이고, 너에 대한 모름을 인정하는 것이다.

모름의 어둠 속에서 들리는 소리

성경의 말씀은 관념이 아니라 생명을 부르는 부름말이며, 생명을 살리는 사건이다. 예수는 부름말이며 살리는 사건이다. 예수를 믿고 따르는 이는 하나님을 부르고, 예수를 부르고 이웃을 부른다. 우리는 모름의 어둠 속에서, 십자가의 어둠 속에서 하나님의 말씀을 듣고 예수의 부름을 듣고 이웃의 소리를 듣는다. 부름과 들음에서 삶이 살아나고 살림 사건이 일어난다.

　　예수의 복음은 삶에로의 부름이다. 예수와 함께 죽고 예수와 함께 다시 살아나는 사람이 그리스도인이다. 그리스도인은 예수와 함께 사는 이다. 그는 예수의 생명을 사는 이, 예수 안에 살고 그 안에 예수가 사는 이다. 그리스도인은 자신의 삶 속에서 늘 예수의 생명이 약동하게 한다. 그리스도인은 예수 그리스도 안에서 늘 죽음과 삶을 경험하며 산다. 그는 남을 정죄하고 비난하기 전에 자신을 정죄하고 비난하는 이다. 그리스도인이라면 누구나 내가 죽고 내가 죄인이고 내 탓임을 고백하고 오직 하나님께 영광을 돌려야 한다. 정죄는 선악과의 앎에서 나오고, 용서와 사랑은 나의 죄책 고백과 믿음에서 나온다. 내가 죽고 신의 영과 숨으로 다시 살 때 사랑의 행동이 나온다.

　　예수는 가난한 사람이 하늘나라의 주인이고 가난한 사람이 행복하다고 했다. 몸과 맘만 지닌 사람은 망상과 편견과 감정에서 벗어나 삶에 충실하고 몸과 맘에 성실히 살 수 있다. 가난한 삶은 불편하고 고통스러운 것이지만 고통스럽고 불편하기 때문에 몸과 마음, 생명과 정신의 진실에 가까이 다가설 수 있다. 가난한 사람에게 정이 많고 가난한 사람이 밥을 잘 먹고 잠을 잘 잔다. 가난한 사람은 생명 자체에 가깝고 생명을 잘 느끼며 산다. 가난한 사람은 가족과 이웃이 소중함을 느끼며 산다. 그러므로 가난한 사람이 부자보다 더 행복하다. 가난한 사람은 은총과 말씀에 목이 마르고 맘을 열어 놓고 있다. 몸과 맘에 충실한 가난한 사람은 오직 믿음과 사랑으로, "모를 뿐, 오직 할 뿐"으로, 관념과 허영, 감정과 망상에서 벗어나 참된 삶에로 들어갈 수 있다.

'살다'는 '살살'에서 보듯이 '움직이다'는 뜻을 지니며, '사르다'에서 보듯이 '불사르다, 태우다'를 뜻한다. 삶은 자신을 태워서 그 힘으로 움직임을 뜻한다. 숨은 자신을 태우는 것, 불사르는 것이다. 숨 쉬는 것은 저 자신을 불살라서 그 힘으로 움직이는 것이다. 숨은 삶의 근본이며 숨이 힘차고 기운이 넘칠 때 나와 남을 살릴 수 있다. 숨은 삶의 그리움과 염원을 담은 기도이며, 자신을 불태우는 제사다. 숨은 참된 삶을 그리며 자신을 불사르는 사랑의 불이다. 모름을 지키는 이는 삶의 중심에 들어가서 숨을 바르고 힘 있게 쉬고 자신을 불태워 뜨겁게 살 수 있다.

십자가는 오직 할 뿐, 모를 뿐으로 선악과 이전의 생명 동산에 이르는 길을 연다. 선악과를 먹은 지식인은 자기 기준으로 남을 정죄하고 비판한다. 예수를 따르는 신앙인은 십자가의 모름을 지키면서 상대를 하나님의 손에 맡기고 심판하지 않고 위해서 기도하고 축복하고, 행동하고 섬긴다. 십자가의 모름을 지키는 사람은 모름지기, 마땅히 할 일, 생명을 살리고 평화를 이루는 일을 할 뿐이다.

2장

삶 속에서 몸으로 성경 보기

이 장은 마태복음을 읽으면서 느낀 생각을 바탕으로 썼다. 나는 성경을 참된 생명이 분출하는 자리로 보고, 생명을 서로 울리고共鳴 서로 느끼는 것感應으로 보며, 성경 본문에 대한 의혹의 해석학(피오렌자)에 대해서 한국적이고 동양적인 글 읽기에 바탕한 신뢰의 해석학을 추구한다. 이 글은 새로운 해석학을 모색하는 사상적 단초들을 제시하고 논의하는 데 그치려 한다.

1. 지적 성경 읽기에서 생명적 성경 보기로!

나는 1980년도부터 여러 해 동안 한국신학연구소에서 '국제성경주석'을 번역했다. 독일어권과 영어권의 주석서들을 번역하면서 성경에 대한 유익한 정보와 지식뿐 아니라 신학적 통찰들을 얻을 수 있었다. 그러나 이 주석서들은 나의 삶과 예수의 삶 그리고 오늘 고통받는 민중의 삶을 깊이 이해하고 하나로 연결시키는 데는 큰 도움이 되지 않았다. 서구의 학문적인 주석서들은 성경 본문을 지나치게 분석하고 해체하거나 본문에 대한 문학적인 이해에 집중함으로써 이차적이고 주변적인 지식과 정보를 제공할 뿐 나의 삶과 예수의 삶의 만남에 관심을 두지는 않는 듯했다.

나는 서구의 성경 해석 방법론에 문제가 있다고 생각하게 되었다. 서구의 대표적인 성경 해석 방법론으로 양식사 연구와 편집사 연구 그리고 사회사적 연구를 들 수 있다. 본문비평과 자료비평을 전제한 양식사 연구는 미세한 전승 양식(또는 전승 단위)에 관심을 갖기 때문에 예수의 삶에 관한 전승을 미세한 단위로 분해시킴으로써 예수의 삶을 전체적으로 볼 수 없게 한다. 이를테면 불트만처럼 안식일 논쟁 대화들을 아포프테그마(상황 언어)로 보고 그 핵심은 말씀 한 마디에 있고, 그 외의 상황 혹은 장면은 그 말씀을 담은 틀에 불과하다고 보고 제거하면 굶주림의 문제나 병자로서 소외된 자의 문제, 그리고 이런 문제들과 씨름한 예수는 사라지고 만다.[1] 또한 양식사 연구는 전승 주체를 초대 교회 공동체로 보고 이 교회 공동체의 상황적 요청이 전승의 양식과 내용을 규정했다고 본다. 따라서 양식사 연구는 방법론적으로 초대 교회의 삶의 자리에까지만 이를 수 있을 뿐 예수의 삶에까지 이를 수가 없다.

편집사 연구도 복음서 저자의 문학적인 틀과 신학적인 의도와 목적에 주목했기 때문에 예수의 삶의 자리에 이르지 못하고 복음서 저자의 삶의 자리에 이를 수 있을 뿐이다.[2] 편집사 연구는 방법론적으로 복음서 저자의 눈을 빌려 예수를 볼 수밖에 없는 한계를 안고 있다. 따라서 편집사 연구는 나와 예수가 만나는 데 길잡이가 될 수 없다.

사회학적 연구 또는 사회사적 연구는 성경의 삶의 세계에 대한 많은 정보와 지식을 제공함으로써 성경의 삶의 세계, 예수의 삶을 이해하는 데 큰 기여를 한 것으로 평가된다. 그러나 사회학적 연구 또한 예수의 삶에 대한 객관적이고 이차적인 이론과 지식을 제공할 뿐 예수의 역동적인 삶의 감동을 전해 주지는 못한다. 예수에 대한 단편적인 역사적 지식과 사회학적 지식은 예수를 이해하는 데 어느 정도 도움을 주지만, 나의 삶과 예수의 삶이 공명하고 교류하는 데 큰 도움을 주지 못한다.

타이센은 양식사 연구, 편집사 연구 그리고 사회사적 연구를 충실하게 함으로써 많은 연구 성과를 냈지만 예수의 죽음 이후 예수의 제자들과 초기 교회 운동을 다루었을 뿐 예수 자신의 삶과 운동을 다루지는 못했다. 결국 타이센은 예수의 삶에 대해서는《갈릴래아의 그림자》라는 소설을 쓰고 말았다. 타이센의 연구는 서구의 성경 해석 방법론이 예수의 삶을 다룰 수 없다는 것을 드러냈다. 이후 타이센은 그의 조교와 함께《역사적 예수》라는 방대한 책을 냈다. 이 책은 주로 그동안 역사적 예수에 대한 서구 학계의 연구 결과를 충실히 정리한 것으로 보인다. 이 책에서 방법론적으로 예수를 역사적인 맥락에서 그리고 유대교와의 관련 속에서 볼 것을 강조한 것은 미국의 '예수 세미나'와 통한다. 복음서에 종교적 상상력과 역사적 상상력이 크게 작용하고 있음을 지적하지만 그런 상상력의 해석학적 의미를 논구하지는 않고 있다.[3]

예수에 대한 역사적 연구와 사회사적 연구는 예수의 역사적 삶에 대한 단편적이고 주변적인 지식과 정보를 밝혀 낼 수는 있지만 예수의 삶과 영의 깊이와 높이를 드러낼 수 없다. 성경은 오늘 내(우리)가 살고 죽는 생명 사건이 일어나는 책이다.

성경을 읽음으로써 나의 생명과 예수의 생명이 함께 살아나는 일이 일어나는 것이라면, 성경 읽기는 단지 역사적 연구나 사회적 연구로는 완성될 수 없다. 나의 삶과 성경(예수)의 삶과 오늘 민중의 삶이 만나서 합류하는 데까지 이르지 못하면 성경 읽기는 실패한 것이라고 나는 생각한다. 나에게 성경은 단순히 하나의 역사적인 문헌으로 그치지 않는다.

성경 읽기에서 성경 보기로

왜 성경 읽기가 아니라 성경 보기인가? 읽기는 지적 분석과 이해이고 보기는 직관적이고 체험적인 감각적 인식과 이해다. 주관적이고 자의적인 성경 읽기도 문제지만 객관적 역사비판적 성경 읽기도 흔히 성경의 핵심을 놓치고 주관적인 편견과 선입견, 오류에 빠지기 쉽다. 역사 비판적 성경 읽기, 지적 성경 읽기에도 주관적 시대적 편견과 오류, 상상력이 개입되며, 성경의 전체성과 통전성을 해체하고 협소하게 한다. 지적 성경 읽기는 오늘의 삶을 다 포함하지 못하고 성경의 생명 세계를 다 파악하지 못한다. 머리로 하는 지성적 작업과 가슴에서 이루어지는 감정에는 주관적 편견과 오류가 개입할 여지가 많다. 이에 반해서 마음과 영혼의 순수한 의식과 몸의 순수한 느낌과 생각에는 주관과 편견이 개입할 여지가 적다.

나는 마태복음서에서 세례자 요한이 요단 강가 유대 광야에서 세례를 베풀고 회개 운동을 일으켰다는 대목(3장)을 읽다가 성경지도를 펴놓고 세례자 요한이 활동했던 지역을 살펴보았다. 성경 지도를 보던 나는 갈릴리 호수에서 시작하여 죽음의 바다로 흘러드는 요단 강 하구에 유대 광야가 있음을 알게 되었다. 죽음의 바다로 흘러드는 요단 강 하구에서 요한이 죽음과 파멸의 심판을 선포하며 회개의 세례를 베풂으로써 새로운 생명의 물길을 열고 있다는 것을 알게 되었다. 팔레스타인과 헬레니즘 세계에 도도히 흐르는 죽음의 문화 속에서 새로운 생명 운동, 하나님 나라 운동을 펼치는 세례자 요한의 모습이 죽음의 바다로 흘러드는 요단 강 어구의 유대 광야와 함께 나에게 생생하게 떠올랐다. 성경 지도를 한번 보는 것만으로 내게는 큰 깨달음이 주어졌고 그래서 '보는 것'이 참 중요하다고 생각하면서 성경을 보게 되었다.

한국인에게는 보는 것이 중요하다. 한국 그리스도인들은 성경 읽기보다 성경 보기, 예배 보기란 말을 썼다. 읽기보다 보기가 삶의 근원적 행위이고 몸의 감각적 행위다. 특히 우리말에서는 본다는 말이 이해하고 인식하는 일의 바탕을 이룬다. 먹어 보고, 들어 보고, 만져 보고, 느껴 보고, 읽어 보고, 말해 보고, 생각해 본다. 보는 것은 단순히 눈의 감각적 활동이 아니라 몸과 맘의 근원적이고 총체적인 지각 활동이다. 보는 것은 전체를 구체적으로 인식하고 이해하는 일이다. 한국인은 눈으로만 보지 않고 마음으로 보고 몸으로 본다.

성경에서 "하나님을 보았다"거나 불교에서 "진리를 보았다見性"는 것은 몸으로 본 것을 뜻한다. 몸으로 본다는 것은 대상과 몸이 하나로 되는 경지에 이르는 것이고 대상을 일그러뜨리거나 한쪽만 보지 않고 온전하게 있는 그대로 보는 것이다. 무한한 초월자 하나님을 보고 만나는데 어떻게 눈으로만 보고 머리로만 생각할 수 있겠는가! 하나님을 볼 때는 온몸과 온맘으로 볼 수밖에 없다.

불교에서는 '소리를 보는觀音 보살이 있다. 소리를 본다는 것은 소리만 듣고도 그 사람이나 집안의 형편과 처지를 다 꿰뚫어 보는 것이다. 눈으로는 소리를 볼 수 없다. 온몸과 마음이 열릴 때만 소리(에 실린 삶의 전체)를 볼 수가 있다. 성경에서 하나님은 소리를 보는 분이다. 이집트에서 종살이하는 이스라엘 백성의 신음 소리와 아우성에서 그들의 삶을 다 보는 분이다. 십자가에서 예수가 "나의 하나님, 나의 하나님, 어찌하여 나를 버리셨습니까?" 하고 외치는 소리를 듣고 하나님은 온 인류의 고통을 본다. 상처 입고 퍼덕거리는 작은 새의 비명 소리를 통해 하나님은 온 우주 생명의 사랑하는 마음을 보여 주신다. 한국적·동양적 사유와 성경적 사유에서는 삶 전체를 온전히 보고 느끼는 일, 다시 말해 '몸으로 온전히 보는' 일이 허락될 뿐 아니라 요청된다.

성경은 삶의 사건과 행위와 체험이 분출하는 책이다. 성경 읽기, 성경 보기는 나의 삶 속에서 성경의 삶의 세계를 보고 나의 생명과 성경의 생명이 공명하고 교류하며 소통하는 일이다. 성경 읽기의 목적이 오늘의 삶과 성경의 삶의 공명, 소통, 교류, 일치에 있다면 성경 읽기는 성경 보기가 되어야 한다. 머리로만 읽지 말고 눈으로, 가슴으로, 배(창자)로 느끼고 생각하고 보면 총체적으로 깊게 볼 수 있을 것이다.

2. '몸으로 보는' 한국과 아시아의 글 읽기

'배움'을 뜻하는 '學'은 가르침과 깨달음이 몸과 맘에 '배게' 하는 것이다. 동양의 글 읽기는 글이 몸과 맘에 배게 하는 것이다. 유교와 불교의 경전 읽기는 분석과 비판보다는 몸과 마음으로 본문과 일체가 되고 동화되는 것을 추구한다. 유교와 불교의 글 읽기讀經는 소리 내어 온몸으로 읽는 것이다. 소리 내어 경전을 읽으면서 그 소리에 몸과 마음을 동화시키는 것이다. 나(의 몸과 맘)와 글(경전)이 하나 되게 하는 데 글 읽기의 목적이 있다.

주자어류朱子語類에 실린 독서법은 주자서당朱子書堂의 글 읽기 교본인데 선불교의 글 읽기와 맥이 통한다. 이에 따르면 읽기讀는 보기(觀, 看, 見)다. 읽기의 내용은 보는 것이다. 본문의 내용과 이치를 뚫어 보는 것이 읽기의 내용과 목적이다. 읽기를 통해 본문과 익숙해지고 몸과 마음이 본문과 하나 되는 데까지 이르는 게 읽기의 목적이다. 글의 진리를 체득體得하고, 체인體認

하고, 체현體現하는 것이 읽기의 목적이다.[4] 그렇다면 동양적 읽기는 관념적으로 머리로만 읽는 게 아니라 온몸(과 맘)으로 읽는 것이며 몸으로 읽는다는 것은 몸으로 보는 것을 뜻한다.

서양의 글 읽기는 정보와 지식을 넓히는 데 있지만 동양의 글 읽기는 사람됨에 있다. 주자어류의 독서법 상편 첫머리에 "독서는 사람의 두 번째 일이다"라고 함으로써 독서는 사람의 첫 번째 일인 사람됨을 목적으로 한다는 것을 밝힌다.[5] 또한 "나를 가지고 책을 보면 곳곳마다 보탬이 되지만, 책으로 나를 넓히려고 한다면 책을 놓자마자 망연해진다"[6] 함으로써 동양적 글 읽기의 기본이 단순히 지식을 넓히는 데 있지 않음을 분명히 한다.

동양적 글 읽기의 목적은 도道, 다시 말해 진리를 체득하는 데 있다. 이천伊川 선생은 글 읽기의 기본을 이렇게 말한다. "문장의 암송이나 문자의 해석만 하고 道에 이르지 못한다면, 쓸데없는 찌꺼기가 될 것이다. 그대에게 바라노니, 경서에 의거하여 도를 구하고, 공부에 공부를 거듭하도록 하라. 그리하면 훗날 눈앞에 우뚝 솟는 것이 나타날 것이며, 거기서 비로소 손발이 저절로 춤추게 될 것이요, 애쓰지 않아도 스스로 멈출 수 없게 될 것이다."[7] 문자의 이해와 해석에 머물지 않고 큰 깨달음을 얻어 손발이 저절로 춤추게 되고 애쓰지 않아도 스스로 멈출 수 없게 되는 경지는 몸으로 진리를 깨달은 경지이며, "저도 모르게 손발이 너울거릴 만큼 기뻐지는 경지"[8]를 말한다. 이것은 남의 가르침을 듣기만 하는 공부와는 다르다. 듣는 학문으로는 "생각지도 않은 일이 덮치게 되면 속수무책이다".[9] 또한 책의 내용을 강론하고 해석하는 데 머물면 사람을 경박하게 만든다. 책의 내용이 마음에 새겨지게 해야 한다.[10] 동양의 글 읽기는 "자진하여 기질의 변화를 구하는 데에 있다".[11] 경전의 내용을 그때 그 자리의 이야기로 보지 않고 '나'의 문제와 일로 읽는다.[12]

믿음의 지식은 몸으로 알고 깨닫는 데까지 가야 한다. 논어에 소인의 배움은 귀로 들어가서 입으로 나오는데 귀와 입의 거리는 한 뼘도 못 된다고 했고 군자의 배움은 귀로 들어가서 온몸에 퍼져 손과 발에까지 이른다고 했다. 믿음의 지식은 귀로 듣고 온몸에 퍼져 손과 발로 나타나고 삶 속에 녹아져야 한다. 동양에서는 진리를 인식하고 실천할 때, 체득體得, 체현體現이란 말을 쓴다.

유영모의 글 읽기

다석 유영모는 몸과 맘과 혼으로 읽는 글 읽기의 한국적·동양적 모범을 보여 준다. 성경 읽기에 대해서 유영모와 안병무 사이에 재미난 대화가 있었다. 안병무로부터 직접 들은 이야기다. 안병무가 젊었을 때 유영모를 만났는데 유영모가 "내가 길이요 진리요 생명이다"라는 성경 말씀에서 '내'는 오늘 여기의 '나'를 가리키는 것이라고 했다. 안병무가 "어째서 그것이 선생님의 '나'입니까? 예수의 '나'지"라고 반박했다. 그러자 유영모는 "나는 성경을 읽을 때 남의 이야기로 읽지 않고, 내가 죽고 사는 이야기로 읽습니다"라고 대답했다. 성경을 머리로 읽지 않고 몸으로 맘으로 혼으로 읽는다면, 유영모처럼 오늘 여기의 삶 속에서 내가 죽고 사는 이야기로 읽어야 한다.

유영모는 글 읽는 것의 목적을 참 사람이 되는 것으로 보았다. 교육이란 글을 가르치고 배우는 것이며, 교육의 목적은 사람을 만드는 것이다. 유영모에 따르면 글文은 '글'(그를, 그이를)이고, '그릴'(그리울)이다. 그, 그이는 누구나 인정하고 존중하는 참 사람이다. 글은 그이를 그리워하고 그이가 내 맘 속에서 피어나게 하는 것이다. 글을 읽고 배우는 것은 글에서 그이를 만나고 그이가 되자는 것이다.[13]

다석의 글 읽기는 인문학의 본질과 목적을 실현하는 것이다. 인문학人文學이란 글文을 읽고 글을 써서 사람人이 되자는 것이다. 인문학과 교육의 목적은 글을 읽고 쓰고 배워서 글에서 그이를 그리워하고 그이를 만나고 그이를 알고 그이가 되자는 것이다. 유영모에 따르면 글을 읽고 그이를 그리워하면, 얼이 울린다. 글은 그립고 얼은 울린다. 글을 읽고 배움에는 참 사람에 대한 그리움과 얼을 울리는 감동이 있어야 한다. 글을 읽는 것은 나를 읽는 것이고 나를 참 사람 그이로 만드는 것이다.

3. 관념의 지배에서 몸의 진리로

서구 학문의 관념론적 전통이 여전히 지배하는 오늘의 학문풍토에서 몸으로 깨닫고 이해하는 동양적인 학문 방식을 회복하는 일은 쉬운 일이 아니다. 그러나 관념적 이론과 지식의 굴레에 매여 있는 한, 몸을 통해 이루어지는 삶의 진리와 현실에 이를 수 없다. 관념의 지배에서 벗어나 몸의 현실 속으로 들어갈 때 비로소 성경의 생명 세계가 우리에게 열릴 것이다.

관념의 지배에서 몸의 자리로

예일과 하버드 대학에서 20여 년 동안 목회 신학과 영성 신학을 가르쳤던 헨리 나우엔 교수는 학자로서 연구하고 가르치는 삶에서 영적인 고갈을 느끼고 대학 교수직을 버리고 정신

장애인 공동체 '라르쉬'로 가서 장애인들을 돌보는 삶을 살다가 인생을 마쳤다. 나우엔은 구체적인 몸의 삶에서 유리된 신학 이론과 사상을 연구하고 가르치는 데서 신앙적인 만족을 얻지 못했다. 지성과 정신의 장애를 지닌 장애인들, 오직 몸으로 살아가는 장애인들과 몸을 맞대고 사는 동안에 비로소 나우엔은 자유로운 영적 자아를 얻고, 세상적인 현실과 흐름에 묻힌 성경의 진리를 보게 되었다. 최고 지성의 전당에서 지성이 부족한 장애인들의 몸 생활로 옮김으로써 그는 현실 지향적인 삶에서 기도하는 삶으로, 인기를 끄는 삶에서 겸허한 섬김의 생활로, 힘 있게 남을 이끄는 자리에서 남에게 이끌림을 받는 자리로, 다시 말해 예수가 선 자리로 옮겨 가게 되었다.[14] 그는 관념의 지배에서 몸의 현실로 옮겨 간 것이다. 그는 이성이 지배하는 서구의 신학과 철학에서 사랑과 고통이 있는 십자가의 현실 속으로 나아갔다.

하나님도 하늘의 높은 보좌를 버리고 낮고 낮은 몸의 현실로 들어오신다. 하나님이 사람의 몸을 입고 세상에 왔다는 것은 하나님이 사람의 몸속에서 사람의 몸을 이해하고 느끼게 되었다는 것을 뜻한다. 몸을 입고 세상에 온 하나님의 아들 예수 그리스도도 몸으로 느끼고 이해한다. 예수가 인간들의 몸이 지닌 연약함과 질고를 짊어졌다는 것(마 8:17)은 인간들이 몸으로 겪는 삶의 아픔을 예수가 몸과 맘으로 보고 느끼고 이해했다는 것을 뜻한다. 예수는 참으로 자기를 초월할 수 있었던 이다.

예수는 자기를 넘어서서 남의 자리에서 남을 보고 느꼈다. 예수는 몸으로 남의 몸을 느끼고 맘으로 남의 맘을 느꼈다. 남의 자리는 남의 몸이 있는 자리다. 남의 몸이 선 자리에 설 때 비로소 우리는 남의 몸과 맘과 영혼을 이해할 수 있다. 남의 자리에 설 수 있을 때 우리는 남의 생명을 위해서 판단하고 결정하고 행동할 수 있다. 이런 일이 불가능하다면 생명공학과 의학에서 제기되는 생명 윤리적인 문제들을 해결할 수 없게 된다.

그렇다면 어떻게 사람이 남의 몸의 자리에 설 수 있는가? 남의 몸과 마음과 영혼의 '가운데'를 차지할 수 있는 분은 하나님밖에 없다. 하나님만이 인간 영혼의 중심에 계셔서 인간의 영혼을 살리고 키우고 해방할 수 있다. 온전히 하나님 안에서 하나님과 함께 살았던 예수는 창녀의 자리에서 창녀를 보고, 세리의 자리에서 세리를 보고, 병든 이의 자리에서 병든 이를 보고 가난한 과부의 자리에서 가난한 과부를 보았다. 바울이 교회는 그리스도의 몸이라고 말한 것은 우리가 그리스도 안에서 한 몸을 이룬 것을 뜻하고 한 몸을 이루었다는 것은 내 몸으로 남의 몸을 느끼고 헤아릴 수 있음을 뜻한다. 하나님과 그리스도와 교회의 하나 됨의 신비를 조금이라도 맛보려면 우리가 서로 입장을 바꾸어 놓고 남의 자리에서 생각하고 느끼는 노력과 훈련을 해야 할 것이다.

바라봄의 횡포를 극복하려면

몸으로 보기 위해서는 보는 이의 관점이 지배하는 '바라봄'
의 횡포를 극복해야 한다. 보는 것에는 두 가지가 있다. 이성이
지배하는 주객 이원론과 지배 엘리트의 보기는 관념적 보기로
서 보는 자(보는 이의 관점)가 보는 대상을 지배하고 규정한다.
그러나 삶 속에서 몸과 맘으로 보기는 생명적 보기로서 보는
주체와 보는 대상의 만남과 일치를 추구한다.

몸으로 성경 보기는 성경 본문에 대한 지배와 변형이 아니
라 성경 본문을 있는 그대로 받아들이고 성경 본문의 대상과
일치함이며 대상을 온전히 드러나게 하는 것이다. 성경 앞에 겸
허하고 자기를 비움으로써 성경과 하나가 된다. 성경과 하나가
될 때 성경 본문이 나의 상상력과 직관과 영감을 일으킨다. 몸
으로 성경 보기는 주관적 환상과 객관적 대상화를 넘어 주관
과 객관의 교류, 일치, 공명을 추구한다. 삶 자체가 주체와 객체
의 교류, 소통, 공명 사건이다. 성경 보기는 나의 삶과 성경의 삶
(예수, 생명, 인물)의 교류·소통·공명이다.

생명은 내적 통일성을 지닌 것이며 자유롭고 다양한 것이
다. 삶은 다양하고 서로 다르게 분화한다. 그러나 삶은 다양함
과 서로 다름을 통해 공명하고 일치하며 공존·상생한다. 성경
의 다양성과 차이는 성경의 이스라엘 백성과 그리스도인의 삶
의 다양성과 차이, 하나님과 인간의 삶의 교류의 다양성과 차

이를 반영한다. 그러나 성경에는 모든 다양성과 차이를 넘어서 성경 전체를 울리는 공명과 일치가 있다.

나의 삶과 성경의 삶이 서로 울리게 하고 소통하고 교류하게 하려면 성경을 몸으로 보아야 한다. 성경도 보는 것을 강조했다. 하나님을 보면 죽는다면서도 모세는 눈으로 하나님을 보았고 아브라함은 하나님을 보고 말했다. 약속의 땅을 눈으로 보고(신 3:25), 하나님의 일도 눈으로 본다. 마음이 깨끗하면 하나님을 본다(마 5:8). "와서 보라!"(마 28:6; 요 1:39, 11:34; 계 6:1).

하나님을 보이는 형태로 우상화해서는 안 되지만 하나님은 관념이나 정신, 원리가 아니라 구체적인 삶과 역사 속에 살아 있는 분이므로, 하나님 자신이 스스로 보고 느낄 수 있고 우리가 하나님을 보고 느낄 수 있다. 하나님을 보는 일은 보는 이의 관점이 하나님을 지배하고 규정하는 방식으로가 아니라 하나님의 생명이 드러나고 펼쳐지는 것을 보는 것이고 하나님이 사람과 일을 통해 자신을 보여 주는 것을 보는 일이다.

나의 몸과 성경의 생명이 공명하려면 인식 주체와 인식 객체를 분리하는 이원론적 인식론과 인식 주체의 자의적인 관점과 편향에서 벗어나야 한다. 주객을 분리하는 서구 이원론과 지배 엘리트에 의해 저질러진 '바라봄'의 횡포를 극복하는, 몸으로 성경 보기는 보는 주체와 보이는 대상의 일치를 추구한다. 물고기가 바다와 어우러지듯이, 대상(하나님의 생명)과 어우러질 수 있을까? 생명신학자 선순화는 바라봄의 횡포를 극복하기 위해서 "우리의 오관인 보기, 듣기, 만지기, 냄새 맡기, 맛보기를 통하여 대상을 그것이 아닌 '나'의 일부로, '나'로 직접 체험해야 한다"[15]라고 말한다. 바라봄이 바라보는 대상과 일치를 이루었을 때 "우리는 이것을 몸으로 보았다"[16] 말한다.

바라봄의 대상과 일치를 이루려면 두 가지 태도가 요구된다고 선순화는 말한다. 첫째, "현상으로서의 나인 '주체'에 대한 집착을 버리는 것"이고, 둘째, "현상으로 보이는 상대를 객체로 대상화하지 않는 것이다". 선순화는 몸으로 보는 경지를 선불교의 깨달음과 관련하여 이렇게 말한다.

> 나를 버려야 내가 보이고, 내가 상대를 바라보는 것을 중지할 때 상대인 너와 나의 참 모습이 드러나 서로를 공유하고 있음을 보는 것이다. 산은 산이 아니고, 물은 물이 아님을 직시할 때 비로소 산은 산이고 물은 물이 되는 것과 같은 이치다. 이것은 모든 존재가 생명의 공명共鳴을 하고 있음을 온몸으로 깨닫는 것이다.[17]

몸으로 성경 보기는 보는 나(인식 주체)와 보는 대상(인식 대상, 성경)이 주관적인 편견과 오해에서 벗어나고 시간과 공간의 거리와 차이를 넘어서서 서로를 공유하고 생명의 공명을 하고 있음을 온몸으로 깨닫는 데까지 이르는 것이다.

4. 몸으로 성경 보기

그동안 한국 교회의 성경 읽기는 서구의 지적, 분석적 성경 읽기와 전통적인 성경 읽기가 뒤섞여 있었다. 신학교에서는 지적·분석적 성경 읽기를 가르쳤고 신자들은 전통적인 경전 읽기를 했다고 생각된다. 성경 읽기의 이 같은 분열 현상은 한국 교회의 건전한 신앙 형성을 위해 바람직하지 않다. 또한 서구의 분석적 성경 읽기가 본문을 해체하는 데까지 이른 것은 서구적 성경 읽기의 문제와 한계를 드러낸 것이다. 나는 '삶 속에서 몸으로 성경 보기'를 제안함으로써 역사적이고 분석적인 성경 읽기의 성과를 수용하면서 전통적이고 통전적인 경전 읽기의 방식을 회복하는 성경 읽기의 대안적 모델을 모색하려 한다. '삶 속에서 몸으로 성경 보기'는 나의 삶의 상황과 몸을 중심에 놓는다는 점에서 성경을 기독교 교의와 신앙의 틀 안에서 보는 경전적 성경 읽기와 구별된다. 삶의 자리에서 몸으로 성경을 본다

는 것은 비특권적 삶의 보편성과 몸의 구체성을 반영하며 주어
진 삶을 몸으로 사는 민중의 관점과 자리를 반영한다.

삶 속에서 몸으로 성경을 보는 것은 신학적인 근거와 정당
성을 지니고 있다. 창조자 하나님이 유기체적·피조물적 생명체,
다시 말해 몸을 창조했고 몸을 입고 세상에 왔고 몸으로 부활
했다는 점에서 몸은 성경의 구원사에서 중심에 있다. "하나님
의 모든 사역의 종점은 몸(신체성)이다"[18](Friedrich Oetinger). 성
경의 사건들은 몸과 영혼이 일체가 된 삶의 사건들이다. 성경의
세계는 하나님과 인간이 함께 참여하는 삶의 세계다. 몸이 성
경의 세계의 중심에 있다. 그러므로 성경의 삶의 세계는 우리의
몸과 삶을 통해서 느끼고 이해하고 참여할 수 있다.

나는 20여 년 전, 한신대 신학대학원 예배 시간에 박동진
명창의 판소리로 '예수전'을 들어 보았다. 뻔히 아는 복음서의
이야기를 이리저리 엮은 내용인데도 박동진의 소리에 담긴 예
수 이야기가 나의 몸과 마음을 강렬하게 사로잡았다. 나는 마
치 감전된 것처럼 한 시간 동안 영적인 충격과 감동을 온몸으
로 느낄 수 있었다. 참된 소리꾼의 소리에는 몸과 영혼이 실려
있어서 듣는 이의 몸과 마음을 움직인다.

몸으로 성경을 본다는 것은 성경의 말씀과 내용을 지성과
개념으로만 이해하지 않고 몸으로 이해하고 몸에 실리게 한다
는 것을 뜻한다. 성경의 진리가 머리와 가슴에만 담기지 않고
온몸에 손과 발에, 배와 창자에 새겨지게 하는 것이다. 나의 몸

에 성경의 말씀이 살아 있게 하는 것이다.

몸으로 느끼고 생각한 지식, 몸으로 깨닫고 얻은 지식은 주관과 객관을 넘어선 근원적이고 통일적인 지식이다. 몸으로 보았다는 것은 인식 주체와 객체가 하나로 되었다는 것이고 몸과 마음이 하나로 꿰뚫렸다는 것이고 안과 밖이 하나로 되었다는 것을 뜻한다. 도통道通, 견성見性이라는 말도 몸으로 본 것을 뜻하고 하나님을 보았다고 할 때도 눈이나 머리나 가슴으로 본 게 아니라 몸 전체로 마음 전체로 본 것을 뜻한다.

몸으로 성경을 본다는 것은 몸을 이루는 밥을 소중하게 여기는 데서 성경 보기를 시작하는 것이다. 굶주려서 영양실조에 걸리거나 굶주려서 죽는 사람에게는 밥이 생명을 주는 하나님이 된다. 굶주리고 목마른 사람의 창자에 밥과 물이 들어가는 것은 창조자 하나님의 뜻이고 자연의 순리다. 늘 배가 가득 차 있는 사람은 가끔 창자를 비워서 밥 없으면 죽는 연약한 생물임을 알아 겸허해지고, 하나님의 은총과 생명을 느끼는 시간을 가질 필요가 있다.

하나님의 말씀이 육신을 입고 사람이 되었기 때문에 말씀과 육신(을 이루는 밥)은 통한다. 몸으로 성경을 본다는 것은 몸과 영, 밥과 말씀이 하나 되는 자리까지 가야 한다는 것을 뜻한다.

"밥을 먹을 때마다 '밥은 내 몸'이라고 하신 예수의 말씀을 잊지 않게 하소서. 밥이 내 살이 되고 내 살에서 말씀의 꽃이 피게 하소서. 말씀으로 하나 되는 하늘이 열리게 하시고 자유와 평화, 은총과 깨달음을 얻게 하소서."[19]

　몸으로 성경을 본다는 것은 주관적인 의식의 편견이나 왜곡에서 벗어나 몸과 마음이 직접 성경과 마주치는 것이다. 내 몸과 마음의 삶의 현실과 성경의 삶의 현실이 만나고 합류하는 것이다. 몸으로 성경을 본다는 것은 성경을 단순히 객관적인 대상으로 보는 데 그치지 않고, 나의 몸과 마음 안에서 성경을 보고 성경 안에서 나의 몸과 마음을 보는 것이다. 그러므로 몸으로 성경을 본다고 할 때 성경의 거울에 비친 나를 보고 내 마음의 거울에 비친 나를 본다. 몸으로 성경을 본다는 것은 성경에서 나를 찾고 나를 보는 것이다.

성경에 대한 신뢰와 비판적 읽기

　나(우리)의 삶 속에서 몸으로 성경 보기는 성경에 대한 신뢰에서 출발한다. 성경은 생명의 책이다. 생명이 분출하는 책이며 참 생명을 볼 수 있는 곳이다. 신과 인간이 만나고 화해하고 하나 되는 생명 사건이 일어나는 자리다. 그러나 오늘 우리의 삶에서 나의 몸으로 성경을 본다는 것은 오늘의 삶과 성경 사이에 시대적·문화적 거리와 차이가 있음을 전제하는 것이다. 성경의 글자와 내용은 시대적·문화적 제약 아래 있고 전승사적 과정에서 형성되었다.

성경을 바로 보기 위해서는 역사 비판적 지식과 이념 비판적 성찰이 요청된다. 성경에 대한 역사 비판적 지식과 이념 비판적 이해는 성경 보기의 끝이 아니라 전제이고 시작이다. 성경에 대한 역사적인 지식과 정보는 몸으로 성경 보기를 위한 토대이다. 성경을 몸과 마음으로 보기 전에 성경 본문에 대한 역사적이고 비판적인 기본 지식과 정보가 제공되어야 한다. 성경 공부를 하는 사람들에 따라서 제공되는 지식과 정보의 분량과 수준이 조절될 수 있다.

그리고 성경에 대한 역사적이고 문헌적인 지식과 정보가 몸으로 성경을 보는 데 필요하기는 하지만 필수 조건은 아니다. 성경 본문에 대한 역사적이고 문헌적인 지식과 정보가 없다고 해도 성경 본문을 몸과 맘과 혼으로 읽고 보는 사람은 성경의 생명 신령한 세계를 몸과 맘과 혼으로 만날 수 있다.

눈으로 보기

눈으로 보는 것은 가장 구체적이고 직접적인 몸의 인식 행위다. 어린이, 할아버지, 할머니도 눈으로 보고 알 수 있다. 다양한 전달 매체, 특히 영상매체가 발달한 오늘날 문자 매체보다 눈으로 보는 매체들을 활용하는 게 효과적이다. "백 번 듣는 것은 한번 보는 것만 못하다百聞而不如一見"이란 속담도 있듯이, 굶주린 북한 어린이들의 실상이나 전쟁의 참상을 글이나 말로 소개하는 것보다 동영상 화면으로 보여 주는 게 더 효과적일 수 있다.

성경을 이해하는 데도 시청각 자료, 동영상 자료가 중요하게 사용되어야 한다. 성경 본문과 관련된 지도, 사진, 영상을 통해 눈으로 보고 느끼고 생각하고 상상할 수 있다. 요단 강가 빈 들의 세례자 요한에 관한 본문을 읽을 때 지도, 사진, 영상을 보면 더 많은 느낌과 이해와 영감을 얻을 수 있고 구체적이고 생동적인 이해에 이를 수 있다. 개념적이고 추상적인 설명보다 시청각 자료나 동영상 자료는 관심을 끌 수 있고 오래 기억에 남는다.

시청각 자료를 보면서 주관적인 의식, 환상이 지배하지 않도록 해야 한다. 몸과 맘을 비우고 시청각 자료를 보면 나의 몸과 맘이 울리고, 보는 '나'의 삶과 성경의 삶이 서로 울린다. 생명과 생명의 서로 울림 속에서 보는 것에 집중하고 보는 것에 참여한다. 그러면 보는 내가 보이는 것에 빨려들고 보이는 것이 내 속으로 들어온다. 지금 여기의 내 삶 속으로 세례자 요한이 들어오고 내가 세례자 요한의 자리로 들어간다.

마음으로 보기

　마음은 생명을 느끼는 자리이고 생각이 일어나는 자리이며 삶의 공감, 공명, 동정, 교류, 소통이 이루어지는 자리다. 마음으로 성경을 보는 것은 내 마음의 거울에 비친 성경의 '그이', '예수님'을 보는 것이다. 마음으로 보기 위해 마음 닦기(자아에 대한 집착을 버리기, 편견과 욕심을 씻기), 침묵하기(고집, 환상 버리기)에 힘쓴다.

　마음으로 성경 보기는 성경의 생명에 대한 신뢰에서 비롯된다. 마음으로 성경을 보려면 성경의 문자와 내용을 신뢰해야 한다. 그리고 성경과 하나 됨을 추구한다. "책을 백번 읽으면 뜻이 저절로 드러난다." 주희는 글을 읽을 때 이해되지 않는 부분은 줄을 치며 읽었고 이해되지 않는 부분이 없어질 때까지 읽었다고 한다. 주희의 글 읽기는 글을 신뢰하면서 글과 하나로 될 때까지 읽는 것이다. 선불교에서는 문자적으로 불합리한 화두의 뜻을 깨우칠 때까지 화두에 온몸과 맘으로 매달린다. 불합리하고 모순된 문자를 끝까지 붙잡고 그 문자에 매달리는 것은 문자를 넘어서 또 문자 안에 있는 삶의 진리에 대한 신뢰를 전제한 것이다.

　수많은 강물들에 비친 달은 같은 달이면서 다르듯이, 서로의 마음에 비친 성경의 생명(예수)은 같은 생명이면서 다르다. 마음으로 본다는 것은 주체적·체험적으로 보는 것이면서 우주적·보편적·통전적으로 보는 것이다. 현상적·피상적·문자적인 보기가 아니라 삶의 깊이와 중심을 보는 것이다.

마음으로 본다는 것은 오감과 육감의 기능적·감각적 기능을 넘어서 삶 전체로, 몸 전체로, 영혼으로 보고 느끼는 것이다. 마음으로 보고 듣고 느끼고 냄새 맡고 맛을 본다. 성경의 생명 소리를 볼 수 있어야 한다. 불교의 소리 보기觀音는 소리의 개념과 의미를 넘어서 삶 전체로 몸 전체로 소리를 듣고 보는 것이다. 소리 보기는 소리에 담긴 삶의 깊이와 넓이를 몸과 맘으로 깨닫는 것이다.

마음으로 본다는 것은 문자를 통해서 그리고 문자를 넘어서 하나님의 마음을 보고, 성경 인물의 마음을 보는 것이다. 그것은 내 마음에서 성경의 생명 세계와 공명하는 생명 세계를 보고 느끼는 일이다. 마음으로 성경의 삶의 중심을 보면, 참 생명이신 하나님을 보게 되고 참 하나님을 보면 내 마음이 뚫린다. 내 마음이 뚫리면 마음속에 묻혀 있던 겨레의 얼과 영성, 생명 사랑과 생명 기운이 살아나고 솟아난다.

몸으로 보기

성경의 생명 사건을 몸으로 보려면 지금 여기서 몸으로 비슷한 체험을 해보아야 한다. 예를 들어 세례자 요한의 세례를 보고 느끼려면 강물 속에 들어가 보고, 빈들에서 먹고 살았던 세례 요한의 마음을 헤아리려면 빈들에 서 보아야 한다.

몸으로 본다는 것은 몸의 중심인 창자로 보고 느끼고 생각한다는 것을 뜻한다. 성경에 나오는 민중의 굶주림을 알기 위해서, 오늘의 굶주린 사람을 보고 느끼기 위해 내 창자를 비워 본다. 창자가 빌 때 창자의 영성과 영감이 풍성해지는 것을 느낄수 있다. 나의 몸을 절실히 느낄 수 있고, 생명을 은총으로 느낄수 있고, 밥의 소중함을 느끼고 남의 소중함을 알 수 있다. 창자는 긍휼과 자비의 자리(스프랑크스), 슬픔의 자리(애 끓는 슬픔)다. 창자로 생명의 본질인 사랑과 슬픔을 보고 느낄 수 있다.

몸으로 성경을 본다는 것은 모든 관념과 이론의 틀에서 벗어나고 모든 사회제도적 특권과 지위에서 벗어나 성경의 생명을 오늘 내 삶에서 그리고 민중의 삶의 사건과 자리에서 보는 것이다. 모세가 신을 벗고 맨발로 땅을 딛고 서서야 비로소 하나님을 만날 수 있었듯이, 사람의 몸(아담)이 나온 바탕(아다마, 흙, 밭)에 겸허히 서서 성경을 볼 때 성경의 생명 사건에 참여할수 있다. 구유에서 나고 십자가에서 죽은 예수를 만나려면 예수처럼 낮은 자리에 서야 한다.

오늘 우리의 삶에서 가장 낮은 자리는 어디인가? 죽음을 몸으로 느끼고 알기 위해서 관 속에 들어가 누워 보고, 노숙자의 슬픔과 절망을 알아보기 위해서 노숙자와 함께 자보고, 장애인의 슬픔과 절망을 헤아려 보기 위해 장애인과 함께 땅바닥을 기며 구걸해 보면 어떨까? 예수를 믿고 따르는 일에 진지했던 고대 교회의 교부들이 오늘 다시 살아난다면 그들은 그렇게 하지 않을까? 오늘 이 세상에서 가장 고통스럽고 치욕스러운 삶의 아픔에 몸으로 참여함으로써 그 가운데 살아 계신 생명의 님, 하나님을 만날 수 있을 것이다.

5. '삶 속에서 몸으로 성경 보기'의 본보기
—빈들의 세례자 요한(마 3:1-10)

① 역사적 지식과 정보

로마의 식민지 상태에 있던 이스라엘 백성은 지독한 가난 속에서 온갖 질병에 걸렸고, 절망에 빠졌다. 생명은 고갈되고 죽임의 문화가 지배했다. 로마제국의 헬레니즘 문화는 도덕적 타락, 회의주의, 자살의 유행, 검투사들의 서로 죽임을 즐기는 도락에 빠졌다.

② 지리적 정보

세례자 요한은 죽음의 바다로 흘러드는 요단강 하류의 계곡 빈들에서 설교하고 세례를 주었다. 이 지역은 강가에 풀이 조금 났을 뿐 황막한 지역이었다. 세례자 요한이 나기 1천여 년 전에 이스라엘 백성은 이집트의 종살이에서 탈출하여 여호수아와 함께 요단강을 건너 풍성한 생명을 약속하는 땅으로 들어왔다.

③ 눈으로 보기

하나. 갈릴리 바다에서 죽음의 바다까지 길게 흐르는 요단 강, 요단강 하류의 계곡 빈들, 죽음의 바다 주변에 관한 지도와 사진들을 본다. 세례자 요한이나 빈들에 관한 동영상 자료가 있으면 함께 본다. 요단강 하류 지역에 직접 갈 수 있으면 가 본다. 아니면 우리 주변의 강가와 빈들로 가서 요한의 모습과 마음을 헤아린다.

둘. 죽음의 바다로 흘러드는 강물로 세례를 주어 죽음에서 생명의 세계로 삶의 물줄기를 바꾸려는 요한의 모습을 그려 본다. 죽음의 바다로 흘러드는 요단 강물과 파멸을 향해 흘러가는 이스라엘 백성의 삶의 흐름, 죽음이 지배하는 헬레니즘 문화의 흐름을 비교해 보자. 죽음의 바다 가까이서 임박한 심판과 파멸을 선언한 요한을 보고 그 뜻을 헤아려 보자.

물음 1. 요한이 살았던 황막한 빈들은 관능적이고 화려한 헬라문명, 탐욕스럽고 잔인한 사회와 어떻게 다른가?

물음 2. 요단강, 죽음의 바다, 빈들이 세례자 요한의 임박한 심판과 파멸의 설교와 어떤 관계가 있는가?

물음 3. 왜 요한은 죽음의 바다로 이르는 요단강 하류의 물로 세례를 주었을까?

물음 4. 오늘 세례자 요한이 온다면 어디서 머물며 세례를 줄까?

④ 마음으로 보기

하나. 오늘 나의 삶과 요한의 삶, 이 시대와 그 시대를 비교하고 같은 점에 집중한다. 오늘의 삶과 요한 시대의 삶이 서로 공명하고 통하게 한다.

둘. 세례자 요한의 모습을 그려 보고, 내 마음과 몸, 생각과 느낌 속에 요한의 모습, 생각, 마음을 새겨 본다. 내 생각, 마음, 느낌을 비우고 요한의 생각, 마음, 느낌을 받아들인다. 내가 요한 앞에 서서 세례를 받는다고 생각하고 그렇게 느껴 보자. 내 마음속에 세례자 요한이 뚜렷이 살아날 때까지 요한과 그의 심정, 상황을 묵상하고 그에게 마음을 집중한다.

셋. 내가 세례자 요한의 자리에서 서서 생각하고 말하고 느껴 보자. 내가 요한이 되어 본다. 하나님 안에서 나는 요한과 마음과 생각이 통할 수 있다.

물음 1. 이 시대의 삶과 요한 시대의 삶이 일치하는 점은 무엇인가?

물음 2. 나의 삶과 요한의 삶이 만나는 점은 무엇인가?

물음 3. 나의 마음과 요한의 마음이 하나로 될 수 있나? 요한의 곧고 엄한 마음을 헤아린다.

물음 4. 나는 회개하고 요한에게 세례를 받을 수 있나?

물음 5. 오늘의 세례자 요한은 누구인가? 세례자 요한과 같은 구실을
　　　 하는 이들을 찾아본다.

⑤ 몸으로 보기

요한의 세례를 이해하기 위해 몸을 물에 잠가 본다.

요한처럼 빈들에서 직접 구할 수 있는 것만 먹어 본다.

요한의 마음과 생각과 느낌을 내 머리나 가슴으로만이 아
니라 내 몸으로, 창자와 손과 발로 느껴보고 체험해 본다.

빈들에 서서 요한을 몸으로 느끼고 헤아리면 요한을 가까
이 느낄 수 있고 헤아릴 수 있다.

내가 세례자 요한이 되어 빈들에서 요한의 말을 외쳐 본다.

물음 1. 나의 몸은 요한의 삶에 공감하는가?

물음 2. 나의 몸은 요한의 말에 공감하는가?

물음 3. 요한의 삶과 말을 나의 몸으로 느끼고 깨달을 수 있는가?

몸과 맘으로 요한의 자리에 설 수 있으면, 요한과 함께 예수
의 나라에 참여할 수 있다.

3장

21세기와 생명 교회론

예수의 생명이 교회의 본질이고, 교회는 시대의 삶에 감응하는 산 공동체라면, 우리의 삶 속에서 삶에 대한 느낌과 이해와 울림을 통해 교회를 느끼고 보고 이해해야 한다. 책상 앞에서 개념과 지식과 정보만으로 만든 교회론은 성경의 교회이든 오늘의 교회이든 생명으로서의 교회의 본질과 실상을 드러낼 수 없다. 오늘의 삶 속에서만 성경의 생명 사건을 이해할 수 있듯이 오늘의 삶 속에서만 생명체로서의 교회의 본질을 파악할 수 있다.

1. 21세기와 생명교회론

교회의 본질과 실상을 생명으로 보고 생명 교회론을 말하기 전에 21세기의 생명 이해와 생명 문제를 짚어 보기로 하자. 21세기에는 생태학적 위기, 지구화, 생명 복제와 사이버 공간의 확대로 특징지어지는 기술 공학의 발달이 두드러진다. 생태학적 위기나 지구화, 생명 복제와 사이버 공간의 확대는 모두 기술 공학에서 비롯된 것이다. 생태학적 위기, 지구화, 생명 복제는 인간과 생명에 대한 근본적인 물음과 도전이면서 새로운 가능성을 시사한다.

그동안 인류는 농업혁명, 산업혁명, 정보혁명을 거쳐 왔다. 하나의 혁명을 거칠 때마다 획기적인 생산력 증대가 이루어졌고 생산력 증대를 위해서 자연과 인간의 관계가 재조정되고 사회제도와 가치관과 이념이 바뀌었다. 세 가지 혁명을 통해 자연에 대한 인간의 지배와 수탈이 심화되고, 소수 엘리트에게 정보와 권력이 집중되었다.¹ 그리하여 자연 생태계의 파괴와 인간성 상실과 공동체성의 붕괴 현상이 자연과 인간의 삶을 근본적인 위기 속으로 빠트렸다.

이 세 가지 혁명이 앞으로도 지속되겠지만 눈앞에 닥친 생명의 위기를 극복하려면 생태학적 혁명이 요청된다. 생태학적 혁명은 생태학적 삶의 원리에 따라 자연과의 관계가 재조정되고 사회제도와 사회관계가 새롭게 형성되어야 한다.² 생태학적 원리, 다시 말해 생태학적 가치관과 이념, 생태학적 철학이 새로운 사회와 문명의 토대와 원리가 되어야 한다.

생태학적 원리는 공존과 상생이다. 뭇 생명은 서로 이어져 있으며 함께 살아간다. 하나가 죽으면 다른 것도 죽고 하나가 살면 다른 것도 산다. 이것은 '너'를 살림으로써 '내'가 사는 원리다. 21세기는 공존과 상생의 생태학적 원리를 익히고 실현함으로써 새 천년 새 문명을 여는 시대가 될 수 있다.

그런데 공생과 상생의 원리는 인간의 가치관과 삶의 근본적인 쇄신을 요구하고, 인간의 근본적인 쇄신은 깊은 영성과 신앙체험 없이는 이루어질 수 없다. 생태학적 혁명이 이루어질 21세기 새 시대에는 생명을 살리고 돌보는 일, 몸을 지키고 살리는 일, 공동체를 이루는 일이 가장 중요한 일이 된다. 교회는 서로 살리고 돌보고, 더불어 사는 삶의 자리가 되고, 생명 공동체적 영성의 산실이 되어야 한다.

그동안 서구 신학을 주도한 학자들의 교회 이해는 교회를

315

예수의 삶과 분리시키고 오늘 우리의 삶에서 분리시키는 경향
이 있었다. 프랑스 신학자 르와지Loisy는 예수는 하나님 나라를
선포했는데 교회가 왔다고 했고, 불트만은 선포자 예수가 선포
의 대상 그리스도가 되었다고 했다. 이로써 예수의 하나님 나
라 운동과 교회가 분리되고 역사적 예수와 신앙의 그리스도가
분리되었다. 역사와 신앙의 분리, 역사적 예수와 복음 선포의
내용이 분리되었다.

더 나아가서 신학과 교회의 초석을 놓은 초대 선교사 바울
이 예수의 삶과 복음을 변질시키고 변형시킨 것으로 평가되었
다. 예수는 생동적이고 자유로운 삶의 복음을 전한 혁신적인 예
언자이고, 바울은 교리적이고 교회적이며 가부장적 사회체제에
순응한 타협적인 인물로 여겨졌다. 예수(=하나님 나라 운동)와
바울(=교회)은 서로 대립되고 대조되었다.

서구 학자들의 이런 논의는 삶에서 유리된 계몽주의적 이성
과 아카데미즘이 성경(예수와 초대 교회, 바울)의 생명 운동에 가
한 폭력이었다. 계몽주의의 편협한 역사 개념에서 역사와 신앙
이 분리되었고, 후대의 제도화되고 무력해진 교회, 예수의 삶과
복음에서 멀어진 교회에 대한 이해가 성경 이해에 반영되었다.

만일 서구의 학자들이 개념과 언어만 가지고 성경을 읽지
않고 삶의 상황 속에서 삶에 대한 절실한 관심과 갈망을 가지
고 성경을 보았다면 예수와 바울, 예수의 하나님 나라 운동과
초대(고대) 교회의 생명적 연속성, 생명 유기체적 연속성을 보았

을 것이다. 예수를 믿고 따랐던 제자들과 초대 교회 교인들의 삶 속에서는 역사적 예수와 신앙적 그리스도가 분리될 수 없었고, 신앙과 역사가 분리되지도 않았다. 삶 속에서 보면 예나 지금이나 신앙과 역사는 분리될 수 없다. 학자들의 서재, 이론과 관념의 실험실 속에서만 역사와 신앙이 분리된다. 성경의 삶의 세계, 오늘 우리의 삶의 세계에서는 역사와 신앙이 분리되지 않는다. 신약성경의 저자나 인물, 문서에서는 역사적 예수와 신앙의 그리스도 사이에 갈등이 없다.

예수와 교회, 예수와 바울 사이에 시대적·상황적 차이가 있고 그 차이가 그들의 삶과 말에 미묘한 차이를 가져왔을 수 있다. 바울은 율법학자로서 새로운 삶을 얻었고, 팔레스타인 밖 헬레니즘 세계의 선교사였다는 점에서 예수와는 달랐다. 그러나 그 차이를 넘어서서 바울의 삶과 가르침은 예수의 생명에 집중되었다. 예수의 삶과 가르침의 정신과 원리를 교회 공동체 속에 실현하려고 안간힘을 썼고 교회를 그리스도의 몸으로 봄으로써 교회와 그리스도의 역사적 간격을 넘어서려 했다.

예수 운동과 초대 교회의 삶은 얼마나 가까운가! 예배 공동체와 밥상 공동체로서 초대 교회의 기쁨과 감사는 예수의 생명 잔치를 반영한다(행 2:46). 초대 교회는 예수의 하나님 나라 선교 운동의 연장이고 계승이다. 초대 교회는 지상의 예수가 없는 상태에서 예수의 영과 함께 다시 올 예수를 기다린 공동체이다. 지배와 정복, 전쟁과 살육, 회의와 자살, 탐욕과 잔학에 빠진 헬레니즘 문명 속에서 초기 기독교의 나눔과 섬김, 영원한 생명에 대한 확신과 부활 생명의 기쁨과 축제, 높은 도덕성은 기독교가 삶의 종교, 죽음을 이긴 부활 생명의 종교임을 드러낸다.

예수의 삶과 바울의 삶은 서로 울리고 통하고 일치한다. 바울의 삶의 치열함과 지극함은 예수 운동의 급진성과 철저성을 반영한다. 예수를 만나 변화된 바울은 사나 죽으나 예수만을 생각하고 예수만을 위해 살았다. 바울 속에 산 것은 예수였다. 바울은 이렇게 말한다. "우리는 언제나 예수의 죽임 당하심을 우리 몸에 짊어지고 다닙니다. 그것은 예수의 생명을 우리의 몸에 나타나게 하려고 하는 것입니다. 우리는 살아 있으나, 예수를 위하여 늘 몸을 죽음에 내맡깁니다. 그것은 예수의 생명이 우리의 죽을 몸에 나타나게 하려는 것입니다"(고후 4:10-11).

예수를 만나서 삶의 대전환을 이룬 바울이 세운 신학과 교회도 예수 생명의 복음에 비추어 보고 바울의 극적이고 절실한 삶에 비추어 보아야 한다. 예수·교회·바울의 연속성과 동속성은 삶 속에서 확인된다. 오늘 우리의 신앙과 선교의 삶 속에서 볼 때 민중의 삶의 자리에서 볼 때 그 연속성과 동속성이 보인다. 예수와 바울의 삶의 공명과 공감은 우리의 삶에서 느껴지고 확인된다.

바울의 교회 공동체는 예수의 하나님 나라 운동과 연속성 속에 있다. 바울은 자기를 희생한 예수의 사랑을 바탕으로 자유와 평등, 사랑과 평화의 교회 공동체를 세우려 했다. 바울의 교회 공동체는 탐욕과 폭력에 근거한 로마제국의 불의한 사회체제와 대조되는 생명 공동체였다. 로마제국이 민중을 죄와 죽음으로 몰아 갔다면 바울의 교회 공동체는 민중을 사랑과 생명이 충만한 삶에로 이끌었다. 다행히 최근에 서구의 많은 학자들, 특히 철학자들이 바울 신학과 선교의 공동체적 성격을 높이 평가하고 새롭게 연구하는 것은 고무적인 일이다. 시카고 신학교 교수 테오도르 제닝스Theodore W. Jennings는 〈바울의 '구원의 정치학'〉에서 정의와 평화의 공동체를 이루려 했던 바울의 사상과 실천이 권력과 권위에 사로잡히지 않으면서 정의와 평화의 공동체를 이루려는 많은 사람들, 특히 후기 마르크스주의자들에게 영감을 주고 있음을 말하고 있다.

최근에 알랭 바디우Alain Badiou, 슬라보예 지젝Slavoj Zizek, 조르지오 아감벤Giorgio Agamben, 그리고 장 뤽 낭시Jean Luc Nancy 같은 많은 후기 맑스주의자들이 공산주의 이념을 사고와 행동의 지표로 복구시키고자 노력했다. 그러면서 그들은 국가와 국가기구들, 심지어 정당까지도 받아들이거나 지배하겠다는 생각을 포기했다. 그렇다면 공산주의 정치학은 권력과 권위라는 덫에 걸리지 않으면서 공동선을 추구하는 개인들의 공동체를 형성하는 데 달려 있을 것이다. 이들 맑스주의 철학자들은 현재와 미래의 세계, 즉 엄청난 불평등 아래 비틀거리고 상상할 수 없는 폭력으로 위협받고 있는 현재와 미래의 세계를 위한 급진적인 정치학을 형성하는 작

업을 하면서 바울의 사상과 실천으로부터 영감을 얻고 있다.[3]

우리가 초대 교회와 바울의 시대로 돌아갈 수 없듯이, 오늘의 교회가 초대 교회와 바울의 교회를 모방하거나 흉내 낼 수 없다. 온 피조 세계와 인류의 삶의 근거이고 바탕이며 목적인 하나님과 예수의 생명에로 늘 돌아가야 하지만, 예수와 바울의 시대로 돌아갈 수는 없다. 하나님은 인간으로 하여금 다른 누구를 모방하고 흉내 내기를 바라지 않고 스스로 그 시대와 그 상황에서 삶의 사명을 이루기를 바라신다. 삶은 남이 대신 살 수 없는 것이다. 뭇 생명은 스스로 자기에게 주어진 본분과 사명을 이루어야 한다. 생명체로서의 교회에게는 주어진 이념이나 모범, 정해진 틀이 없다. 그 시대 그 상황에서 하나님께서 새롭게 주시는 일과 사명을 스스로 감당해야 하고, 하나님이 원하는 교회의 모습과 일을 스스로 이루어 가야 한다. 다만 예수와 바울처럼 권력과 권위를 내세우지 않고 사랑과 희생을 바탕으로 서로 살리고 서로 섬기는 정의와 평화의 생활 자치 공동체를 만들어 가야 할 것이다.

통전적 교회론

서구 신학이 예수 운동과 삶으로부터 교회를 분리시키고,

신학자들과 교파들이 교회를 특수한 기능과 성격으로 특화시키고 강조한 데 반하여 본회퍼는 믿음과 삶(복종)을 일치시키고[4] 교회의 본질을 '더불어 있음'과 '서로 위함', 다시 말해 공동체적 삶의 근거와 원리로 보았다.[5] 그리스도의 대리적 죽음에서 인류의 파괴된 공동체가 회복되며 이 회복된 공동체가 교회다.[6] 그리스도 안에서 하나님에 의해 창조된 참된 공동체인 교회는 세상에서 인간이 하나님과 인간, 인간과 인간의 공동체적 삶에로 들어가는 자리다. 그는 박사학위논문 〈성도의 교제〉에서 "(교회)공동체로서 존재하는 그리스도"를 말한다. 그에 따르면 교회는 역사 안에서 그리스도의 현재이기 때문에 교회사는 세계사의 숨은 중심이다.[7]

"예수가 타자를 위한 존재"[8]이므로 교회와 그리스도인은 '타자를 위한 삶'을 살아야 한다고 본 본회퍼는 나치 정권의 폭력으로 고통당하며 죽어 가는 사람들의 삶의 한가운데로 들어가 교회 공동체의 사명과 본분을 감당하려고 했다.

본회퍼는 타자를 위한 예수의 삶과 대리적 죽음을 교회의 본질과 근거로 보았다. 그는 교회의 구조와 원리를 '더불어 있음'과 '서로 위함'으로 보았다. 더불어 있음과 서로 위함은 공동체적 삶의 구조와 원리이며 오늘의 말로 표현하면 공생과 상생이다. 교회는 더불어 살고 서로 위해 사는 생명 공동체다.

교회가 그리스도의 몸으로서 생명 공동체라면 교회는 복합적이고 유기체적인 체제이고 제도이며, 죽음을 넘어 살아나는 생명 사건이며, 성도의 생동하는 사귐이다. 구체적으로 존재하는 교회 공동체는 제도와 체제로서의 성격과 생명 사건과 사귐으로서의 성격을 함께 가지고 있다. 그동안 가톨릭교회는 교황과 제도에 의한 사도적 연속성을 교회의 본질로 보았고 루터 교회와 개혁 교회는 교회를 말씀 사건으로 보았으며 회중 교회는 회중의 사귐[9]으로 보았다.

교회가 삶의 공동체라면 교회는 통전적으로 이해되어야 한다. 생명 교회론에서는 가톨릭교회의 제도 교회론[10]과 개혁 교회의 말씀 사건 교회론과 회중 교회의 사귐 교회론이 결합되어야 한다. 이 세 가지는 모두 생명 교회의 필수적인 부분과 요소다.

첫째, 생명 교회는 제도적 연속성과 유기적 체제를 존중하고 지켜야 한다. 모든 생명체는 유기적 조직과 체계를 가지고 있다. 신앙과 생명의 운동도 조직과 체계를 요구한다. 뼈대와 살가죽이 없는 생명체가 존속할 수 없듯이 제도와 체제가 없는 교회도 존속할 수 없다. 제도와 체제가 없는 교회는 역사의 거센 시련과 도전을 견딜 수 없다.

둘째, 뭇 생명체의 세포들이 끊임없이 죽고 다시 살아나듯이, 늘 생성하고 소멸하며 창조하고 갱신하듯이 교회는 회개하고 용서받고 새로 살아나는 말씀 사건, 죽고 다시 사는 말씀 사건을 통해서 발생한다. 교회는 사건이고 과정이다. 루터와 칼뱅의 신학을 이은 카를 바르트는 교회를 말씀 사건으로 보았다.[11]

말씀 사건이 일어나면 교회이고 말씀 사건이 일어나지 않으면 교회가 아니다.

교회는 제도로 머물 수 없다. 하나님의 말씀과 생명을 만나는 사건, 회개와 갱신의 사건이 일어나야 산 교회다. 생명 자체도 유기적 조직과 체계만으로 살 수 없고 끊임없는 생명 사건, 교류와 소통, 신진대사의 활동이 순간순간 일어나야 하듯이 하나님과 사람 사이에, 사람과 사람 사이에 생명사건이 일어나야 교회다.

셋째, 교회는 성도의 사귐이다. 체제와 사건이 교회의 본질적 요소와 성격을 나타내지만 그것만으로는 산 공동체를 이룰 수가 없다. 생명의 유기체적 체제로서 제도가 필요하고 신앙의 실존적 순간에 일어나는 말씀 사건이 필요하지만 그것만으로는 산 생명체가 될 수 없다. 서로 용서하고 돌보고 사랑하는 사귐을 가질 때 교회는 비로소 산 공동체가 된다. 제도, 말씀 사건, 사귐 이 세 가지는 모두 교회의 본질에 속한다. 세 가지가 모두 교회의 본질적 요소로서 생동할 때 교회는 힘 있게 살아난다.

그리스도의 몸을 이루는 교회

동방정교회는 교회를 하나님과 인간의 신비로 보고, 하나님·우주·인간의 모상(模像, eikon)으로 설명했다. 교회는 지상의 천국이며 그리스도의 신비로운 몸에 참여함으로써 교인들은 신적 성품, 하나님의 존재와 생명에 참여하게 된다.[12] 그리스도의 신비로운 몸으로서의 교회를 강조한 동방정교회는 사도계승권을 "공동체로서의 교회가 처음으로 형성되고 공동체 안에서 그리고 공동체에 의하여 형성된 오순절 사건"으로 이해한다.[13]

교회는 그리스도의 몸이다. 성만찬과 세례는 예수의 몸을 이루는 사건이다. 성만찬을 제정함으로써 예수는 믿는 이들의 몸과 맘속으로 들어왔다. 예수의 살과 피가 믿는 이들의 살과 핏속으로 들어온 것이다. 자기의 몸에 그리스도의 살과 피를 지닌 사람들의 모임이 교회다. 세례는 그리스도 안에서 죽고 그리스도의 생명으로 다시 살아나는 예식이다. 세례를 통해서 자기에게 집착하고 자기를 중심에 세우는 낡은 삶을 버리고 그리스도의 생명에 참여하며, 그리스도를 중심에 모신다.

세례와 성만찬이 의례적인 종교의식에 머물지 않으려면 말씀 사건, 성령 사건이 일어나야 한다. 말씀 사건과 성령 사건이 일어남으로써 비로소 회개와 갱신이 일어나고 죽고 다시 사는 일이 일어난다. 예수 안에서 죽고 다시 살아나면 예수의 삶을 살게 된다. 바울처럼 사나 죽으나 자기 속에 예수의 삶이 살아 있고 예수의 삶이 세상을 채우게 해야 한다. 그러므로 교회 공동체는 예수의 삶을 사는 공동체.

죄인으로서 더불어 살기 때문에 교회 안에서 갈등과 분열이 일어나기 쉽다. 법적 구속력도 없고 돈이나 권력으로 묶어 주는 끈도 없기 때문에 교회는 쉽게 갈라지고 깨질 수 있다. 교회의 구조와 체제가 너무 연약하기 때문에 목회자와 당회는 권위주의적 형태의 교회를 선호하기 쉽다. 권위주의적 목회와 교회 운영이 쉽고 강력한 것처럼 보이기도 한다.

그러나 예수의 말씀과 생명에 근거하지 않은 권위는 삶을 억압하고 위축시키며 신앙적 삶의 기쁨과 즐거움을 빼앗는다. 한 사람 또는 몇 사람이 위에서 군림하고 지배하는 교회는 피라미드와 같은 형태가 되어 무덤처럼 생기를 잃고 만다. 예수의 말씀과 생명은 자유롭고 활기차게 한다. 일곱 가지 빛깔이 서로 어우러져 아름다운 무지개를 이루듯이 서로 다른 성격과 능력을 지닌 이들이 서로 어우러져 무지개처럼 하나의 그리스도의 몸을 이룬다. 그리스도의 몸을 이루려면 약함과 부드러움을 감수해야 한다. 부드럽고 연약하고 깨지기 쉬운 상태에서 하나님의 말씀과 생명의 줄로 하나로 이어져야 한다. 말씀과 생명의 줄로 이어져서 사랑과 평화, 자유와 평등의 아름다운 무지개를 펼쳐야 한다.

어떻게 서로 다른 성격과 능력을 지닌 이들이 어우러져 무지개처럼 아름다운 공동체를 이룰 수 있을까? 어떻게 서로 다른 죄인들이, 신분과 지위, 남성과 여성, 부자와 가난한 자, 젊은 이와 노인이 함께 무지개 교회를 이룰 수 있을까? 이것은 인간적으로 보면 불가능한 기적이다. 본래 교회는 예수의 십자가 죽음과 부활 생명의 기적 위에 서 있다. 교회의 존재 자체가 기적이다. 생명 자체가 기적이다. 생명은 서로 다르고 다양하고 복잡하고 복합적이면서도 하나로 이어져 있고 서로 통하며 교감과 공명 속에 있다. 생명은 상처받을 수 있고 파괴되고 죽을 수 있다. 연약하고 깨지기 쉬운 생명이 서로 다르고, 다양하고 복잡하고 복합적으로 변화·생성·발전하면서도 뭇 생명이 생태계 안에서 서로 하나로 이어져 있고 공명하고 공감한다. 교회가 생명체라면 서로 다르면서도 하나로 이어지고 공명하고 공감하는 공동체가 되어야 한다.

죄인들의 공동체가 서로 다르면서도 공명하고 공감하는 무지개 공동체가 되려면 서로가 제사장이 되어 서로 용서하고, 서로 위해서 기도하고, 사랑으로 돌보아 주어야 한다. 죄인들로서 서로 용서하고 위해 주는 공동체가 되려면 율법주의의 올무에서 벗어나야 한다. 율법주의는 개인적 자아에 매이게 함으로써 서로 위함과 더불어 있음을 불가능하게 한다. 율법주의는 자기와 남을 정죄하거나, 끝없는 자기 정당화와 남에 대한 비판과 정죄에 빠진다. 율법주의에 빠지면 죄와 죽음의 힘에 매이며, 서로 용서하고 축복하고 돌보는 삶의 축제에서 멀어진다. 죄인들임에도 불구하고 무지개 공동체를 이루려면 복음의 말씀과 성령의 감동, 믿음과 은총의 자유에 의지해야 한다.

그리스도의 몸으로서 교회는 관념이나 교리에 매이지 말고 몸의 감수성을 길러야 한다. 눈의 아픔을 귀가 알고 발의 아픔을 손이 알아야 하듯이 교인들 사이에 서로의 아픔을 구체적으로 함께 나누며 참여하는 사귐이 있어야 한다. 머리의 관념, 가슴의 감정에만 매이지 말고 배(창자와 자궁)의 느낌과 생각[14]을 존중해야 한다. 배의 느낌과 생각이 몸의 감수성이다. 배에서 느끼고 생각하는 것은 삶의 바닥에서 느끼고 생각하는 것이다. 배의 느낌과 생각은 남의 몸과 서로 통할 수 있다. 예수는 몸으로 느끼고 생각했기 때문에 사람들의 몸과 맘을 움직였고, 삶의 기적을 일으켰던 게 아닐까.

바닥에 뿌리 내리는 교회

생명력을 지닌 교회, 힘차게 자라나며 일하는 교회는 바닥에 뿌리를 깊게 내리는 교회다. 모든 생명력은 아래에서 위로 올라오고, 모든 생명 사건과 활동은 끄트머리, 일선 현장에서 일어난다. 기계 장치나 제도는 중앙에서 통제하고 조정해야 하지만 살아 있는 생명체는 중앙에서 통제하고 지배하면 이내 시들고 만다. 생명의 본질은 스스로 하는 것, 자발성, 자유이기 때문이다. 바닥과 일선의 교회들에서 활력이 없으면 그 교단은 생기를 잃고 무력해진다.

교단이 활력을 얻으려면 교단 안의 모든 기관들과 교회들이 자유롭게 연대하고 협력하며 사귐을 갖도록 해야 한다. 교단은 함께 공감할 수 있는 뚜렷한 비전을 제시하고 목회와 선교를 위한 바른 신학과 성경 지식을 제공할 수 있어야 한다. 교단과 중앙 기구의 일은 모든 교회와 인물들이 각자 지닌 능력과 자원과 열정을 온전히 다 쓸 수 있게 하는 것이다.

그리스도의 몸으로서 교회의 기관과 기능들이 제대로 힘차게 움직일 수 있게 해야 한다. 눈이 하는 일을 귀가 대신하려 해서도 안 되고, 손이 하는 일을 발이 하겠다고 나서도 안 되며, 머리가 하는 일을 가슴이 하겠다고 해서도 안 되고, 배가 하는 일을 머리가 하겠다고 나서도 안 된다. 있을 것이 있을 곳에 있게 하고, 있는 자리에서 맡은 일을 온전히 하게 해야 한다.

교회가 활력을 찾으려면, 경직되고 형식적인 교리와 제도와 법의 속박을 할 수 있는 대로 제거함으로써 교회들이 자유롭게 자유로운 형태와 모습으로 활동할 수 있게 해야 한다. 교회는 민들레 씨앗처럼 어느 곳이든 뿌리를 내리고 생명 교회를 일구어 낼 수 있어야 한다. 대형 교회, 제도 교회의 틀에서 자유로워짐으로써 다양한 모습의 교회가 나와야 하고 다양한 목회와 선교의 형태가 나와야 한다.

2. 생명 교회의 형태와 구실

교회는 목자가 먹이고 이끄는 목자와 양의 형태(가톨릭, 정교회), 교사가 가르치고 지도하는 스승(교사)과 제자(학생)의 형태(개신교), 회중이 공동체적 사귐을 나누는 형태(퀘이커, 회중 교회)로 존재했다. 교회의 조직적인 체제와 관계를 중심으로 교회 형태를 나눈 것이다. 목자와 양, 스승과 제자의 형태는 권위주의적 성격을 지니고 있지만 큰 교단과 큰 교회를 이루었다. 비교적 자유로운 회중의 사귐 형태는 소종파로 남았으나 퀘이커나 메노나이트파는 활발한 선교 활동을 펼치고 있다.

이 세 가지 형태는 현실 교회에서 분명하게 구분되지 않고 뒤섞여 있다. 가톨릭교회는 목자와 양의 형태가 두드러지지만 스승과 제자, 회중의 사귐 형태도 나타나며, 개신교의 주류를 이루는 루터파와 개혁파(장로파) 그리고 감리교는 설교자로서의 목사와 청중으로서 스승과 제자의 형태가 두드러지지만 목자와 양, 회중의 사귐 형태도 나타난다.

교회를 생명 혹은 생명 사건으로 보면 이 세 가지 형태가 다 요구된다. 교회를 자라나는 생명 공동체로 볼 때, 먹여 주고 길러 주는 목자와 양의 관계가 있어야 하고, 가르치고 배우고 익히는 스승과 제자의 관계도 있어야 한다. 또한 성도의 사귐도 필요하다. 그러나 이 세 가지 형태의 교회론은 교회로 하여금 교회 안에 머물러 있게 한다. 교회 안의 관계와 조직에 관심이 머물러 있다. 또 교회 안에서 비민주적이기 쉽고 정태적으로 흐르기 쉽다.

교회가 살아 있는 성숙한 생명 공동체라면 교회는 세상 속에서 죽어 가는 생명을 살리는 일을 적극적으로 해야 한다. 예수가 세상의 약함과 질고를 짊어지고 아픔을 나눔으로써 세상을 치유하고 살리고 세상에 생명을 풍성하게 했듯이(마 8:17), 세상에서 어린양의 구실을 해야 한다. 본회퍼가 말하듯이 타자를 위한 존재로서 교회는 공생과 상생의 자리, 마당이 되어야 한다.

교회는 세상을 살리는 희생양과 종으로서 권위주의와 비민주성을 버리고 민주적이고 겸허한 자세와 관계를 형성해야 한다. 목자와 양의 관계로 교회를 구성한다고 해도 목회자 홀로 목자의 구실을 독점하지 않고, 평신도들 가운데 작은 목자들을 많이 세워서 목자의 구실을 감당하게 해야 한다. 또한 스승의 자리를 목회자 홀로 독점하지 않고 작은 교사, 스승들을 세

위서 스승의 사역을 감당해야 한다. 더 나아가서 실질적인 협
동 목회까지 나갈 수 있어야 한다. 행정, 교육 담당 목사를 부목
사로 두는 정도가 아니라 각 부서가 독립적으로 움직이게 하는
공동의 사역을 할 수도 있다. 교회의 형태와 존재 방식은 새로
운 시도와 실험들이 끊임없이 이루어질 것이고 새로운 형식의
교회가 모색될 것이다.

그러나 교회는 부와 권력, 법적 강제력을 갖진 못한 공동체
로서 매우 취약하다. 교회는 생명 외적인 힘이나 장치에 의존
하지 않고 생명 자체, 생명 활동 그 자체에 의존하고 있다. 삶에
호소하고 삶을 움직임으로써 교회는 스스로의 힘과 권위를 세
운다.

그러므로 교회의 권위와 힘은 사랑과 일의 지혜, 말씀과 영
의 권위밖에 없다. 돈과 권력에 의한 강제력을 지닌 권위는 교
회의 참된 권위를 손상시키고 교회의 본질을 파괴한다. 교회는
예수의 생명체로서의 본질에 맞게 나눔과 섬김의 권위, 말씀과
영의 권위, 지혜의 권위를 세워야 한다.

교회는 세상적인 힘을 갖지 않은 약한 공동체이기 때문에,
짓밟고 파괴하는 세력 앞에 연약하다. 그러므로 교회 안에서
교인들과 목회자는 서로를 비우고 낮아짐으로써 교회의 권위
를 스스로 세워 가야 한다. 교회의 권위는 예수 그리스도의 권
위다. 교회의 가운데를 예수 그리스도에게 비워 드림으로써 교
회는 힘 있게 설 수 있다. 가운데를 비움으로써 가운데가 생긴

다. 서로 가운데를 차지하려고 하면 교회는 생명력을 잃고 경직
되며 노쇠해진다. 당회원들과 중요한 제직들이 스스로를 가볍
게 여기고 자기의 생각이나 주장을 자유롭게 접을 수 있을 때
교회의 중심은 든든히 세워지고 교회는 활력을 얻는다.

생명 교회의 구실―세상을 살리는 어린양

그리스도의 몸으로서 존재하는 교회는 목자와 양, 스승과
제자, 성도의 사귐으로만 머물 수 없다. 교회 안에만 머물지 않
고 세상 죄를 진 어린양으로서 세상을 살린 예수 그리스도처럼
세상의 죄와 죽음의 현실 속으로 들어가서 세상을 살려야 한
다. 어린양 예수처럼 세상 한가운데서 죄와 허물, 더러움과 치욕
을 스스로 감당하고 밝고 따뜻한 생명의 나라를 열어야 한다.
어린양 예수는 스스로 희생하고 스스로를 녹이고 비움으
로써 죄인들이 공생과 상생의 삶을 살게 한다. 죄인들끼리 직접
부딪치면 갈등과 대립이 일어나기 마련이다. 그러나 예수의 생
명과 말씀이 생화학 작용을 일으켜 서로를 녹여 주면, 죄인들
도 서로 사랑하고 서로 하나가 될 수 있다.
생명 교회는 자신과 남을 정죄함으로써 서로를 죄와 죽음
에로 이끄는 율법주의를 벗어나 예수 그리스도 안에서 함께 죽
고 함께 살아남으로써 더불어 살고 서로 살리는 생명 공동체

가 되어야 한다. 교회는 생명을 살리고 돌보며 치유하는 자리가
되고 삶의 축제 마당이 되며 예수 그리스도의 생명을 증거하고
드러내는 곳이 되어야 한다. 예배, 교육, 심방, 친교를 통해서 예
수의 치유하고 살리는 생명을 증거하고 드러내야 한다.

하나. 생명 교회는 더불어 있는 교회다. 상처받고 죽어 가는
자, 버림받고 절망하는 자와 더불어 있음으로써 예수 그리스도
의 더불어 있음을 증거하고 드러낸다. 홀로 버림받은 이에게 더
불어 있음은 은총이고 축복이며 복음이다. 더불어 있음으로
생명의 위로를 주고 생명의 불씨를 살려 낸다.

둘. 생명 교회는 서로 살리는 교회다. 교회는 서로 위해 있
고 서로를 살린다. 네가 삶으로 내가 사는 상생의 삶을 체험하
고 확인한다. '나'를 살리기 위해 십자가에 죽은 예수는 나를 살
리기 위해 죽음으로써 영원한 부활 생명을 얻었다. 교회는 네가
삶으로 내가 산다는 생명의 진리를 익히고 실현하는 마당이다.

셋. 생명 교회는 치유하는 교회다. 함께 울고 함께 웃음으로
써, 질고와 연약함을 나누어짐으로써 교회는 영과 육의 질병들
과 상처들을 치유한다. 예수의 생명 안에서 한 생명이고 한 생
명이면 서로 생명 기운을 나눌 수 있고 상처와 질병을 치유할
수 있다. 절망, 좌절, 원망, 저주에서 벗어나 믿음으로 축복하고
축복받으며 편안히 죽는 것도 충만한 생명의 치유다. 교회의 삶
은 서로가 서로에게 치유를 주는 삶이 되어야 한다.

넷. 생명 교회는 삶의 축제 마당이다. 웃음과 울음은 삶의

순수한 표현이다. 웃음과 울음을 잃은 사람은 삶의 근원성과 본래성을 잃은 것이다. 잘 웃고 울게 하자. 삶의 축제는 웃음과 울음으로 표현된다. 교회 공동체는 예수의 부활 생명을 기리고 축하하는 잔치 마당이다.

다섯. 생명 교회는 축복하고 격려하는 교회다. 용서받은 죄인으로서 서로를 축하하고 위로하고 힘이 된다. 영적 축복만이 아니라 물질적 축복과 몸의 건강을 기원해 주는 교회여야 한다. 참으로 생명을 사랑하고 돌보는 교회라면 당연히 교인들의 삶이 잘되고 복 받기를 바라야 한다.

여섯. 생명 교회는 죽고 다시 사는 교회, 늘 새로워지는 교회다. 교회에서 교인들의 삶이 새롭게 정비되고 힘을 얻을 수 있어야 한다. 예수와 함께 죽고 부활생명으로 힘차게 솟구치는 교회여야 한다.

3. 세상적 삶의 중심과 일치로서의 교회

'더불어 있음'과 '서로 위함'의 삶을 살고 그 길을 연 예수 그리스도는 참된 생명이고 참된 생명에 이르는 길이다. 예수 그리스도를 떠나면 피조 세계의 삶, 국가와 문명의 삶은 근거와 목적, 방향과 중심을 잃고 무너진다. 교회는 예수 그리스도의 몸 된 공동체로서 예수의 생명을 증거하고 드러내며 누리는 공동체다. 국가, 사회, 가정의 공동체는 예수 그리스도 안에서 주어진 '더불어 있음'과 '서로 위함', '공생'과 '상생'의 힘에 근거해서 존재한다. 더불어 살 수 없고 서로 위해 살 수 없을 때 모든 공동체는 무너진다. 가정, 사회, 국가, 인류 공동체는 예수 그리스도 안에 주어진 공생과 상생의 힘에 의지해서 존속한다. 그러므로 교회는 세상 공동체의 목적과 근거와 힘을 지니고 있다.

모든 삶의 목적은 더불어 힘 있고 아름답게 사는 것이다. 그것이 창조자가 뭇 생명체에 준 삶의 목적이고 사명이다. 더불어 서로 위해 힘차게 아름답게 살 때 창조자의 뜻과 목적이 이루어진다. 그때 창조자 하나님께 영광이 돌려진다. 온 인류, 온 피조 세계가 정의와 평화, 자유와 사랑 안에서 활기차고 아름답게 사는 것이 삶의 최고 목적이고 꿈이다. 교회는 예수 그리스도 안에서 이 꿈과 목적을 이룰 힘과 사명을 지니고 있다.

그리스도와 함께 교회는 세상의 숨은 중심이다. 교회는 세상에서 가장 연약한 존재이면서 가장 존귀한 존재다. 교회는 세상의 모든 제도와 기관과 기구들, 국제연합(UN), 국가, 대기업, 학교보다 소중하며 존귀하다. 교회는 산 위에 있는 동네로서 온 세상에 예수 그리스도의 생명의 빛을 비춤으로써, 세상의 제도와 기관들이 본분을 다하게 해야 한다. 교회는 국가와 문명이 죽을 길에서 벗어나 살길로 가도록 예수의 생명 길을 드러내고 그 길로 앞서 가야 한다.

세상을 하나 되게 하는 교회

그리스도 안에서 교회는 한 몸을 이룬 생명 공동체다. 참 생명은 하나다. 생명은 내적으로 통일된 것이고 밖의 세계와 소통하며 하나로 이어진 것이다. 생명은 사랑으로 산다. 사랑은 하나로 느끼는 것이다. 하나를 품고 하나에 이를 때 생명은 새롭고 힘 있고 아름답다. 그리스도는 참 생명이고 참 사랑이기 때문에 모든 이가 그리스도 안에서는 하나다. 교회는 그리스도 안에서 하나임을 고백한다. 예수 그리스도가 세상에 온 것은 교회도 하나, 세상도 하나이게 하려는 것이었다. 그리스도 안에서 온 세상이 한 집이 된다.

그리스도 안에서 하나라는 것은 획일적인 하나가 아니며, 어느 하나를 배제하고 억누르는 하나가 아니다. 그리스도 안에서 하나라는 것은 온갖 다양한 꽃이 함께 활짝 피듯이, 사랑과 자유 속에서 서로 교감하고 공명하는 것이다. 그리스도의 '하나 됨' 안에서 생명은 완성되고 해방된다. 이 하나 됨은 다양성 속의 일치이며 서로 다름 속에서의 하나 됨이고, 복잡하고 복합적인 합일이다.

한겨레의 정신적 원형질은 '한'이다.[15] 한겨레는 한을 제 이름으로 삼았고, 절대자 신을 한님이라고 불렀다. 한은 '크고 하나임'이고 '밝고 환함'이다. 한겨레는 하나 됨을 열망한다.[16] 하나 됨을 갈망하기 때문에 하나를 느끼지 못하면 하나를 느낄 수 있는 단위로 갈라진다. 한겨레가 쉽게 갈라지는 것처럼 보여도 역설적으로 갈라지는 것 자체가 하나 됨을 열망하는 것의 다른 표현이다. 우리는 지역 감정과 남북 분단을 넘어 큰 하나 됨을 기대하고 열망하고 있다. 분열과 갈등의 골이 깊은 만큼 하나 됨의 열망도 크고 깊다.

그런데 한국 교회는 갈등과 분열에 너무 익숙해 있다. 장로교단만 100개가 넘을 만큼 갈라지고 또 갈라졌다. 그리고 이른

바 진보와 보수로 나뉘어 있다. 진보 교회는 사회·역사의 현실에 헌신적이고 책임적으로 참여했으나 복음적 신앙의 활력을 잃는 경향이 있고, 보수 교회는 복음적 신앙의 열심은 있으나 사회적·역사적 책임을 감당하지는 못했다.

오늘날 아시아 선교를 위해, 민족 통일과 북한 선교를 위해 한국 교회는 크게 하나 되어야 한다. 기독교 신앙과 복음이 한국 교회의 하나 됨을 요구하고, 한겨레가 남북 분단과 지역 감정을 극복하고 하나 되기를 열망하기 때문에 교회는 하나 되어야 한다. 민족의 하나 됨과 아시아 선교를 위해 한국 교회가 하나로 될 때 보수 교회도 진보 교회도 온전해지고 교회로서 제 구실을 하게 된다.

한국 교회의 신앙은 보수 정통주의의 복음주의 신앙, 진보 교회의 책임적 행동 신앙, 오순절 교회의 뜨거운 체험적 신앙으로 갈라지고 있다. 교회를 생명으로 보고, 신앙을 삶의 자리에서 본다면 세 가지 신앙은 하나로 통합될 수 있고 또 마땅히 통합되어야 한다.[17]

복음적 신앙과 은총은 삶을 긍정하고 삶에 자유를 줄 것이고 책임적 행동 신앙은 삶을 실현하고 성취하게 할 것이고, 뜨거운 체험적 신앙은 삶의 열정과 힘을 줄 것이다. 믿는 사람의 생각과 의식이 한쪽으로 치우치게 할 뿐이지 믿는 사람과 교회의 삶 자체는 세 가지를 온전하게 요구한다.

예수와 바울의 삶을 보면 복음적인 자유와 책임적 행동과 뜨거운 체험적 신앙이 함께 있음을 알 수 있다. 한민족의 전통 종교적 삶과 신앙의 원리는 "하나를 잡아 셋을 포함하고執一含三", "셋이 만나 큰 하나로 돌아간다會三歸一"[18]는 말로 나타난다. 셋이 어우러져 큰 하나를 이룬다는 원리는 삼위일체적 삶의 진리와 통할 수 있고, 복음적 신앙, 책임적 행동 신앙, 뜨거운 체험 신앙을 한데 묶을 수 있는 원리가 된다.

하나이기를 열망하는 한겨레의 문화적·정신적 원형질을 물려받은 한국 그리스도인들은 교회의 신앙적 일치와 선교적 협력을 이룸으로써 민족 통일과 지구촌 연대 그리고 아시아선교에 앞장설 수 있다. 한국 교회는 분단을 극복하고 한민족이 하나로 살 수 있는 지혜와 힘을 닦아 내고, 지구화하는 세상에서 인류가 지역, 인종, 종교, 정치, 경제의 갈등과 대결을 넘어서 평화롭게 사는 지혜와 힘을 닦아 내야 한다.

4. 사이버 공간과 교회의 선교

유승원 교수에 따르면 인터넷 시대는 "극도로 분화된 세계 속에서 개별 컴퓨터로 개인화된 인간들이 인터넷이란 아나키적 언로의 관계망 속에서 무한대로 팽창하는 정보를 공유하여 이루는 가상 공동체Virtual Community를 경험하며 사는 시대이다".[19] 이것은 "다른 영역의 삶이 인터넷 공동체에 의해 전적으로 대체된다는 뜻은 아니다. 그보다는 전통적 영역의 생활공간에 강력한 삶의 공간이 하나 더 추가되었다는 것을 의미한다. 그리고 전통적 영역의 생활공간은 새롭게 추가된 가상공간의 영역에 의해 심각한 영향을 받는다".[20]

21세기에 인터넷의 역동적이며 거대한 공간이 열릴 것이다. 이미 인터넷 공간, 사이버 공간은 빠르고 무한한 정보의 바다이며 역동적이고 종합적인 정보와 교류의 공간을 열어 놓는다. 매혹적인 동영상과 아름다운 음악, 신속하고 무한히 자유로운 정보의 교류와 나눔은 무한한 가능성을 열어 놓는다. 인터넷의 동영상, 음악과 색채와 역동적인 화면은 매혹적이다.

그런가 하면 인터넷은 인간의 생명을 파괴하고 영혼을 오염시키는 나쁜 정보도 얼마든지 유통시키고 몸과 인격을 배제함으로써 인간의 삶을 상징과 숫자와 기호로 해체할 수 있다. 거짓과 폭력이 난무하고 음해하고 파괴하는 정보를 신속하게 많이 유통시킴으로써 인간의 존엄성을 유린하고 인간에 대한 신뢰와 예의를 짓밟을 수 있다.

그럼에도 인터넷 공간은 누구나 자유롭고 신속하게 많은 정보를 나누고 전함으로써 민주적이고 자유로운 공간을 창출할 수 있다. 그리고 갈수록 인터넷을 통해 교류하고 삶의 문제들을 처리하는 사람들이 늘어날 것이다. 인터넷은 교회 공동체를 해체하는 세력이 될 수 있는 동시에 선교의 황금어장이 될 수 있다.

이미 사이버 교회가 등장하고 사이버 교회론이 논의된다. 텔레비전을 통해 집에서 예배드리는 재택 교회의 등장도 예상된다. 앞으로 '사이버 교회'도 많이 나타나고 집에서 텔레비전 예배를 보는 이들도 늘어날 것이다. 그러나 몸의 직접적인 참여가 없는 교회는 참 교회가 아니다. '사이버 교회'에서 교인들이 자신의 캐릭터를 만들어 놓고 그 캐릭터에게 세례를 주고 성만찬을 준다고 해도 그것은 몸과 영이 함께 죽고 사는 사건을 일으킬 수 없다. 거기서는 몸과 맘을 주고받는 사귐을 나눌 수가 없다. 또한 안방에서 텔레비전을 통해서 웅장한 예배당에서 하는 훌륭한 성가대의 찬양을 들으며, 뛰어난 설교자의 설교를 듣는 것으로 예배를 대신하며 교회에 출석하지 않는 그리스도인들도 나올 것이다. 그런 그리스도인이 텔레비전에서 예배를 진행하는 설교자와 성가대에게 온라인으로 헌금을 바칠 수도 있을 것이다. 그리고 그리스도인으로서 양심적으로 살려고 애를 쓸 수도 있을 것이다. 그런 사람이 어쩌면 훌륭한 그리스도인이 될 수 있을는지는 모르지만 집에서 홀로 예배드리는 것을 교회라고 할 수도 없고, 그런 사람을 교인이라고 할 수도 없을 것이다. 어떤 식으로든 몸을 배제한 사귐은 교회의 성도의 사귐이 아니다.

몸을 배제한 구원이 없듯이 몸을 배제한 사귐도 없다. 창조자 하나님, 성육신한 하나님, 십자가에 달려 죽고 몸으로 부활한 하나님을 믿는 사람이라면 몸 없는 사귐으로 만족할 수 없다. 인터넷에는 흙과 몸이 없다. 인터넷을 통해서 몸을 살리고 돌보며 몸을 동영상으로 매혹적으로 표현할 수도 있다. 그러나 거기서는 생명의 씨앗이 싹트지 않고, 잡아 줄 손이 없고 끌어안을 몸이 없다. 인격과 마음과 몸이 거기에 표현될 수는 있지만 그것이 마음과 몸 그 자체는 아니다.

몸, 유기체가 빠진 인터넷 공간에 교회 공동체가 설 수는 없다. 다만 그 공간으로 생명 교회의 기능과 활동이 연장될 수는 있다. 인터넷에서 새로운 사귐과 나눔과 봉사를 할 수 있으며,

영적·신앙적 깨달음을 나누고 서로를 돌볼 수도 있다. 갈수록 많은 사람들의 눈과 귀가 인터넷의 역동적이고 매력적인 공간으로 쏠릴 것이다. 사람들의 눈과 귀가 쏠리는 곳에서 복음을 전하지 않을 수 없으며, 성경적 믿음의 지식과 지혜와 깨달음을 나누지 않을 수 없다. 인터넷에서는 세계인들이 동시에 연결되고 접촉해서 힘과 지혜와 물질을 모을 수 있다. 크고 빠른 연결망을 통해 서로 하나 되는 교회와 세상을 만들어 갈 수 있다.

아시아 선교를 위해 일어나는 한국 교회

아시아에서 홀로 한국 교회가 복음적 영성과 물질적 축복을 풍성하게 받았다. 조상들의 종교적 열성과 영성도 풍부하게 물려받았다. 오늘 한국 교회가 분열된 부끄러운 모습을 드러내고 있지만 한국 교회에는 영적, 물질적, 인적 자원이 적지 않다.

나는 오늘 한국 교회가 부끄러운 모습과 행태를 떨쳐 버리고 아시아 선교를 위해 크게 일어나 서로 손을 잡는 길이 한국 교회가 갱신되고 개혁되는 지름길이라고 생각한다. 눈을 밖으로 돌려서 곧 선교의 문이 열릴 북한 동포들과 13억 중국인들에게 선교적 관심을 쏟고 선교의 사명을 깨닫고 선교의 준비를 하다 보면 물욕과 명예욕에 눈먼 교회 지도자들이 눈을 뜨고 새로운 신앙의 열정과 선교의 사명을 깨닫게 되지 않을까. 인도의 힌두교와 카스트 제도 밑에서 3,500년 동안 짐승보다 못한 대접을 받은 2억 명의 불가촉천민들(달릿)의 참혹한 삶을 보기만 하면 자신의 교회적 업적과 성취에 도취한 사람들이 아시아 선교의 열정과 사명감에 불타게 되지 않을까.

한국 교회 속에 예수의 생명이 살아 있다면 예수 그리스도의 복음적 생명과 공동체적 사귐을 갈구하는 굶주린 2천만 북한 동포들과 13억 중국인들과 2억 불가촉천민들의 부르짖음과 호소를 외면하지 못할 것이다.

4장

장애인의 현실과 장애인 신학

예수의 생명이 교회의 본질이고, 교회는 시대의 삶에 감응하는 산 공동체라면, 우리의 삶 속에서 삶에 대한 느낌과 이해와 울림을 통해 교회를 느끼고 보고 이해해야 한다. 서재의 책상에서 개념과 지식과 정보만으로 만든 교회론은 성경의 교회이든 오늘의 교회이든 생명으로서의 교회의 본질과 실상을 드러낼 수 없다. 오늘의 삶 속에서만 성경의 생명 사건을 이해할 수 있듯이 오늘의 삶 속에서만 생명체로서의 교회의 본질을 파악할 수 있다.

1. 장애인과 우리의 현실

　우리 사회에서 장애인은 외면당할 뿐 아니라 배척당한다.
또한 장애인이 사회에서 살아가기에는 너무나 두꺼운 벽이 놓
여 있다. 이 사회의 가장 밑바닥에서 고통당하는 장애인들의
한 맺힌 신음과 절규는 그동안 묵살되었고 그들은 침묵을 강요
당했다. 얼마 전까지만 해도 장애인을 배려한 건물이 드물고 지
하철과 시내버스도 장애인을 염두에 둔 흔적을 찾아보기 어려
웠다. 장애인은 한국 사회에서 잊힌 존재, 소외되고 밀려난 존
재, 한마디로 '존재하지 않는 것과 같은 존재'였다.

　체면을 내세우고 권위주의가 지배하는 한국 사회에서 장애
인은 부끄러운 존재였다. 특히 사회적으로 유력한 사람들이 장
애인 자녀를 가졌을 경우에 그 자녀를 부끄럽게 여기고 숨기
는 경우가 있다. 10여 년 전에 장애인 관련 모임에서 들은 이야
기다. 어느 장애인 선교 단체에서 장애인 야유회를 개최했는데

40세가량 된 장애인이 새 소리를 처음 들었노라고 고백했다고 한다. 그동안 바깥출입을 못했던 것이다. 아마 가족들은 그 장애인의 존재를 부끄럽게 여기고 어서 죽어 주기만을 바랐을 것이다. 이런 부모와 가족들이 우리 사회에 적지 않다고 했다. 요즈음은 정부와 사회가 장애인에 대한 관심을 가지고 장애인의 이동권移動權과 복지를 위해 힘쓰고 있다. 다행스러운 일이지만 선진국의 장애인 복지 수준에는 아직 크게 못 미치고 장애인과 더불어 사는 사회로 가는 길은 멀어 보인다.

장애인을 무시하는 사회 풍조

최근에는 장애인에 대한 관심이 이전보다 높아지고 장애인을 위한 사회적 배려가 느껴지기도 한다. 그러나 장애인에 대한 사회-경제적 벽뿐 아니라 문화-심리적 벽은 여전히 높고 깊다. 우리 사회를 지배하는 장애인에 대한 편견은 장애인을 죄인이나 부정한 인간으로 보는 종교-문화적 편견에서 비롯된다. 장애는 죄에서 비롯되었다거나 장애인은 불완전하고 부정한 존재라는 종교적 편견이 대부분의 종교들에 뿌리깊이 박혀 있다. 힌두교와 불교 또는 기독교에는 장애를 죄의 결과로 보고 부정한 것으로 보는 잘못된 생각이 남아 있다. 특히 체면과 형식을 존중하는 유교에서는 장애인을 부끄러운 존재로 여기는 경향이 있다.

  유교적 가치관과 사고가 오랜 세월 한국인의 생활을 지배
했다. 유교는 인간관계를 존중하는 좋은 전통을 가지고 있다.
그러나 현실 사회의 규범과 질서를 존중하는 유교는 기본적으
로 지배 엘리트에게 초점을 두고 있고 사회를 주도하는 중심 인
물을 기르고 사회 주류의 가치와 문화를 펼치는 데 집중한다.
따라서 장애인에 대한 직접적인 관심을 보이지 않는다. 기껏해
야 불쌍한 인간들을 어질게 대하라는 시혜적 자세를 보일 뿐이
다. 유교 문화에서 장애인은 주변적 존재 또는 부끄러운 존재로
전락하기 쉽다.[1] 공자에게 3천 명의 제자가 있었다고 하나 거기
에 장애인이 있다거나 공자가 장애인에게 관심을 가졌다는 기
록이 없다. 예수가 장애인과 병든 자를 찾고 예수의 주위에 늘
장애인이 있었던 것과는 아주 다르다. 일본과 한국은 오랜 세
월 유교 문화와 군사 문화의 지배를 받은 경험을 가지고 있다.
유교 문화에 익숙한 일본인과 한국인은 사회의 중심과 표준이
되는 것을 잣대로 생각하니까 소외되어 주변으로 밀려난 장애
인을 존중하는 생각이 부족하기 쉽다.

  고도성장을 이루었다고 자랑하는 한국 사회와 기적적인 교
회 성장을 이루었다고 내세우는 한국 교회가 어떻게 장애인을
오랜 세월 외면할 수 있었는가? 그 이유는 군사 문화와 유교 문
화 그리고 경제 제일주의가 사회와 교회를 지배했기 때문이다.
일제 때부터 군사독재 시절까지 80여 년 동안 군사 문화가 사
회의 정신을 지배했기 때문에 약자를 생각하는 마음이 자리

잡을 수 없었다. 힘 있고 높은 사람만을 바라보고 그런 사람만
위해서 사회가 돌아가다 보니 약자는 무시하고 짓밟는 풍조가
만연하게 되었다. 강자 위주의 사고와 삶이 몸에 밴 것이다. 조
선왕조 5백 년간 국가를 지배한 유교 역시 체면과 권위를 앞세
우고 강하고 높은 사람 위주의 삶을 강요했다. 임금과 스승과
아버지는 군림하고 신하와 제자와 자녀들, 여자와 어린이는 복
종하는 삶에 길들여졌고 양반이 상놈을 부리고 학대하는 데
익숙한 가치관과 사고방식이 지배하게 되었다.

　유교의 권위주의 문화에서는 장애인의 관점에서 생각하는
것이 불가능할 뿐 아니라 장애인은 부끄러운 존재일 수밖에 없
었다. 또한 급격한 경제성장을 추구하는 과정에서 능률과 성과
를 앞세우는 사고방식은 장애인을 외면했다. 장애인은 능률과
성과를 올리는 데 쓸모가 없다고 생각되었기 때문이다. 전쟁과
군국주의 문화가 지배할 때는 장애인이 설 자리가 없다. 전투
능력과 능률만을 생각하는 사회에서 장애인은 쓸모없고 거추
장스런 존재로 여겨진다. 한국의 경제성장과 건설이 군사 정부
아래서 주도되었기 때문에 그때 지어진 건물과 시설과 도로에
서 장애인을 배려한 흔적을 보기 어려웠다. 육교와 지하도가 많
고 건널목에도 턱이 있어서 휠체어를 탄 장애인은 길을 갈 수가
없었다.

　이렇게 사회를 주도하는, 이른바 잘난 인간들만 존중하고
능률과 쓰임새만을 생각하는 사회에서는 사람의 존재 그 자체

가 소중하고 영혼과 인격이 존귀하다는 생각을 하기 어렵다. 힘
과 물질만 존중되고 사람다운 삶, 함께 사는 공동체 정신을 잃
게 된다. 이런 사회에서는 장애인도 사람 노릇을 할 수 없지만
비장애인도 사람 노릇을 못한다. 장애인이 비인간적으로 짓밟
히고 소외당하는 만큼 비장애인들도 비인간적 존재가 된다. 장
애인을 무시하고 배척하는 사회는 비인간적인 사회가 된다.

장애인은 누구인가?

우리 사회의 근본 문제를 해결하고 사회 속에서 우리 자신
이 어떤 존재인지를 알기 위해서라도 장애인이 누구인지 알아
야 한다. 장애인을 제대로 알면 우리 사회의 근본 문제를 보고,
사회의 편견에서 벗어나 우리 자신의 모습을 직시할 수 있다.
장애인은 누구인가? 장애인 복지법에서는 장애인을 "지체부자
유, 시각장애인, 청각장애인, 음성언어기능장애인, 정신지체 등
정신적 결함으로 인해 장기간에 걸쳐 일상생활 또는 사회생활
에 상당한 제약을 받는 자"라고 규정하고 있다. 세계보건기구에
따르면 장애발생의 과정은 질병Disease, 손상Impairment, 무능력
Disability, 불리Handicap로 이어진다.[2] 신체장애를 지닌 장애인은
신체장애가 원인이 되어 신체적으로, 심리적으로 그리고 사회
관계적으로 제한을 받게 되어 심리적인 문제(신체장애에 대한 불

안과 사회적 자기불확실성 등)를 지니게 되며, 자아와 사회에 대한 인식과정과 주체적 태도 결정에 어려움이 생기는 2차 장애 즉 '의식장애'Despair가 생긴다. 그리고 1차 장애(신체장애)와 2차 장애(의식장애)가 통합된 상태가 3차 장애, 다시 말해 '목적지향적인 주체행동이 어려운 능력장애'Disability이다. 이 능력장애와 사회환경적 장애 원인이 서로 작용해서 생겨난 4차 장애가 '사회적 불리不利'다.[3] 장애는 사회적 성격을 지니고 있다.

장애는 어떻게 발생하는가? 1985년 인구보건연구원의 조사 자료에 의하면 장애 원인 가운데 출생 전 원인이 6.9퍼센트이고 나머지는 출생 과정에서 또는 성장 과정이나 사회생활 과정에서 장애가 발생했다.[4] 오늘날 공식 통계에 따르면 세계 인구의 10분의 1이 장애인으로 추정되고, 전 장애인의 70퍼센트가 개발도상국에 있는 것으로 추정한다. 남한에만도 4백만의 장애인이 있을 것으로 추정된다. 1991년 현재 정부에 등록된 장애인 수가 90여 만이다. 나머지 장애인은 가정에 숨겨져 있거나 사회적으로 방치되어 있는 셈이다.[5]

친구와 가족 친척을 포함하면 장애인과 관련 없는 사람은 없다. 사람은 더불어 사는 존재다. 더불어 살 때 사람다운 삶을 실현할 수 있다. 이웃을 배제하거나 소외시키고는 사람다운 건강한 삶을 살 수 없다. 장애인을 외면하고 거부하는 사회에서는 장애인도 사람 노릇을 할 수 없지만 비장애인도 장애인에 대해서 사람 노릇을 못한다. 장애인이 비인간적으로 짓밟히고 소외당하는 만큼 사회는 비인간적인 사회가 된다.

이러한 비인간적인 상황에서 벗어나서 장애인과 비장애인이 함께 사람다운 사회를 만들려면 장애인과 비장애인이 서로 사람으로 만날 수 있어야 한다. 어떻게 장애인을 사람으로 만날 수 있는가?

첫째, 비장애인이 장애인을 사람으로 만나려면 먼저 장애인에 대한 편견을 버리고 장애인의 자리에서 장애인을 보아야 한다. 장애인의 자리에서 장애인을 볼 때 비로소 장애인을 사람으로 볼 수 있다. 장애인의 자리에서 장애인을 보면 '장애인은 비정상인이고 비장애인은 정상인'이라는 편견에서 벗어날 수 있다. 장애인은 결코 비정상이 아니다. 다만 장애를 가져서 불편할 따름이다. 그 불편을 제도적으로나 보장구를 통해 제거하면 장애인도 비장애인과 같은 삶을 살 수 있다. 또 장애인의 자리에서 장애인을 보면 '장애인은 무능력자'라는 편견에서 벗어날 수 있다. 장애인은 결코 무능력자가 아니다. 장애인은 '다른 방식으로 능력 있는 존재'다. 장애인도 사랑할 수 있고 느낄 수 있고 창조할 수 있다. 위대한 예술가와 과학자가 되고 크고 아름다운 사람이 될 수 있다.

꼭 예술가와 과학자가 되어야 위대한 것도 아니다. 사람다움을 느끼고 드러낼 수 있다면 그것이 위대하고 아름다운 것이다. 사람은 하나님의 모습대로 지은 존재다. 사람이 하나님의 모습을 드러낼 때 참 사람다움이 드러나고 느껴진다. 하나님의 모습은 '사랑하는 영혼'으로 나타난다. 상처받기 쉬운 삶 속에서 하나님의 사랑을 그리워하고 목말라 하는 장애인은 '사랑하는 영혼'을 비장애인보다 더 잘 느낄 수 있다. 장애인은 하나님의 모습을, 참 사람의 모습을 누구보다 잘 드러낼 수 있다. 하나님의 모습인 '사랑하는 영혼'이 인생과 사회와 문명의 토대이고 목적이다. 사랑하는 영혼이 살면 사회와 문명이 살고 사랑하는 영혼이 죽으면 사회도 문명도 죽는다. 사랑하는 영혼을 잘 느끼는 장애인은 그런 의미에서 사회와 문명을 살리는 예수님에게 더 가깝고 하나님의 창조 활동과 구원 활동에 더 가까이 다가갈 수 있다.

둘째, 장애인을 사람으로 이해하고 사람으로 만나려면 장애를 사회적 차원에서 이해해야 한다. 장애우 권익문제 연구소 이사장을 지낸 김성재 교수는 장애의 사회적 성격을 두 가지로 말한다. 하나는 장애 발생 자체가 사회적 책임이라는 것이다.

> 통계에 의하면 장애를 입을 당시 연령별로 구분해 볼 때 정신지체의 경우를 제외하고는 출생 전에 이미 장애를 갖고 태어나는 경우가 5%라고 한다. 또한 출산 과정이나 성장 과정에서 장애가 발생하는 경우는 50%이고 지체장애의 경우는 이보다 훨씬 많은 비율을 나타냈다. 출생 이후는 물론이요, 출생 이전에 장애를 갖고 태어나는 것 역시 개인의 문제가 아니다. 왜냐하면 환경 오염, 공해 문제, 또한 가난의 문제, 질병의 문제 등 방치된 주변 환경으로 인

해서 출생 이전에 이미 장애를 갖고 태어나는 수가 허다하기 때문이다. 그러므로 모든 장애요인은 사회적 책임이라는 전제하에 인식되어야 하겠다. 따라서 장애인들을 위한 사회적 여건이나 환경을 조성하는 것은 특혜나 자선이 아니다. 이것은 인간의 당연한 권리를 위해서 마땅히 되어야 할 일이다.[6]

또 하나는 장애인이 느끼는 불편이 사회적 성격을 지니고 있다는 것이다.

> 장애인이 심각하게 느끼는 불편은 의식주에 대한 것보다는 비장애인들로부터 받는 심리적·사회적 차별로 생겨나는 것이다. 사회적 차별 속에서 스스로를 비하시키며 열등감에 사로잡히는 심리적 장애가 더 큰 문제이다. 또 우리의 주거 환경이나 사회 시설, 사회적 가치관이 모두가 비장애인을 중심으로 하는 구조이기 때문에 장애인들이 불편한 것이다.[7]

장애인의 불편은 비장애인과의 사회적 관계에서 생겨나는 것이다. 보다 정확히 말하면 장애인에 대한 비장애인의 몰이해와 차별이 장애인을 불편하게 한다. 따라서 장애인과 비장애인이 함께 살기 위해서는 장애인을 바로 이해할 뿐 아니라 장애인의 소외 문제를 비장애인의 문제로 받아들여야 한다. 사람답지 못한 것은 장애인이 아니라 비장애인이다. 장애인의 소외는 장애인에 대한 비장애인의 편견과 차별과 무관심에서 생겨나기 때문이다. 장애인에 대한 편견과 무관심이 장애인과 비장애인 사이에 넘을 수 없는 벽이 된다. 장애인과 비장애인 사이에 문이 열리려면, 비장애인이 먼저 마음의 빗장을 풀어야 한다. 장애인과 비장애인의 더불어 삶에서 장애를 가진 것은 일차적으로 장애인이 아니라 비장애인이다. 장애인은 비장애인과 더불어 살기를 바라고 더불어 살 마음의 자세를 지녔지만 비장애인은 장애인과 더불어 살 마음과 자세를 가지지 못한 경우가 많다. 장애인에 대한 불편한 마음과 거리낌이 장애인과의 사귐을 가로막고, 장애인에 대해 바른 이해와 느낌을 갖지 못하게 한다. 이처럼 비장애인이 장애인과 더불어 사는 데 장애를 가지고 있기 때문에 장애인과 더불어 살기 위해서는 비장애인이 먼저 자신의 심리적·사회적 장애를 극복하고 재활해야 한다.[8] 장애인과 비장애인이 사람다운 관계를 맺고 사람다운 사귐을 가지려면 비장애인이 자신의 비인간성을 극복하고 사람다움을 회복하고 사람답게 생각하고 사람답게 느끼고 사람답게 말하고 사람답게 행동해야 한다.

선진국의 장애인 정책

장애인들이 선교단체와 장애인협회, 장애인운동단체 그리고 장애우 권익문제연구소 등을 만들어 문제를 스스로 풀어 가고 있다. 일부 교회가 장애인에게 관심을 가지고 선교 사업을 펼쳐 왔다. 정부에서도 최근 장애인 문제에 관심을 갖기 시작했다. 특히 88년도 올림픽 이후 정부는 공공건물을 지을 때 장애인들이 접근할 수 있는 시설을 마련하도록 의무화하고 있다. 또한 에스비에스SBS는 창사 기념으로 '사랑의 징검다리'라는 특집 프로그램을 통해 1년 동안 장애인에 대한 관심과 이해를 높이는 데 크게 기여했다. 요즈음에는 텔레비전과 라디오, 신문이 장애인에 대한 애정과 관심을 가지고 장애인 문제를 다루기도 한다.

우리 사회의 장애인 복지와 장애인 인식은 어느 수준에 이르렀나? 먼저 선진국의 경우를 살펴보자. 나는 1990년에 미국 뉴욕에서 1년간 생활할 기회가 있었다. 뉴욕과 서울은 인구수로 보거나 도시의 성격으로 보아서 비슷한 도시이다. 그런데 서울 거리를 걷는 것과 뉴욕 거리를 걷는 것은 너무나 달랐다. 다리가 불편한 2급 장애인인 나에게 뉴욕 거리는 걷기 힘들지 않았다. 도로가 반듯하고 턱을 깎아서 걷기에 편했다. 뉴욕에서는 육교를 본 일이 없다. 지하철 때문에 지하도가 있지만 지하도는 결코 길을 건너는 목적이 아니다. 지하도 위로 건널목이 있는 경우가 많았다. 버스를 타기도 쉬웠다. 안전운행을 하기 때문에 안심하고 장애인이 버스를 탈 수 있다. 또한 휠체어를 탄 사람이나 계단을 오르기 어려운 사람을 위해서는 휠체어를 올릴 수 있는 장치와 보조 계단이 버스 출입구에 부착되어 있어서 언제나 이용할 수 있다. 뉴욕은 3층 이상 건물에는 대부분 승강기가 있다. 거의 모든 건물에 장애인이 출입할 수 있는 통로가 마련되어 있다. 주차장에는 장애인 전용 주차 공간이 확보되어 있다. 어디 그뿐인가. 미국에서는 장애인이 장애 때문에 교육을 받는 데 지장을 받는 일이 거의 없다. 모든 분야에서 장애인 우선의 원칙이 확립되어 있다.

국민 1인당 소득이 2만 불에 이르고 선진국에 이르렀다고 하지만 이 나라의 장애인 복지 수준은 선진국 수준에 이르지 못했다. 선진국에서는 장애인이 휠체어를 타고 자유롭게 다닐 수 있지만 우리나라 도로 사정은 휠체어를 타고 다니기에는 불편하다. 보도블록이 반듯이 깔려 있지 않은 데가 많고 도로의 턱이 높고 육교가 있고 지하도가 많다. 또한 특수학교가 모자라 많은 장애 어린이가 학교 문턱에도 가보지 못하고 집에서 갇혀 지내는 것이 현실이다.

저개발 국가에서는 장애인들이 길거리에서 구걸한다. 개발도상 국가들에서는 장애인들을 숨기고 격리하기 때문에 길거리에서 장애인을 보기 어렵다. 선진 국가들에서는 장애인들이 다시 길거리에 나온다. 온갖 보조 장비를 갖추고 장애인들이 길거리로, 사회로 나오고 사회는 장애인들에게 여러 가지 시설을 마련해 준다. 장애인의 85퍼센트가 개발도상 국가에서 산다. 그들 가운데 2퍼센트만이 도움을 받고 있다. 장애인에게 쓰는 모든 자원의 90퍼센트가 선진국의 장애인을 위해 쓰이고 있다.[9]

선진국 대열에 끼겠다는 한국 정부의 장애인 복지 정책은 어떤 수준인가? 선진국들의 복지 예산은 적은 나라는 15퍼센트, 많은 나라는 30퍼센트가 넘는 나라도 많다. 그러나 1996년 우리나라 정부 예산 60조 원 가운데 복지 예산은 2.5퍼센트인 2조 5천 억 원에 그치고 의료보험 예산을 뺀 순수 복지 예산은 1.5퍼센트뿐이다. 그 가운데 장애인을 위한 예산은 693억 원인데 대부분 시설 지원비로 쓰인다. 전체 예산에서 장애인 복지 예산이 차지하는 비율은 0.086퍼센트에 지나지 않는다.[10] 1997년에는 국방비가 두 자리 수로 증액되었는데 복지 예산의 증액은 이루어지지 않았다. 장애인을 위한 예산이 절대 부족하다. 장애인이 인구의 10퍼센트라면 예산도 거기에 걸맞게 책정되어야 하지 않을까?

예산이 절대적으로 부족하다는 것 말고도 장애인정책의 방향이 문제다. 정부는 장애인을 위한 복지시설 확충에 힘쓰고 있다. 장애인을 수용하는 복지시설은 결국 장애인을 비사회화시키고 사회로부터 격리시키게 된다. 이것은 바람직한 장애인 복지 정책이 아니다. 장애인이 사회 속에 통합되어서 다른 사람들과 평등하게 살 수 있도록 하는 것이 정책의 목적이 되어야 한다. 선진국에서는 장애인이 사회 속에서 함께 살 수 있도록 비장애인들의 주거 지역에서 자립할 수 있도록 장애인들의 공동 생활을 추구한다.

선진적인 장애인 복지를 이루기 위해서 가장 먼저 필요한 것은 발상과 인식의 근본적인 전환이다. 장애인을 귀찮은 존재로, 마지못해 자선을 베풀어야 하는 가련한 존재로 보는 자세에서 벗어나서 장애인의 삶에서 배우고 장애인과 더불어 공동체 세상을 이루려는 자세를 지녀야 한다. 한국 사회가 선진화되기 위해서 그리고 민주화되기 위해서 참된 공동체 사회가 되기 위해서 장애인의 아픔을 끌어안아야 한다. 오늘날 선진 사회와 후진 사회는 단순히 GDP의 액수로 구분되는 게 아니다. 국민의 복지 수준, 소외된 장애인을 위한 복지 수준에 따라 선진 사회와 후진 사회가 구분된다. 소외된 연약한 사람들과 더불어 사는 공동체 사회의 실현이 오늘 우리의 민족적 과제다. 장애인을 끌어안을 품이 없는 사람들이 2천만 북한 동포를 끌어안을 품이 어디 있으며, 중국과 일본을 끌어안고 동북아시아의 평화와 번영을 이룰 힘과 지혜가 어디서 나오겠는가.

장애인과 교회

지난 30여 년 동안 대부분의 한국 교회는 성경의 말씀과 예수의 정신을 따르기보다 사회 풍조를 따른 것으로 여겨진다. 어떤 교회들은 건강과 물질적 축복을 신앙의 결과라고 선전함으로써 이런 사회 풍조를 부추겼다. 많은 교회가 약자를 외면하고 강자를 축복했다. 심지어 가난과 고난과 질병을 죄의 결과로 봄으로써 장애인의 무거운 어깨를 더욱 무겁게 했다. 일부 교회를 제외하고 대부분의 교회는 정부나 방송사보다도 장애인에 대한 관심과 이해가 부족하다. 많은 교회가 장애인에게 무관심하고 장애인들을 위해 아무런 노력도 기울이지 않고 있다. 장애인들이 출입할 수 없도록 건축되는 예배당이 많다.

교회는 지역 공동체의 어머니로서 그 지역의 소외된 사람들 특히 장애인들을 품에 안고 돌볼 책임이 있다. 예수는 하나님의 사랑을 세상에 드러낸 이다. 하나님의 사랑은 하나님의 사랑을 절실히 필요로 하는 사람들, 가난하고 병들고 고통당하는 이들, 장애인들을 향한다. 예수가 살아 있는 교회라면 장애인을 외면할 수 없을 것이다. 오늘날 교회가 돈 많고 세력 있는 사람들 중심으로 돌아가고 소외된 사람들을 무시하는 것은 예수 없는 교회가 되었기 때문이다.

장애인들은 누구보다 하나님의 사랑과 복음을 절실히 필요로 하는 사람들이다. 장애인 가운데 5퍼센트가 기독교인이라고 한다. 국민의 4분의 1이 기독교인이라는 통계 수치를 생각하면 장애인의 기독교인 비율은 지나치게 낮다. 이것은 장애인에 대한 한국 교회의 선교적 관심이 부족한 것을 말해주며, 한국 교회의 본질적 위기를 드러낸다. 예수 없는 교회는 참된 의미에서 더 이상 교회가 아니다. 이 땅에서 참된 예수 그리스도의 교회가 되기 위해서 한국 교회는 장애인을 위한 교회, 장애인을 어머니처럼 보살피는 교회, 장애인의 친구로서 위로하고 격려하는 교회로 되어야 한다. 그리고 장애인들과 함께 새 사회를 열어 가는 동반자가 되어야 한다.

성경의 하나님은 언제나 약자 편에 서셨다. 약자를 옹호하고 불의한 강자를 꾸짖으며, 강자에게 맞서는 분이셨다. 파라오가 아니라 히브리 노예들을 편드셨고 왕이 아니라 힘없는 백성을 편드셨고 강대국이 아니라 약소국 이스라엘을 편드셨다. 예수는 항상 약한 자에게 눈길을 두고 그들의 편에서 말하고 행동했다. 많은 돈을 헌금하는 부자보다는 동전 두 개를 넣는 가난한 과부를 칭찬했다. 잃은 양 한 마리를 찾아 가시밭길과 벼랑길을 헤매는 목자 예수 그리스도와 한국 교회는 얼마나 멀리 떨어져 있는가. 장애인 문제를 놓고 볼 때 한국 교회가 하나님의 사랑을 잃어버린 것을 분명히 알 수 있다. 잃은 자에 대한 사랑에서 복음의 능력과 진리가 드러나야 한다.

세상 역사에서 공동체 파괴의 현실은 장애인 문제에서 가장 극적으로 드러난다. 소외된 자 가운데 소외된 자, 억눌린 자 가운데 억눌린 자가 장애인이다. 사회로부터 버림받을 뿐 아니라 가족으로부터 버림받은 장애인의 아픈 현실은 공동체 파괴와 하나님 없음의 현실이다. 장애인의 아픈 신음 소리는 공동체 파괴의 죄를 노골적으로 드러내고 하나님의 정의와 사랑을 갈구하는 소리다. 이런 상황에서 교회는 장애인 문제의 해결을 자신의 본질적 사명으로 받아들여야 한다. 장애인 문제는 교회의 정체와 본질을 확인하는 시험대다.

장애인 문제를 외면한 교회는 참된 예수 그리스도의 교회
가 될 수 없고 민족 공동체는 참된 공동체가 될 수 없다. 사람
이 사람답게, 교회가 교회답게, 민족이 민족답게 되려면 장애인
문제를 먼저 해결해야 한다. 이것이 우리가 오늘 건너야 하는
강이고 넘어야 할 산이다. 교회가 장애인 문제 해결에 앞장서야
한다. 물론 교회가 모든 일을 다 맡을 수는 없다. 교회가 직접
할 일은 해야겠지만 보다 많은 부분은 정부와 사회단체의 몫이
되어야 한다. 교회는 장애인 문제의 깊이와 본질을 드러내 보이
는 거울이 되어야 하며 장애인의 실상을 가리키는 손가락이 되
어야 한다. 교회는 세상을 구원하는 예수의 심정으로 장애인을
끌어안고 세상을 향해 장애인의 아픔을, 장애인의 소리를 전하
는 매체가 되어야 한다.

장애인의 소리를 전하는 매체가 되려면 먼저 장애인의 삶과
경험 그리고 현실을 바로 알아야 한다. 그리고 겸손히 장애인의
자리에서 장애인의 아픔을 함께 느낄 수 있어야 한다. 오늘 장
애인의 문제는 장애인들이 장애인에 대한 사회적 편견과 무지
로 인해서 침묵을 강요당한다는 데 있다. 장애인들은 용기도 부
족하고 자신들의 목소리를 드러낼 통로를 모르기 때문에 그들
의 소리를 높이지 못하고 있다. 교회는 무엇보다도 이들의 소리
가 들리게 해야 한다.

그러나 교회는 단순히 장애인을 위한 교회, 장애인을 선교
의 대상으로 삼는 교회가 되어서는 안 된다. 결코 장애인을 교

회 선교의 대상이나 선교 목표를 달성하기 위한 수단으로 삼아서는 안 된다. 불쌍한 장애인들을 도와준다거나 가련한 장애인들에게 자선을 베푼다는 생각은 결코 성경적·복음적 사고가 아니다. 예수 그리스도가 보여 주신 성경의 하나님은 오히려 가난한 사람들, 눌린 사람들, 강도 만난 사람들, 장애인들의 자리에서 장애인들을 보고 행동한다. 그리스도 안에서 하나님은 장애인들의 자리에서 장애인들을 보고 느끼고 행동한다. 사랑과 정의의 하나님은 상처받은 사람들과 직결되어 있다. 그러므로 교회는 먼저 장애인들의 아픈 현실에서 사랑과 정의의 하나님을 확인하고 경험해야 한다. 소외된 민중을 향한 하나님의 무조건적 복음적 사랑과 관심에 근거할 때 교회는 장애인을 선교의 대상이 아니라 선교의 주체로 하나님의 구원 사업의 주역으로 삼을 수 있다. 장애인은 선교의 주체이고 하나님 구원 사업의 주역이다. 사랑과 정의의 하나님이 장애인의 마음과 삶 속에 계시기 때문이다. 장애인의 아픔을 끌어안음으로써, 장애인의 마음과 삶 속에 계신 하나님의 사랑과 정의의 품에 안김으로써 교회는 장애인을 구원하기 전에 자신이 구원받게 된다.

우리 사회는 갈수록 푸근하고 넉넉한 품을 잃고 있다. 가정에서 학교에서 사회에서 그리고 교회에서도 따뜻하고 편안한 품이 사라지고 있다. 잃은 양을 향한 하나님의 품을 교회가 보일 수 없다면 교회는 맛을 잃은 소금이 되어 세상에서 밟히고 말 것이다.

2. 장애인 신학의 기초와 원리

장애인 신학은 장애인의 아픈 현실을 드러내고 장애인의 경험과 소리를 알림으로써 장애인 문제를 장애인의 자리에서 보는 눈을 일깨운다. 장애인에 대한 교회의 무관심을 깨뜨릴 뿐 아니라 장애인에 대한 애정과 관심을 갖게 한다. 사회와 가정의 그늘에서 그리고 사회의 무관심 속에서 묻혀 지내는 장애인의 삶이 장애인의 소리를 통해 알려지게 한다. 장애인의 소리가 들려지게 하는 데서 장애인 신학과 선교는 출발한다.

장애인 신학은 장애인의 삶에서 배우는 자세를 지킨다. 장애인은 어려운 여건에서 절망하지 않고 산다. 절망을 이기는 장애인의 강인한 투쟁에서 믿음과 삶을 배워야 한다. 절망과 죽음을 이기는 장애인의 믿음과 삶에서 삶의 기적을 보며, 하나님이 살아 계심을 보아야 한다.

장애인 신학의 목적은 장애인이 교회와 사회에서 장애인이 스스로 서게 하는 데 있다. 장애인은 믿음과 삶의 주체가 되어야 한다. 하나님의 형상을 지닌 인간으로서 장애인이 자신의 인격과 얼굴을 바로 세우고 살 때 창조자 하나님은 영광을 받는다. 장애인이 장애를 딛고 믿음과 삶의 승리자가 될 때 하나님이 살아 계심을 알 수 있다. 장애인이 장애를 넘어서 공동체적인 사귐을 나눌 수 있을 때 하나님의 영광이 드러난다. 그러므로 장애인 신학은 장애인이 스스로 그들의 존재를 드러내고, 스스로를 하나님의 형상을 지닌 사람으로, 하나님의 자녀로 인식하고, 하나님의 형상을 지닌 사람으로 대접받을 수 있는 권리를 쟁취하도록 일깨운다.

장애인 신학은 장애인과 더불어 사는 삶에서 하나님의 존재와 능력을 체험할 수 있음을 강조한다. 하나님의 사랑과 구원을 갈구하는 장애인에게서 하나님의 사랑은 드러나고 구원의 능력은 역사한다. 장애인의 아픔을 끌어안을 때 우리는 장애인에게서 역사하는 하나님의 사랑을 체험할 수 있고 성숙한 그리스도인이 될 수 있다.

장애인 신학과 장애인 선교는 장애인의 자리에서 장애인의 관점으로 이루어져야 한다. 그러기 위해서는 먼저 장애인의 눈으로 성경을 읽고 장애인의 자리에서 신학을 해야 한다.

장애인의 눈으로 읽는 성경

우리는 지난 1천여 년 동안 형성된 교회의 신앙적 성경 해석전통을 의심하지 않고 받아들이고 있다. 그러나 1천 년 동안 성경은 신체적으로나 정신적으로 장애가 없는 사람들에 의해서 주로 읽히고 해석되었다. 장애인들은 자신들의 눈으로 성경을 읽고 하나님을 말하지 못했다. 장애인은 교회 안에서 잊힌 존재일 뿐 아니라 침묵을 강요당한 존재였고 무시당한 존재였다. 전통적 성경 읽기와 신학에서 장애인에 대한 관심은 찾아보기 어렵다. 그러나 성경은 죽은 문서가 아니라 살아 있는 하나님의 말씀이다. 어떤 상황에서 어떤 관심을 갖고 읽는가에 따라서 성경은 다르게 말한다. 읽는 자의 관점에 따라 다르게 읽혀지고 다르게 받아들여진다. 장애인이 성경을 읽을 때 성경은 장애인을 위해 말한다.

성경을 바로 읽기 위해서는 성경의 내용 자체가 바르게 드러나도록 하고 그 내용을 오늘의 현실에 바르게 적용할 수 있어야 한다. 첫째, 어떻게 성경의 내용에 바르게 접근할 수 있는가? 종교개혁자 루터의 말대로 "성경이 스스로 말하게 해야" 한다. 그러나 성경은 다양한 내용을 담고 있으므로 읽는 사람의 관점과 입장에 따라 다양한 해석이 나온다. 그래서 개인의 편견과 시대적 경향이 성경 읽기를 왜곡할 수 있다. 읽는 자 자신의 관심을 충족시키고 자신을 정당화하기 위해 성경을 이용하고 왜곡하기 쉽다. 자신의 편견과 왜곡을 벗어 버리고 성경을 있는 그대로 보아야 한다.

성경을 있는 그대로 보기 위해서는 두 가지 사실에 주목해야 한다. 성경에는 시대적 제약과 편향이 나타난다는 것이 하나다. 오늘의 자리에서 보면 자연과학적·역사적 오류나 부정확성이 발견되고 여성에 대한 가부장제적 편견과 병자나 장애인에 대한 종교적·사회적 편견도 발견된다. 성경은 인간 구원의 진리를 담고 있지만 특정 시대의 인간에 의해 쓰여졌기 때문에 사상적·정신적·자연과학적 오류와 허물이 있다. 특정한 시대, 특정한 인간들의 말과 생각으로 성경이 쓰여졌기 때문이다. 성경에 담긴 하나님의 말씀은 이러한 인간적인 오류와 편견으로부터 구별되어야 한다. 마치 아기 예수가 말구유에 담겨 있듯이 하나님의 말씀이 인간과 역사의 오류와 허물이 섞인 글에 담겨 있다. 그러므로 성경의 문구를 맹신할 게 아니라 비판적으로 읽어야 한다.

또 다른 하나는 성경은 역사와 사회의 바닥에 있는 민중의 고난과 투쟁과 해방, 믿음과 구원의 이야기를 담고 있다는 사실이다. 민중을 해방하고 구원하는 하나님에 대한 민중의 이야기가 성경의 주류를 이룬다. 이 점이 성경의 중요한 특징이다. 고대의 역사서는 지배계급의 관점에서 쓴 지배계급의 이야기를 담고 있다. 승리한 정복자들의 이야기가 주류를 이루고 있다. 《삼국사기》도 주로 왕들과 권력자들의 이야기를 담고 있다. 《삼국유사》는 민간 설화와 민중에 관한 이야기를 포함하지만 민중의 고난과 투쟁이 주류를 이루지 않았고 민중적 관점이 드러나지도 않았다. 이에 반해 성경의 역사는 억눌리고 수탈당하고 소외된 자들이 중심에 있다. 역사의 밑바닥에서 하나님의 구원과 해방을 믿고 기다리며 꿈틀거리는 히브리인들, 나라를 잃고 종살이하는 이스라엘 백성을 성경적 역사의 중심에 세웠다는 점에서 성경은 독특하다. 성경을 읽을 때 성경의 이런 성격과 특징이 있는 그대로 드러나게 해야 한다.

둘째, 오늘의 빛에서 성경을 읽어야 한다. 성경은 죽은 역사책이 아니라 살아 있는 하나님의 행동과 말씀을 담은 산 책이기 때문이다. 고난받던 민중의 삶 속에서 말씀하시고 행동하신 하나님의 사건적 말씀이기 때문에 성경은 오늘 살아 있는 민중에게 들려지는 산 말씀으로 읽어야 하며 오늘 장애인의 삶에서 구원의 역사를 이루는 산 말씀으로 읽어야 한다.

밑바닥 사람들의 눈으로 보는 신학

그동안 신학은 신학자들의 전유물이었다. 서재와 상아탑에서 형성하는 신학은 관념적이고 사변적인 신학이었다. 신학자의 관심과 경험이 그의 삶의 자리에 의해 제약되었기 때문이다. 또한 교회와 세상 권력이 유착된 이래 신학은 오랜 세월 교권과 세상 권력의 지배와 통제를 받았다. 이러한 신학은 상아탑 신학으로서 성직자와 교회를 위한 신학이었고, 기존의 사회 제도와 관행을 정당화하며, 힘 있고 부유한 사람들을 축복하는 신학이었다.

20세기 후반에 이르러 성경이 역사적·사회적으로 연구되면서 성경의 사회적·정치적 성격, 민중적 성격이 밝혀지기 시작했다. 그리고 오늘의 상황과 관련되면서 고난받는 사람들을 위한 신학적 성찰이 이루어지기 시작했다. 이런 신학적 성찰을 통해서 사랑의 하나님과 고난받는 사람들의 상황이 결부되었다. 성경의 하나님은 사랑의 하나님으로서 억눌리고 수탈당하고 소외된 사람들, 고난받는 민중과 더불어 계시는 분이라는 사실이 밝혀졌다.

그러나 민중을 외면하고 멀리하는 이들은 성경에서 민중의 하나님을 볼 수 없다. 역사와 사회의 밑바닥에서 고난받는 민중이 성경의 민중적 하나님을 볼 수 있다. 민중적 상황 속에서 민중과 함께 있는 사람들이 성경의 민중적 하나님을 볼 수 있다. 더 나아가서 그런 사람들이 오늘 역사의 현장에서 살아 역사하는 하나님을 식별하고 만날 수 있다.

장애인은 세상에서 가장 낮은 자리에 있는 사람이다. 그런 의미에서 장애인은 성경을 가장 잘 볼 수 있고 성경의 민중적 하나님을 가장 잘 이해할 수 있다. 깊은 소외와 상처를 안고 있는 장애인이야말로 사랑의 하나님을 몸으로 그리고 혼으로 느끼고 알 수 있다. 장애인은 다른 누구보다도 절실하게 하나님의 사랑을 갈망한다. 그러므로 장애인을 외면한 성경 읽기와 신학은 바른 것일 수 없다. 장애인의 아프고 진실한 삶에 비추어 볼 때 비로소 바른 성경 읽기와 신학이 생겨날 수 있다.[11]

장애인 신학이란 민중 중의 민중인 장애인의 자리에서 성경과 장애인의 삶을 이해하고 해석하는 신학이다. 장애의 고통과 시련 속에서 그리고 그 시련과 고통을 이기고 살아가는 삶에서 드러나는 하나님의 은총과 공동체적 생명을 새겨 보는 신학이다. 장애인과 비장애인이 함께 공동체 세상을 열어 가는 신학, 죄와 죽음의 세력에 맞서 창조자 하나님의 창조와 구원을 성취하는 신학이다.

3. 장애인의 눈으로 본 성경—
하나님의 놀라운 일을 나타내는 장애인

창조하고 구원하는 하나님의 존재와 활동에 장애인이 가까이 있음을 성경을 통해 살펴보자.

하나님의 창조와 장애우(창 1:26-28)

하나님의 창조는 더불어 살려는 하나님의 의지와 목적에서 나왔다. 창조는 하나님의 풍성한 생명 나눔이다. 소외된 장애인의 현실은 공동체 파괴의 현실이라는 점에서 그리고 생명의 억압과 파괴라는 점에서 창조에 대한 도전이다. 하나님의 창조 의지는 장애를 극복하고 충만한 생명의 공동체를 이루려 한다.

하나님은 혼돈과 공허의 심연을 극복하고 말씀으로 생명의 세계를 창조했다. 모든 물질세계는 혼돈과 공허의 심연 위에 세

워진 것이다. 모든 물질은 생성·소멸하는 것이며, 덧없이 사라
지는 것이다. 물질세계의 바탕에는 혼돈과 공허의 심연이 있다.
덧없는 물질세계 속에서 하나님은 생명의 충만을 위해 인간을
창조했다. 하나님이 창조한 생명의 세상은 하나님에게 아름답
고 좋다고 했다.

　그러면 이 아름답고 좋은 세상에 왜 장애의 현실이 생겼는
가? 창조 세계는 허무와 혼돈의 심연 위에 세워진 세계다. 창조
세계는 혼돈과 공허의 심연을 딛고 생명의 충만과 완성을 향해
나아가는 열린 존재이고 아름답고 충만한 세계다. 창조 세계는
하나님 안에서 아름답고 충만한 세계이지만 물질의 바탕에서
보면 혼돈과 공허의 세계다. 창조 세계는 물질로 이루어진 미완
성의 열린 세계이므로 허무와 혼돈과 어둠의 침투, 죄와 죽음의
세력의 침투가 가능하다. 특히 사람은 인격적 관계를 지닌 자유
의지의 존재이므로 그런 침투의 여지가 크다. 인격적 관계와 자
유의지를 지닌 인간의 마음속으로 삶 속으로, 사람과 사람 사
이에, 하나님과 사람 사이에 침투한다. 창조를 무화無化시키려
는 혼돈의 심연이 자유의지의 빈틈을 뚫고 침입한다. 본래 이
빈틈은 자유와 아름다움과 다양함을 향한 생명의 완성을 위
한 빈틈이다. 그것은 거룩한 생명의 바람, 죽음을 이긴 부활 생
명의 바람, 생명을 소생케 하는 성령의 바람이 부는 빈틈이기도
하다. 그 빈틈에 해害와 죄와 악이 저 어둠과 허무와 혼돈의 나
락이 힘을 뻗칠 수 있다. 하나님은 허무와 혼돈의 심연을 창조

의 마지막 날이 이르기 전까지는 완전히 봉쇄하지 않는다.

왜 인간의 몸과 마음이 손상되고 파괴되는가? 하나님은 결코 피조물이 파괴되고 상처받기를 바라지 않는다. 하나님은 피조물이 파괴되고 상처받을 가능성 속에서 자유롭고 아름답고 다양하게 완성되기를 바란다. 몸을 지닌 모든 생명과 영혼은 상처받을 가능성, 고통당할 가능성을 안고 있다. 고통과 상처를 받을 수 있음, 파괴되고 죽을 수 있음은 몸을 지니고 몸 안에서 물질에 의존하며 사는 생명의 본질에 속한다. 하나님의 창조는 유한한 물질세계, 피조 세계, 육신 안에서 신적 생명을 완성하려는 것이다. 유한 속에서 무한을 성취하는 것, 물질 안에서 정신을, 육신 안에서 영혼을, 인간적 삶에서 신적 영광을, 세속적 삶에서 초월적 거룩을 성취하자는 것이다. 그러므로 하나님은 피조물이, 인간이 고통받고 파괴되는 가능성을 허락했고 고통과 파괴의 현실을 감수한다. 하나님은 무한한 사랑으로, 스스로 무한한 아픔을 느끼면서 인간의 고통과 파괴를 감수한다.

하나님은 인간을 자신의 형상대로 다시 말해 인격적 자유를 지닌 존재, 인격적 관계를 맺는 존재로 지었다. 인간은 하나님의 창조 사업에 동참하는 존재로 창조되었다. 하나님의 창조는 인간의 주체적 참여를 통해 완성된다. 하나님의 창조는 신적 생명에 대한 인간의 온전한 참여로써 완성된다. 하나님의 창조의 완성은 하나님과 그의 형상을 지닌 인간의 공동체적 관계와 사귐을 완성하는 것이다.

장애인의 장애는 왜 일어났는가? 예수는 창조자 하나님의 섭리의 맥락 속에서 장애인을 본다. 요한복음 9장 3절에서 예수는 나면서부터 눈먼 사람을 두고 이 사람이 눈먼 것은 하나님의 일이 드러나게 하기 위한 것이라고 말했다. 하나님의 창조의 목적이 이루어지도록 하기 위해서 장애인의 장애가 생겨났다. 어떻게 하나님의 창조의 목적이 장애인을 통해서 성취되는가?

인간을 관계적 존재, 공동체적 존재로 볼 때, 인간을 하나님과의 관계에서 보고 다른 사람과의 관계에서 볼 때, 장애의 현실은 하나님의 섭리로 보아야 한다. 특히 창조 신앙에 비추어 볼 때 장애인의 장애는 하나님의 뜻을 이루고 드러내기 위한 것으로 볼 수 있다. 장애의 현실은 하나님의 창조세계를 완성하는 계기로서만 하나님 앞에서 의미를 지닌다. 장애의 현실은 하나님의 영광을 드러내기 위한 것이고 인간의 믿음을 단련하기 위한 것이고 인간 공동체를 완성하기 위한 것이다.

하나님의 존재는 피조물의 아픔과 상처에서 더욱 두드러지게 감지된다. 사랑의 하나님, 생명의 원천이고 주인인 하나님은 생명의 아픔과 파괴에서 더욱 예민하고 분명하게 드러난다. 바로 그 아픔에서 하나님의 창조 사업은 가장 활발하고 적극적으로 이루어진다. 왜냐하면 거기서 하나님의 창조의지와 저 허무와 혼돈과 어둠의 심연이 맞서기 때문이다. 생명 파괴와 고통의 현장이 바로 하나님의 창조와 창조 파괴의 세력이 충돌하는 자리다. 바로 거기서 하나님의 창조의 능력이 발휘되고 생명 창조의 역사가 일어나야 한다. 상처와 약함에서 하나님의 영광이 드러나야 한다. 거기서 하나님의 창조의 목적과 의미가 밝히 드러난다. 거기서 공동체적 관계와 삶이 실현되고, 허무와 혼돈과 어둠의 나락을 이기는 창조적 생명력이 솟구쳐야 한다.

장애의 현실은 하나님의 창조 의지와 목적에 어긋난다. 참으로 하나님이 전능한 하나님이고 창조를 완성하는 하나님이고 사랑의 하나님이라면 하나님은 장애의 현실을 극복하는 하나님이어야 한다. 장애의 현실이야말로 하나님의 창조에 대해서 허무와 혼돈과 어둠의 현실이다. 하나님은 장애의 현실을 딛고 창조 세계를 완성해야 하고 사랑의 공동체를 실현해야 한다. 그럴 때 하나님은 자신이 하나님임을 우리에게 입증한다. 장애의 현실을 외면하거나 방관하는 하나님, 장애의 현실에 굴복하는 하나님은 창조자 하나님이 아니다. 사랑과 창조의 하나님, 그 하나님의 위로하고 보살피는 손길은 장애인의 상처받은 삶을 향한다. 장애인에게서 창조를 성취하려고 하신다. 하나님의 창조 목적과 의지가 장애인에게서 성취되어야 한다.

장애인을 장애를 지닌 자로만 규정하고 그렇게 대우하는 것은 비인간적일 뿐 아니라 비신앙적이다. 장애인은 장애를 지녔음에도 불구하고 인간일 뿐 아니라 하나님의 사랑하는 자녀이다. 장애인에게서 장애만을 보지 말고 하나님의 선하고 아름다운 창조를 보아야 한다. 장애인에게도 하나님의 선한 창조의 능력이 남아 있다. 장애인도 영혼으로 하나님의 사랑과 은총을 느

낄 수 있고 머리로 생각할 수 있고 몸으로 느낄 수 있다. 장애인
이기 때문에 장애인은 남보다 더 하나님의 사랑과 은총을 목말
라하고 공동체적인 삶을 갈구한다. 장애인에게서 삶의 아름다
움과 힘이 더 순수하게 드러날 수 있다. 장애인들의 믿음과 삶
의 이야기들에서 우리는 영혼의 아름다움과 힘을 볼 수 있다.

사도 바울은 인간의 약함 속에서 하나님의 능력이 역사한
다고 말했다. 인간의 약함과 상처 속에서 하나님의 사랑과 능
력이 강하게 역사하듯이 장애인의 상처받은 삶에서 하나님의
사랑과 능력이 더욱 강하게 드러난다. 죽음을 앞둔 절망적인 상
황에서, 인간적으로는 체념하고 포기할 수밖에 없는 상황에서
아름다운 삶의 기적을 일으키는 장애인들에게서 하나님의 창
조의 능력을 보게 된다. 입으로 또는 발가락으로 아름다운 시
를 쓰고 뛰어난 그림을 그리며 심한 장애를 안고서 위대한 사
랑을 꽃피우는 장애인들에게서 믿음과 삶의 기적을 본다. 장애
인들에게서 하나님의 창조의 힘과 사랑의 능력을 가장 생생히
볼 수 있다. 오늘 하나님은 장애인의 삶에서 창조와 구원의 사
업을 수행하신다.

고난의 종과 장애인

구약성경에서 기독교 신앙을 이해하는 데 가장 중요한 구절

이 이사야 53장에 나오는 '고난의 종'에 관한 말씀이다. 이 말씀을 통해서 비로소 예수 그리스도의 고난과 죽음을 알 수 있고, 하나님의 구원의 길과 방식을 알 수 있다. 고난의 종은 볼품없는 존재, 멸시를 당하고 배척을 당하는 존재다. "그는 고통을 겪고 병고를 아는 사람"(사 53:3)이다. 그는 "우리가 앓을 병을 앓아 주었으며, 우리가 받을 고통을 겪어 주었다"(53:4). "그 몸에 채찍을 맞음으로 우리를 성하게 해주었고 그 몸에 상처를 입음으로 우리의 병을 고쳐 주었구나"(53:5). '고난의 종'은 예수의 십자가 고난을 이해하는 데 결정적으로 중요한 근거가 되었다. 세상을 구원하는 메시아가 백마를 탄 화려한 모습으로 오지 않고 고난받고 죽어 가는 초라한 모습으로 온다는 말씀은 인류 구원을 전혀 다른 방식으로 생각하게 한다.

고난의 종은 세상의 죄악, 고난과 슬픔의 밑바닥까지 체험하는 자이다. 세상의 죄악과 슬픔의 깊이를 아는 자만이 세상에서 고통받는 사람들의 삶과 영혼을 건져 줄 수 있다. 그런 고난의 종만이 인간의 삶의 깊이, 마음 깊이 들어올 수 있다. 그런 고난의 종만이 고통받는 사람을 일으켜 세울 수 있다.

고난의 종에 관한 성경의 말씀은 자신의 고통은 자기 혼자 겪어야 한다는 개인적이고 평면적인 사고를 넘어서 고난의 공동체성, 고난의 연대성에 이르게 한다. '너'의 고난에서 나의 고난을 본다. 하나님의 품에서는 모든 사람이 하나님의 자녀로서 형제자매로서 서로 하나로, 한 가족으로 결합되어 있다. 고난의 종이 겪는 아픔은 하나님의 품 안에서 모든 사람의 고통과 이어지고 통해 있다. 하나님의 사랑의 품 안에서는 어떤 고통도 무의미하거나 헛되지 않다. 어떤 고통도 하나님의 마음에 닿고 하나님의 마음을 움직인다. 어느 누구의 아픔도 하나님의 마음을 통해서 우주 생명 세계를 울리고 형제자매의 마음에 닿고 형제자매의 마음을 움직인다.

네가 고난당하는 것은 나 때문이고 우리 때문이라고 하는 깨달음은 하나님의 품 안에서 주어지는 영적 깨달음이다. 내가 하나님을 떠나서 나만을 위해 살았기 때문에, 나와 우리의 죄가 너무 크기 때문에 네가 고통을 당한다는 깨달음은 하나님 안에서가 아니면 가질 수 없는 깨달음이다. '너의 고난' 앞에서 나 자신을 회개하고 하나님께 돌아갈 수 있다. 그러면 서로 손잡고 하나 되는 일이 일어난다. '너'의 고난 속에서 우리는 전체 하나의 생명(하나님) 속으로 들어가고 전체 생명 안에서 구원과 새로운 삶이 주어진다.

고난의 종은 구원자, 하나님의 종, 메시아인데, 병을 앓고 고통받는 자다. 그는 일차적으로 장애인의 병과 고통을 대신 지고 고난받는 자로 이해할 수 있다. 우선 그는 장애인을 멀리하는 분도 아니고 장애인이 가까이 갈 수 없는 분도 아니다. 장애인은 고난의 종을 누구보다도 가까이 느끼고 이해할 수 있다.

오늘 고난당하는 장애인에게서 '고난의 종'을 발견할 수 없을까. 초라하고 배척받는 장애인의 고난당하는 모습은 고난의 종을 연상시킨다. 왜 하나님은 장애인에게 그런 고난의 짐을 지우셨을까. 장애인이 죄가 많은 까닭일까. 장애인은 세상의 죄와 짐을 지고, 세상의 고통과 슬픔을 지고 가는 어린양이 아닌가. 장애인을 우리의 구세주라고 생각하는 것은 아니다. 장애인이 완벽하고 흠 없는 인간, 구원받을 필요가 없는 구원자라는 것은 결코 아니다. 장애인은 흠 많고, 허물이 많은 존재다. 장애인은 구원받아야 할 존재다. 그러나 장애인이 지고 있는 고통은 그 자신의 죄 때문에 겪는 고통이 아니다. 그가 원해서 겪는 고통도 아니다. 장애인은 그런 고통을 지도록 하나님에 의해 선택된 존재요, 세상에서 그런 고난을 지도록 정해진 존재다.

　왜 하나님은 장애인에게 그런 큰 고난을 지우셨을까? 비장애인이 겪어야 할 고난까지 그들에게 지우신 것은 아닐까? 인간들이 회개하고 하나님께 돌아오도록 하나님은 장애인에게 고통과 슬픔을 안겨 주셨다. 장애인의 고난 속에서 하나님의 고난과 사랑을 발견하도록 하기 위해서 하나님은 세상에 장애인의 고난이 있게 하셨다. 장애인과 손잡고 참된 생명에 이르도록 하나님이 인류에게 숙제를 주신 것이다. 인간의 죄책과 공동체적 책임을 깨우쳐 주시려고 장애인에게 고통스러운 짐을 지우셨다. 새 세상, 영원한 생명, 맑은 영혼을 얻도록 하기 위해서 하나님은 장애인에게 고난을 지우셨다.

　장애인은 남모르는 깊은 고통과 슬픔을 안고 있으며 세상의 죄악의 깊이를 몸소 체험하고 있다. 이 점에서 장애인은 고

난의 종과 통한다. 장애인의 한숨과 눈물, 절규와 호소는 하나
님의 마음을 움직이고 하나님의 보좌를 움직인다.

장애인과 예수의 생명 회복 운동

① 장애의 극복과 메시아의 사명

예수 시대의 민중은 정치적·군사적으로 로마군과 헤롯 왕
가의 압제를 받았고, 그리스·로마가 이룩한 헬레니즘 문화의
지배를 받았고, 사제 귀족들과 바리사이파로부터 종교적 억압
과 수탈을 당했다. 그들은 가난하고 힘없는 백성이었을 뿐 아니
라 외래적인 문화의 영향으로 갈등과 혼란을 겪고 있었다. 또한
사제 귀족들과 바리사이파와 같은 종교적 지배층으로부터는
부정한 죄인으로 낙인찍혀 있었다. 정치·경제, 사회·문화, 종교
등 모든 방면에서 억눌리고 수탈당하며 소외되었던 민중의 땅
팔레스타인은 질병 박물관이라 일컬을 정도로 온갖 질병이 만
연했다.

하나님 나라 운동을 시작한 예수는 이사야서의 말씀을 택
하여 자신의 사명을 선포하셨다. "주께서 나를 보내심은 포로
된 자들에게 해방을 선포하고 눈먼 자들에게 눈 뜨임을 선포하
며 눌린 자를 놓아주고 주의 은혜의 해를 선포하게 하심이라"
(눅 4:18). 예수의 하나님 나라 운동은 장애인의 치유와 해방을

포함한다. 예수는 마치 병자와 장애인을 치유하고 돌보러 온 이처럼 병자와 장애인에게 집중한다. 그의 주위에는 늘 장애인들이 몰려들었다. 못 걷는 이, 한쪽 손 마른 사람, 눈먼 사람, 귀머거리, 신체적·정신적 질병을 지닌 온갖 사람들이 예수에게 고침을 받았다. 예수는 장애인들의 소외된 삶을 해방하여 온전하고 충만한 삶을 회복시켰다. 그의 하나님 나라 운동은 생명 회복 운동이었다.

옥에 갇힌 요한이 예수에게 "당신이 메시아냐 아니면 우리가 다른 사람을 기다려야 하느냐?"고 제자들을 통해 물었을 때 예수는 다음과 같이 말함으로써 자신이 메시아임을 밝혔다. "너희가 가서 보고 들은 것을 요한에게 알리되 맹인이 보며 못 걷는 사람이 걸으며 나병환자가 깨끗해짐을 받으며 귀먹은 사람이 들으며 죽은 자가 살아나며 가난한 자에게 복음이 전파된다 하라"(눅 7:22). 자신이 메시아인지 아닌지 사변적인 논의 대신에 예수는 지금 하고 있는 일, 장애인의 장애를 극복하는 일을 보여 준다. 장애인이 장애를 극복하고 풍성한 삶을 살게 함으로써 메시아의 사명이 성취되고 예수가 메시아임이 밝혀진다. 더 나아가서 메시아냐 아니냐는 예수에게 중요한 물음이 아니었다. 예수에게 중요한 것은 장애인이 장애를 극복하고 일어서는 것이고, 가난한 사람에게 복음이 전파되어 가난한 사람이 기쁘고 복되게 사는 것이었다.

② 장애인의 짐을 짊어진 예수(마 8:16-17)

마태복음 8장 17절에 의하면 고난의 종 예수는 연약함과 질고를 짊어짐으로써 병든 이들을 치유하고 구원한다. 예수의 삶과 죽음은 고난의 종으로서의 삶과 죽음이었다. 예수는 죄악과 고통의 깊이를 알고 그 고통과 죄악을 짊어진 분이다. 예수는 이 세상의 죄악과 고통과 슬픔, 한恨의 깊이를 온전히 맛봄으로써 세상을 구원할 공동체를 만들 자격을 얻었다. 예수는 삶의 나락에서 역사와 사회의 바닥에서 구원의 길을 열었다. 이 세상 지옥의 밑바닥에서 하늘나라에 이르는 길을 뚫었다.

예수는 고난의 짐을 지러 세상에 왔다. 예수는 남을 위한 존재로 살았다. 아담과 하와의 후손인 인간은 누구나 자기를 위해서 산다. 그러나 예수는 남을 위한 존재로 살고 죽었다. 그는 남의 고난과 약함을 짊어지고 죽었다. 죄인들, 약하고 병든 우리 인간들에게 자신의 생명을 주었다. 우리와 하나 되기 위해 자신의 살과 피까지 우리에게 밥으로 주었다. 그는 하나님의 사랑과 능력을 나누어 주는 이로 왔다. 그리하여 우리의 생명이 충만하게 했다.[12]

예수는 세상의 짐을 지되 특히 질병과 약함, 다시 말해 장애인의 장애의 짐을 지셨다. 누가복음 4장 16-19절, 7장 18-22절에 의하면 눈먼 이를 보게 하고, 못 듣는 이를 듣게 하고, 못 걷는 이를 걷게 하고, 나병환자를 깨끗하게 하는 것이 예수의 메시아 사역이었다. 다시 말해 장애인 치유가 그리스도의 직분 수행이었다. 십자가의 예수처럼 장애인도 세상의 죄악과 슬픔과 고통의 깊이를 안다. 그 점에서 장애인은 예수의 삶과 겹친다. 죄와 슬픔과 고통의 깊이를 앎에서 예수와 장애인은 하나로 된다. 예수는 장애인의 자리에서 장애인의 깊은 고통을 짊어지고 생명 공동체의 구원에로 이끈다.

예수의 치병 행위는 자선이 아니다. 예수는 흔히 "네 믿음이 너를 치유했다" 함으로써 치병 사건을 병자와 하나님의 관계로 돌린다. 못 보는 사람 바디매오를 치유할 때도 예수는 일방적으로 치유하는 게 아니라 바디매오의 관심과 생각을 먼저 묻는다. "당신은 내게 무엇을 요구합니까?"(막 10:46–52) 예수의 치병 사건은 예수와 민중(장애인)과 하나님이 믿음으로 하나되는 기적이었다. 예수의 치병 사건은 장애인과 하나로 되어서 장애인을 주체로 세우는 일이었다. 장애인의 주체가 확립되고 더불어 사는 일이 이루어질 때 하나님의 창조도 완성된다. 예수의 치병 사건은 생명 나눔 잔치다. 그것은 죽음과 저주와 죄에 대한 하나님의 창조 생명의 승리이다. 하나님의 구원의 길의 마지막은 신체성이다.[13] 창조자 하나님의 구원은 몸에서 완성되어야 한다. 그렇기 때문에 예수 운동은 밥상 공동체 운동이었고 예수의 부활은 몸의 부활이었다.

장애인은 몸의 고통 속에서 생명의 감수성을 얻는다. 장애인들처럼 억눌리고 소외된 사람들이 사회의 부조리를 먼저 깨닫고 새로운 사회가 오는 것을 먼저 안다. 불의를 저지르는 사람은 사회의 부조리에 대해 둔감하지만 불의를 당하는 사람은 사회의 부조리에 대해 예민하다. 억압하고 지배하는 자들은 현재의 사회를 유지하고 지키려고 하기 때문에 새로운 사회가 오는 것을 싫어하고 보려고 하지 않는다. 그러나 억눌린 사람들은 새 시대를 간절히 기대하기 때문에 새로운 시대가 오는 것을 민감하게 포착한다. 그러므로 눌린 자들, 특히 장애인들의 고통과 그 고통에서 나오는 소리는 사회의 불의와 악을 드러내는 소리다. 이 소리를 끝까지 외면하는 사회는 불의와 악 속에서 망할 것이다. 그러므로 구원을 얻으려면 사회의 밑바닥에서 들리는 고통의 소리를 예민하게 들어야 한다.

고난에 대한 감수성은 사회적 삶의 건강을 재는 척도다. 예전에 잠수함이 처음 나왔을 때 승무원들은 토끼를 잠수함에 태우고 다녔다고 한다. 토끼는 약하기 때문에 잠수함 안에 산소가 부족하면 먼저 예민하게 느끼고 고통을 당한다. 그러면 승무원들은 그 토끼가 고통당하는 것을 보고 위험이 닥친 것을 깨닫고 물 위로 나와서 산소를 보충한다. 한국 사회에서 억눌린 자들, 특히 장애인들은 토끼와 같은 존재다. 그리스도인들과 교회는 이들의 소리를 듣고 전하는 매체가 되어야 한다. 이들의 사회적 아픔을 먼저 예민하게 느끼고 사회에 알려야 한다. 그동안 공동체가 파괴되고 자연 생태계의 생명이 파괴되는데도 인간 생명과 자연 생명이 지르는 비명 소리를 우리는 듣지 못했다. 너무 늦기 전에 고통받는 자들의 소리를 알릴 책임이 우리

에게 있다. 하나님께 이 아픔을 기도로 알릴 의무가 우리에게
있다.

　예수는 이 사회에서 무거운 짐을 지고 고난당하는 사람들
의 약함과 죄짐을 짐으로써 영원한 생명과 구원에 이르는 길을
열었다. 마치 잠수함의 토끼처럼 예수는 세상의 죄짐을 지고 십
자가에서 고통당하며 신음하고 있다. 지금도 예수는 고난받는
자들과 함께 그들의 짐을 지고 그들과 함께 아파하고 신음하
며 부르짖고 있다. "나의 하나님, 나의 하나님 왜 나를 버리셨습
니까!"라는 예수의 십자가 상의 외침은 고난과 시련 속에서 신
음하는 모든 사람의 외침이다. 예수는 지금도 우리의 중심에서
이 세상 한복판에서 이 역사의 밑바닥에서 우리의 짐을 지고
부르짖는다.

　예수는 이 세상의 고난받는 사람들의 짐을 지고 신음하며
부르짖음으로써 우리의 무딘 마음을 일깨운다. 그리하여 생명
이 파괴되고 고갈되는 세상에서 생명의 아픔을 예민하게 느끼
고 고통받는 생명의 소리를 듣게 한다. 말없이 외치는 자연 생
명의 신음 소리, 역사와 사회의 밑바닥에서 버려진 사람들의 부
르짖는 소리, 우리 자신의 영혼 밑바닥에서 울리는 생명의 소리
를 듣고 우리는 그 소리를 알리는 목소리가 되어야 한다. 우리
는 세상을 향해 고통받는 생명의 소리를 외치고 하나님을 향해
상처받은 생명의 아픔을 호소해야 한다. 예수와 함께 우리는
생명의 아픈 외침을 외쳐야 한다. 그리하여 하나님의 생명이 우

리 속에 세상 안에 충만하게 해야 한다.

③ 장애인에 대한 종교적 편견의 극복(요 9:1-3)

예수는 장애인에 대한 종교, 사회적 편견을 벗겨 주었다. 예수 당시의 통념에 의하면 장애는 죄의 결과이고 장애인은 저주 받은 자, 부정한 자다. 먹고살 길이 없어 구걸로 연명하는 장애 인이 많았다. 장애인은 사회적으로 가장 소외되고 불행한 자였 다. 요한복음 9장 1-3절의 말씀은 장애인에 대한 예수의 자세 가 그 시대 사람들과 얼마나 다른지 알려 준다. 예수와 제자들 이 길을 가다가 나면서부터 눈먼 사람을 만났다. 제자들은 "저 사람이 눈먼 것이 저 사람의 죄 때문입니까? 아니면 부모의 죄 때문입니까?" 하고 예수께 물었다. 장애인에 대한 제자들의 태 도는 당시 유대교인들의 일반적인 태도를 나타낸다. 당시 유대 교는 질병을 죄 탓으로 돌렸다. 제자들은 장애인의 장애를 본인 의 죄나 부모의 죄의 결과로 보았다. 장애는 죄의 결과, 다시 말 해 하나님의 심판과 저주의 표시였다. 장애를 운명론적으로 저 주의 현실로, 부정적으로 보았다. 장애를 죄나 운명적 저주로 보는 것은 유대교뿐 아니라 고대의 거의 모든 종교들과 문화들 에 나타나는 그릇된 태도다.

장애인에 대한 제자들의 태도에는 몇 가지 잘못된 생각이 들어 있다. 첫째, 이들은 인과응보적 하나님 신앙에 사로잡혀 있다. 그들의 하나님은 용서하고 사랑하는 하나님, 해방하고 살려 주는 하나님이 아니라, 죄와 허물을 가차 없이 처벌하는 율법주의적 하나님이다. 그들의 하나님은 새로운 미래의 하나님이 아니라 과거에 매인 하나님이다. 둘째, 그들은 장애인의 삶을 운명론적으로 이해했다. 장애를 부모의 죄나 자신의 죄로 돌리는 장애인은 자신의 장애를 운명으로 받아들이고 체념할 수밖에 없다. 자신의 장애를 수치스럽고 욕된 것으로 받아들일 수밖에 없다. 그리고 장애를 타고난 운명으로 보는 사람은 장애인을 수치스러운 존재, 저주받은 존재로 멸시하고 배척할 수 있다. 셋째, 개인주의적·방관자적 관점에서 장애인을 보았다. 장애인은 장애인이고 나는 나라는 지극히 개인주의적이고 방관자적 입장에서 장애인을 보고 평가했다. 하나님 앞에서 장애인이 나와 더불어 살아야 할 이웃이라는 공동체적 안목이 이들에게는 없었다.

예수는 제자들과는 전혀 다른 관점에서 장애인을 보았다. 예수께서는 제자들에게 이렇게 대답했다. "이 사람이나 그의 부모가 죄를 지은 것이 아니다. 하나님께서 하시는 일을 그에게서 드러나게 하려는 것이다." 이 사람이나 그의 부모가 죄를 지은 것이 아니라고 말함으로써 예수는 율법주의적 하나님 신앙을 거부하고 운명론적 관점도 거부하고 개인주의적·방관자적 태도도 부정한다. 예수는 장애인의 삶을 하나님과 직결시킨다. 예수는 여기서 놀라운 선언을 한다. "장애인의 장애는 하나님의 일이 드러나게 하기 위한 것이다. 장애인은 하나님의 일을 드러내기 위한 존재다." 이보다 더 적극적으로 장애인을 평가할 수 없다. 장애인은 하나님의 영광스러운 일을 드러내기 위한 존재다. 이 본문을 잘못 이해하면 하나님이 자신의 영광을 드러내기 위해 장애를 만들었다거나 장애인은 하나님의 영광을 드러내는 단순한 도구에 지나지 않는다고 생각할 수 있다. 그러나 이것은 본문의 의미를 오해한 것이다. 하나님의 영광과 일은 바로 장애를 극복하는 데서 드러난다. 하나님의 사랑과 정의와 능력이 장애인에게서 드러나야 한다. 예수는 장애인의 삶에 적극적으로 참여한다. 예수는 장애인을 장애의 상태에 체념적으로 머물게 하지 않고 장애로부터 해방하여 하나님 나라의 주인으로 일으켜 세웠다. 예수는 장애인을 하나님 나라의 중심에 세웠다. 예수가 장애인의 삶에 개입함으로 하나님의 일이 이루어지고 하나님의 영광이 드러난다.

예수는 지금 이 사회에서 가장 억눌리고 소외된 사람들인 장애인을 일으켜 세우고 하나님과의 사귐 속으로 이웃과의 사귐 속으로 이끈다. 시각장애인, 다리를 저는 이, 나병환자, 청각장애인들은 이 사회로부터 격리된 자들이고 사회의 밑바닥에 버려진 자들이다. 이들과 사회의 지배층 사이에는 깊은 골, 먼 간격, 높은 벽이 있다. 예수는 이 깊은 골과 높은 벽을 공동체 파괴의 현실을 단번에 넘는다. 그리하여 장애인 민중과 함께 희년 잔치, 하나님 나라의 잔치를 벌인다.

예수의 희년 잔치에서는 장애인이 더 이상 장애 때문에 차별받지 않고 억눌리지 않는다. 오히려 장애를 지녔기 때문에, 아픔과 슬픔이 컸기에 더 큰 위로와 기쁨을 누린다. 꼴찌가 첫째 된다는 말씀처럼 장애인이 예수님 곁에, 하나님 품의 가장 깊은 안쪽에 앉는다. 희년 잔치는 생명 잔치다. 생명이 고갈된 사람이 풍성한 생명을 누리는 잔치다.

장애인의 삶을 있는 그대로 받아들임

성경과 그리스도교의 중요한 가르침 가운데 하나가 의인론義認論이다. 이 가르침에 따르면 죄인인 인간은 "오직 믿음으로 옳다고 인정받는다". 죄를 지은 인간은 율법이 요구하는 의로운 행위를 하거나 공적을 쌓음으로써 구원받는 게 아니라 믿음만으로 구원받는다. 다시 말해 죄인이 의로운 인간으로 되어야 구원받는 게 아니라 죄인 그대로, 있는 그대로, 생긴 그대로 자신을 하나님께 맡김으로써 하나님의 사랑으로 구원받는다는 것이다. 할례나 안식일, 정결과 부정에 대한 율법을 지켜야 구원받는다고 생각하는 율법주의자들은 외적인 잣대로 사람의 존재와 삶을 갈라놓고 차별하는 차별주의자들이다. 이들은 할례를 받았나 안 받았나, 안식일을 지키나 안 지키나, 정결예법을 따르나 안 따르나로 사람을 판단하고 정죄하고 차별한다. 바울은 '믿음만으로'를 내세움으로써 이런 차별주의를 버리고, 사람

을 하나님의 자녀로 긍정하고 소중히 여긴다. '믿음만으로' 의
롭다고 인정받는다는 말은 신분이나 지위의 높고 낮음, 도덕적
으로 깨끗하고 더러움, 잘생기고 못생기고, 죄를 지었거나 선행
을 했거나를 떠나서, 아니 죄를 지었음에도 불구하고, 사람의
존재와 삶을 긍정하고 받아 준다는 말이다. 우리 인간이 부족
하고 잘못을 저지른 존재임에도 불구하고, 아니 바로 그런 존재
이기 때문에 하나님은 값없이 우리를 받아 준다. 율법주의자들
은 온전하고 완벽한 존재와 삶을 추구한다. 그러나 인간은 결함
도 많고 부족하고 불완전한 존재이므로 율법의 표준에 따라서
는 하나님께 용납될 수 없다. 인간은 누구나 부족하고 불완전
한 존재이므로, 믿음만 의지하고 하나님께 나아갈 수 있다. '믿
음만으로'의 신학은 존재와 삶의 신학이다.

　외적인 표준으로 인간을 판단하는 율법주의는 인간의 존재
와 삶에 대한 폭력이다. 비장애인의 표준으로 장애인을 판단하
는 것은 장애인의 존재와 삶에 대한 비장애인의 편견이고 폭력
이다. 믿음으로 편견 없이 장애인을 보면 장애인의 모습 그대로
자연스럽고 아름다울 수 있다. 군인들의 표준적인 절도 있는 걸
음걸이나 모델들의 걸음걸이만이 멋지고 자연스러운가? 나는
1988년 장애인 올림픽 선수촌에서 장애인들의 걸음걸이도 멋
지고 자연스럽다는 것을 알게 되었다. 장애인 올림픽 선수촌은
장애인들의 축제마당이요, 해방촌처럼 보였다. 장애인들은 기
쁨과 활력이 넘쳤고, 각기 자기 식으로 남이 흉내 낼 수 없는

방식으로 걷는 걸음걸이가 아름답고 자연스럽게 보였다. 비장애인들의 걸음걸이는 직각을 이루고 모가 난다면 장애인들의 걸음걸이는 곡선을 이루고 리드미컬하며 다양하다. 나는 그때 장애인의 존재와 삶의 편안함과 아름다움과 자유로움을 느꼈다. 장애인의 존재와 삶이 아름답고 자유롭다는 것을 깨닫고, 나는 그때 존재와 삶의 새로운 충격과 해방감을 맛보았다.

외모나 업적으로가 아니라 믿음만으로 존재와 삶을 있는 그대로 인정하는 신앙 자세를 가질 때 장애인들의 외모에 대한 편견을 버릴 수 있다. 세상의 편견이나 기준에 물들지 않은 어린이는 믿음과 사랑으로 사람의 존재와 삶을 보고 느낀다. 그래서 어린이는 존재와 삶을 있는 그대로 순수하게 받아들일 수 있다. 믿음과 사랑으로 존재와 삶을 대할 때 참된 사귐과 관계를 나눌 수 있다. 어떤 조건이나 기준을 가지고 대하면 존재와 삶, 영혼과 몸을 나누고 통하는 사귐을 가질 수 없다. '너'의 존재와 삶을 있는 그대로 긍정하고 받아들일 때 자유롭고 편안한 사귐을 시작할 수 있다.

장애인도 자신 속에 장애인에 대한 차별 의식이 있음을 인정하고 그것을 버려야 한다. 장애인 자신도 이 편견과 차별의식을 버려야 하나님의 창조 생명의 기쁨과 자유를 충분히 누릴 수 있다. 장애인의 아픔을 나누면서 장애인을 하나님의 자녀로, 하나님의 모습으로 인정하고 존중할 수 있어야 한다. 그리스도의 십자가 고통을 함께 경험하고 장애인의 고통을 함께 느낌으로써 차별과 편견에서 벗어나 구원받은 자유인이 될 수 있다. 장애인이 어떻게 차별 의식을 버릴 수 있을까? 오직 믿음으로 장애인을 보고, 하나님의 은혜와 사랑으로 장애인을 보면, 장애인도 자신의 존재와 삶에 대한 편견을 버릴 수 있다. 오직 하나님 안에서는 장애인의 편견에서 자유로울 수 있고 자신의 존재와 삶을 기쁘게 받아들일 수 있다. 장애인의 존재는 하나님의 실패한 작품이 아니며 하나님에게 버림받을 존재가 아니다. 반대로 상처받은 존재로서 장애인은 하나님의 특별한 사랑과 은총의 대상이며 온전한 몸과 정신으로 부활의 생명에 참여할 날을 기다리는 존재다.

장애인은 하나님의 마음을 움직인다. 장애인은 남모르는 깊은 고통을 안고 산다. 세상의 죄악과 슬픔의 깊이를 안다. 십자가에서만 드러나는 죄악과 슬픔의 깊이를 아는 장애인이 소중하다. 죄악과 슬픔의 깊이를 알아야 세상을 구할 수 있다. 하나님은 장애인의 기도를 들으신다. 장애인의 간절한 기도는 하나님의 보좌를 움직이고, 하나님의 마음을 움직인다. 그러므로 교회가 장애인을 위해서 기도하기 전에 장애인이 교회를 위해 기도하게 해야 한다. 장애인의 기도가 교회를 살리고 축복을 가져온다.

하나님의 다스림은 위압적이고 화려한 모습으로 나타나는 게 아니라, 생명을 살리는 흙처럼 낮고 겸허하며 소박한 모습으로 나타난다. 세상의 참된 왕으로 온 그리스도는 세상에서 십

자가의 약한 모습으로 나타난다. 그리스도는 말구유나 십자가
처럼 낮고 천한 모습으로 나타난다. 권력과 돈으로 다스리면 사
랑과 진리는 가려지고 영혼의 자발성과 믿음은 약해진다. 낮고
천하고 힘없는 모습으로 다스리면 사랑과 진리가 풍성해지고
영혼은 자유롭고 힘 있게 된다.

하나님은 낮고 힘없는 장애인의 존재와 삶을 통해서 하나
님 나라에로, 자발적 헌신성에로 부른다. 사랑과 진리, 믿음과
희망의 나라, 더불어 살고 서로 살리는 공동체적 삶으로 부른
다. 장애인의 존재를 통해서 하나님 나라는 확장된다. 장애인을
통해서 하나님에 대한 믿음과 사랑과 희망이 충만하게 된다. 그
러므로 장애인은 그리스도와 함께 하나님 나라의 다스림에 참
여한다.

세상적인 강함과 능력과 아름다움이 지배하는 곳에 하나
님은 없다. 인위적 행동으로 가득 찬 곳에 하나님의 역사는 일
어나지 않는다. 기계화되고 합리화되고 물질화된 세상에서, 모
든 것이 계산되고 계획되는 세상에서 하나님의 존재를 확인할
수 없다. 이 세상에 하나님은 없는 것 같다. 그러나 불가능을 가
능으로 바꾸어 살고 절망과 죽음을 뚫고 생명을 사는 장애인
의 존재와 삶에서 하나님이 살아 계심을 확인하고 증거할 수
있다.

주

1부 생명신학, 어떻게 할 것인가?

• 1장 생명신학, 어떻게 할 것인가?

1) 에드워드 윌슨, 《통섭 지식의 대통합》, 최재천·장대익 옮김, 사이언스북스, 2005. 506쪽.

2) 같은 책, 460쪽.

3) 같은 책, 12쪽.

4) 신학적 주체성의 확립에 대해서는 박재순, 《한국생명신학의 모색》, 한국신학연구소, 2000. 215쪽 이하 참조.

5) 김재준, 〈北美留記 第7年〉, 長空 金在俊牧師 기념사업회 간, 金在俊全集(이하 '김재준전집'으로 표기) 15. 한신대학출판부, 1992. 203~204쪽.

6) 김재준, 〈學文의 自立〉, 김재준전집 18. 107쪽 이하.

7) 김재준, 〈日本 친구들에게〉, 김재준전집 18. 106쪽.

8) 朴一峰, 《近思錄》, 東洋古典新書 21, 育文社, 1993. 104~105쪽.

9) 《近思錄》, 214쪽. 이런 유교의 글 읽기 교본인 주자서당의 독서법에 대해서는 《朱子語類》에 나오는 독서법에 대해서 역주와 해설을 붙인 송주복, 《朱子書堂은 어떻게 글을 배웠나》, 청계, 1999. 31, 35, 36, 99, 104쪽 참조.

10) K. Barth, *The Epistle to the Romans*. trans. by E. D. Hoskins, London, Oxford Univ., 1933. p.8. 이 번역문은 박봉랑, 《敎義學方法論 (II)》, 대한기독교출판사, 1987. 400쪽에서 재인용했다.

11) 바르트의 성경 해석에 대해서는 박봉랑, 〈4. 신학적 주석 (1): 카를 바르트〉, 《敎義學方法論 (II)》, 대한기독교출판사, 1987. 398쪽 이하 참조.

12) 김재준, 〈팔복에의 상념〉, 김재준전집 9. 7쪽.

13) 김재준, 〈학문의 세계〉, 김재준전집 18. 526~7쪽.

14) 같은 글.

15) 함석헌, 〈人間革命〉, 《人間革命의 哲學》, 함석헌전집 2, 한길사, 1983. 82~83쪽.

• 2장 생명신학 — 주체적인 학문하기의 한 시도

1) 그의 시 가운데 "신진대사(새 것이 들어가고 묵은 것이 나옴) 곧 먹고 싸는 일이 묘하고 자연은 서로 대속하여 융성해진다"(新陳代謝妙 自然相贖殷)는 구절이 있다. 김홍호는 자연이 "서로 깨끗이 빨아 대속하는 것은 십자가의 그림자 같다"고 풀이했다. 김홍

395

호, 《다석일지공부》 1, 솔, 2001. 27~28쪽.

2) 함석헌, 〈우리 민족의 理想〉, 함석헌전집 1, 345~347쪽.

3) 스털링 P. 램프레히트, 《西洋哲學史》, 김태길 외, 을유문화사, 1963. 109~111쪽.

4) 張三植 編, 《大漢韓辭典》, 博文出版社, 1975. 374쪽 참조.

5) 유영모, 〈꽃피〉, 《柳永模 先生 말씀》, 다석일지 上(영인본), 김흥호 편, 1982. 825쪽.

6) Pokorny, Julius, *Indogermanisches etymologisches Wörterbuch*, Bern, A. Francke Hg. 1969. 919쪽.

7) 김민수 편, 《우리말 語源辭典》, 태학사, 1997. 705쪽.

8) 총체적 진리를 합리적으로 파악하는 인간의 인식능력에 대한 플라톤의 신뢰는 확고하다. 램프레히트는 그의 《서양 철학사》에서 플라톤의 인식론에 대해서 이렇게 말했다. "사람의 悟性에 의한 지식이 더욱 더 組織的으로 되면 될수록 그 사람은 理性知의 理想的 경지, 즉 總體的인 진리나 궁극적인 洞察의 合理的 把握이라는 理想의 경지에 더욱 접근해 가는 것이다." 스털링 P. 램프레히트, 《西洋哲學史》, 김태길 외, 을유문화사, 1963. 80~81쪽.

9) 함석헌, 〈기독교의 교리에서 본 세계관〉, 《죽을 때까지 이 걸음으로》, 함석헌전집 4, 252~253쪽.

10) 김상일, 〈동학과 과정철학의 신관 비교〉, 《우원사상논총》, 강남대학교 우원사상연구소편, 제11집, 2002. 45~6쪽.

11) 김이곤, 〈고난신학의 맥락에서 본 야훼신명연구〉, 《신학연구》 27, 한신대학 신학부, 1986. 189쪽 이하 참조.

12) 김흥호 풀이. 《다석일지 공부》 6, 솔, 2002. 57쪽.

• 3장 한국인의 생명 체험과 생명 이해—묘합妙合과 서로 살림

1) Descartes, Ren , *Discourse on Method*, tr. by Laurence J. Lafleur, Indianapolis, 1956. p.40.

2) 이준모, 《밀알의 노동과 共進化의 教育》, 한국신학연구소, 1994. 274쪽.

3) Schrey, Heinz-Horst, "Krieg IV", *Theologische Realenzyklopädie* Band XX(이후 TRE로 쓴다). Walter de Gruyer, 1990. 530~1쪽.

4) 마르틴 부버, 《나와 너》, 표재명, 문예출판사, 1980. 12~15쪽.

5) 김경재·김상일 편, 《과정철학과 과정신학》, 전망사, 1988. 80, 91쪽.

6) 최남선, 《불함문화론》, 정재승·이주현 역주, 우리역사연구재단, 2008. 37~39쪽, 41~42쪽.

7) 이기영, 《민족문화의 원류》, 149쪽. 김상일, 《한철학》, 전망사, 1979. 26쪽에서 재인용.

8) 김경재는 '한'을 한민족의 종교적 체험으로서 설명한다. '한'에 대한 김경재의 종교적 설명은 한민족의 생명 체험에 대한 설명으로 이해될 수 있다. 김경재, 《해석학과 종교신학》, 한국신학연구소, 1994. 119쪽.

9) 이을호, 〈단군신화의 철학적 분석〉, 《韓國思想의 深層研究》, 우석, 1984. 14쪽.

10) 임승국 번역·주해, 《한단고기》, 정신세계사, 1998. 235~236쪽. 〈삼일신고〉가 조선왕

조 말엽이나 일제 때 쓰여진 위서(僞書)라고 해도 거기에 담긴 내용이 민족종교문화의 본질과 성격을 드러낸다면 그것만으로 존중되어야 한다는 것이 나의 생각이다.

11) 이을호, 〈단군신화의 철학적 분석〉, 《韓國思想의 深層硏究》, 21~23쪽.

12) 김지하, 《님》, 솔, 1995. 59쪽.

13) 정양모, 〈한국인의 예술정신〉, 《한민족 철학자 대회 1999: 한민족과 2000년대의 철학》, 1999년 8월 17~20일, 159쪽.

14) 같은 글. 162~169쪽.

15) 김형효, 〈한국인의 사유범주에 대한 철학적 숙고〉, 《한민족철학자대회 1999: 한민족과 2000년대의 철학》, 1999년 8월 17~19일. 29쪽.

16) 같은 글. 30쪽.

17) 김형효는 이런 특성이 회화에서도 드러남을 지적한다. 같은 글.

• 4장 생명 살리기에 대한 신학적 고찰

1) 시간적으로는 창조 의지가 먼저 오고 구원 의지가 다음에 오지만 내용적으로는 구원 의지가 먼저이고 창조 의지가 다음이다. 구원 의지는 생명을 살리려는 의지이다. 구원 의지가 생명을 창조하는 의지의 근거가 된다. 바르트에 의하면 (인간 구원을 위한) 하나님의 계약 의지는 창조 의지의 의미와 근거다. Barth, Karl, *Kirchliche Dogmatik Die Lehre von Der Versöhnung*, IV/1. Evangelisher Berlag AG. Zollikon-Zürich 1953. p.8.

2) 구약학자 김이곤에 의하면 야훼(YHWH)는 "영고성쇠하는 인류사에 끊임없이 생명을 부여하며 그 생명을 붙드시는 분"이다. 김이곤, 〈고난신학의 맥락에서 본 야훼 신명 연구〉, 《신학연구》 27, 한신대학 신학부, 1986. 189쪽. 야훼의 대표적 속성과 기능인 '라홈'(긍휼)은 '레헴'(자궁)에서 유래했다. P. Trible, "God, Nature of, in the Old Testament," IDB Supp. p.368. 야훼의 긍휼은 울부짖는 히브리 민중의 삶 속에서 구원의 삶을 낳기 위해 진통하는 자궁의 긍휼이다. 눌림 받는 자의 '고난'은 야훼의 긍휼을 낳는 태(자궁)이다. 이집트에서 종살이하는 이스라엘에게 나타난 하나님 야훼는 '조상의 신, 엘 사따이'였다. '사따이'의 원초적 의미는 "두 개의 젖가슴"이다. 야훼는 고통받는 사람들을 품어 주고 양육하는 "두 개의 젖가슴의 신"이다. 김이곤, 같은 글. 195쪽 이하.

3) 유영모, 〈우리 아는 예수〉, 《柳永模 先生 말씀》, 다석일지 上(영인본), 김흥호 편, 1982. 921쪽.

4) 조흥윤, 《巫와 민족문화》, 민족문화사, 1994, 71~73쪽. 이 인용문은 부여의 축제에 대한 위지동이전의 서술인데 고구려, 백제, 신라, 삼한에도 해당된다. 한우근, 《한국통사》, 을유문화사, 1976, 36, 39, 41, 47쪽 참조.

5) 조흥윤은 한국민중문화의 특성을 공동체적 놀이와 신들림으로 본다. 조흥윤, 같은 책, 71~73쪽.

6) 그리스어와 라틴어의 명사와 형용사는 성과 수와 격에 따라 독특한 꼴을 갖는다. 그리고 주어와 술어의 관계가 단수와 복수, 인칭에 따라 또는 성에 따라 정해지며, 주어와 술어 또는 목적어가 엄격히 구분된다. 우리말에서는 명사와 형용사의 성·수·격이 구별되지 않고 주어와 술어의 관계가 엄밀하지 않다. 주어는 흔히 생략되거나

'나' 대신에 '우리'라는 말로 뭉뚱그려진다. 이런 언어의 차이가 의식과 삶에 큰 영향을 미쳤을 것이다. 서구의 언어는 개별화하고 객관화(대상화)하는 경향을 보이고 한국어는 통전과 일치의 경향을 보이는 것 같다.

• 5장 한민족의 생명 이해와 생명신학—서로 울림과 서로 느낌

1) 김재준, 〈學問의 自立〉, 김재준전집 18. 108~109쪽.

2) 김재준, 〈한국기독교의 과제와 전망〉, 김재준전집 17. 361~362쪽. "정치 경제 문화는 기독교라는 본체에서 생명의 공급을 받는 열매요 잎사귀다." 김재준전집 17. 363쪽. 그밖에 김재준전집 11, 67~69쪽 참조.

3) 함석헌, 〈흰 손〉, 水平線 너머, 함석헌전집 6. 344쪽.

4) 김경재, 《解釋學과 宗敎神學: 福音과 韓國宗敎와의 만남》, 한국신학연구소, 1994. 210~211쪽.

5) 함석헌, 《뜻으로 본 한국역사》, 함석헌전집 1, 1983. 105쪽. 유동식, 《한국종교와 기독교》, 대한기독교서회, 1965. 217쪽. 김경재, 《해석학과 종교신학》, 116쪽 이하 참조.

6) 김경재, 같은 책. 121쪽.

7) 유동식, 《풍류도와 한국신학》, 전망사, 1992. 21~22쪽.

8) 유동식, 《풍류도와 한국신학》, 21~22쪽. 김경재, 같은 책. 121쪽.

9) 김경재, 같은 책. 121쪽.

10) 김상일, 《한철학》, 22쪽.

11) "사실 우리나라 사람이, 조상 숭배를 우상 숭배라 해서 종래의 도덕을 뿌리째 흔드는, 그리스도교를 쉬이 이해하고 받아들이고 있었던 것은 몇천 년 동안 내려오며 민중의 가슴속에 뿌리박아 온 '흔느님' 신앙이 있었기 때문이다." 함석헌, 《뜻으로 본 한국역사》, 105쪽. 김광식에 따르면 하나님은 한국적 고유성(PROPRIUM KOREANUM)이며, 단군신화에서 하나님은 인간성, '사람다움'이 인격화된 것이다. Kwang Shik Kim, God in Humanity: The Belief in Hananim and the Faith in God. Chungmyung Verlag Seoul, 1992. pp.44~45.

12) 유동식, 《한국종교와 기독교》, 대한기독교서회, 1965. 217쪽.

13) 서구 사상은 실체론적이고 시원적始源的이다. 실체론적 시원성은 처음에서 끝으로, 위에서 아래로, 뒤에서 앞으로 직선적으로 움직여 나감을 뜻한다. 한 사상은 비시원적이다. 김상일, 《한철학》, 12쪽.

14) 김경재는 '한'을 한민족의 종교적 체험으로서 설명한다. '한'에 대한 김경재의 종교적 설명은 한민족의 생명 체험에 대한 설명으로 이해될 수 있다. 김경재, 《해석학과 종교신학》, 한국신학연구소, 1994. 119쪽.

15) 최태영에 따르면 "웅녀는 곰을 토템으로 하는 원주原住 종족의 여자이고 환웅은 하늘(신)과 조상을 숭경하는 천신족天神族으로 보아서 그 두 부족이 통혼하기에 이른" 것이다. 이병도 · 최태영 공저, 《한국상고사입문》, 고려원, 1989. 42쪽. 김지하에 따르면, 환웅과 웅녀는 신과 곰이 아니라 "······육체 중심으로 살고 있는 곰녀"와 "두뇌 중심의 신이면서 육체를 가진 인간"이고, "단군신화의 기초철학은 신인적 신인간주의이다." 김지하, 〈단군신화의 재해석〉, 《상고사교육의 현황과 문제점》, 민족정신회복시민운동연합 역사연구위원회편, 4332.6. 31쪽.

16) 송유의 범신론에서는 天卽心에 머물고, 한울天에 이상을 두는 의천주의擬天主義에 이른다. 기본형에서 본 한울님은 의인주의擬人主義이고 인간중심적이다. 한울의 인 간중심적 성향은 한울天 대신 조종祖宗숭배로 한민족을 몰고 갔다. 장병길, 〈제천· 제정에 대한 사상〉,《한국사상의 심층연구》, 30~31쪽. 하늘을 공경하고 조상을 숭 배하고 다른 사람을 사랑하는 것이 홍익인간의 근본중심이다. 최민홍,《한철학 한 민족의 뿌리》, 65쪽.

17) 한울의 기층형: 1) 동쪽의 태양이 빛을 내어 생명을 땅 위에 보낸다. 2) 땅의 생명체 는 그 생명을 땅의 구멍과 여자의 구멍 속에 받아서 보존했다가 출생시킨다. 3) 땅 위의 생명은 일시적이다. 4) 한 생명체가 사라져도 또 하나의 생명체가 이어서 한울 로부터 주어지기를 바란다. 단군신화의 한사상에는 생명력관, 생명의 태일관, 되풀 이된다는 영생관이 나타난다. 어떤 무당은 입과 여음을 열고 해의 서광을 호흡하는 흉내를 내어 한울의 생명을 몸 안에 받아들인다. 이리하여 굿은 만사형통이다. 무 당은 곧 한울을 잉태하는 계집이다. 장병길, 같은 글. 25~26, 28-29쪽.

18) 하늘과 사람이 하나로 화합하고天─和, 삶과 죽음, 나와 남을 나누지 않는 '한'에 대해서는 최민홍,《한철학 한민족의 뿌리》, 66~67쪽 참조.

19) 이남영, 〈사상사에서 본 단군신화〉, 한국사상의 심층연구, 68~69쪽.

20)《三國史記》, 新羅本記, 眞興王條.

21) 최민홍,《한철학 한민족의 뿌리》, 성문사, 1984. 18쪽.

22) 이을호, 〈단군신화의 철학적 분석〉, 같은 책. 21~23쪽.

23) 문익환,《하나가 되는 것은 더욱 커지는 일입니다》, 삼민사, 1991. 209쪽.

24) 문익환,《목메는 강산 가슴에 곱게 수놓으며》, 사계절, 1994. 215쪽.

25) 문익환, 같은 책. 121~123쪽. 고영완, 〈늦봄 문익환의 생애와 사상〉, 한신대학교 신 학대학원 석사학위논문, 1994. 68~69쪽 참조.

26) 문익환, 같은 책. 58-59쪽.

27) 문익환, 같은 책. 47-48쪽.

2부 평화를 이룩하는 신학

· 1장 한국 문화의 평화적 성격과 한국 민주화 운동의 평화 사상

1) 함석헌, 〈이름도 없는 사람들〉, 함석헌전집 8. 136쪽.

2) 한국기독교장로회 역사편찬위원회,《한국기독교 100년사》, 한국기독교장로회출판 사, 1992. 630쪽.

3) 같은 글.

4) 함석헌, 〈인간혁명〉, 함석헌전집 2. 52쪽.

5) 함석헌, 〈사랑의 빛〉, 함석헌전집 8. 379쪽.

6) 함석헌, 〈80년대 민족통일의 꿈을 그려 본다〉, 함석헌전집 12. 43쪽.

7) 함석헌, 〈인간을 묻는다〉(송기득과의 대담), 함석헌전집 4. 355~356쪽.

8) 같은 글, 340~341쪽.

9) 함석헌, 〈정치와 미신〉, 함석헌전집 8. 90쪽.

10) 같은 글.

11) 함석헌, 〈정치와 미신〉, 함석헌전집 8. 89, 91쪽.

12) 함석헌, 〈인간을 묻는다〉(송기득과의 대담), 함석헌전집 4. 353쪽.

13) 조영래, 《전태일 평전》, 돌베개, 2001. 112~4, 125~6, 153, 159, 230~231, 233~4쪽.

14) 문익환, 《통일은 어떻게 가능한가?》(한민글밭 16), 학민사, 1984. 28쪽.

15) 문익환, 《하나가 되는 것은 더욱 커지는 일입니다》, 295쪽.

16) 문익환, 같은 책. 48~9쪽.

17) 문익환, 같은 책. 210쪽.

18) 문익환, 같은 책. 68쪽.

19) 문익환, 《목메는 강산 가슴에 곱게 수놓으며》, 212~224쪽.

20) 문익환, 같은 책. 58~9쪽. 47~8쪽.

• 2장 한국 에큐메니칼 운동의 전통과 신학적 유산

1) Konrad Raiser, "Oikoumene", *Dictionary of the Ecumenical Movement*. ed. by Nicholas Lossky, etc. WCC Publications, William B. Eerdmans Publishing Co. 1991. pp.741-2.

2) 이형기, 〈에큐메니칼 신학은 무엇이고 어떻게 하는 것인가?〉, 한국기독교 교회협의회 신학연구위원회 편, 《에큐메니칼신학과 운동》, 한국기독교 교회협의회, 1999. 99쪽.

3) 같은 글, 65쪽.

4) 같은 글, 95쪽.

5) 같은 글, 71~72쪽.

6) 김종서, 〈종교학적 관점에서 본 한국교회사 연구〉, 국제학술심포지엄 자료집, 《한국 교회사 연구의 과제와 전망》, 연세대학교 신과대학, 2002년 9월 6일. 74~75쪽.

7) 한국의 개신교는 직간접으로 한국의 민중 종교 운동에 큰 영향을 미쳤다. 이후 3·1 운동과 50~60년대의 함석헌, 장준하의 사상계 운동, 70~80년대의 민주화 운동을 기독교가 주도했다. 3·1운동과 기독교의 관계에 대해서는 한국기독교역사연구소, 《한국기독교의 역사》 II, 기독교문사, 1990. 24쪽 이하 참조.

8) 〈한국교회사〉, 《그리스도교 대사전》, 대한기독교서회, 1972. 1148~9쪽. 〈한국교회의 사회운동사〉, 같은 책. 1150~1쪽. 〈한국 에큐메니칼 운동〉, 같은 책. 1159~1160쪽.

9) 〈한국 에큐메니칼 운동〉, 《그리스도교 대사전》, 1159~1160쪽.

10) 같은 글.

11) 주재용, 《역사와 신학적 증언》, 대한기독교출판사, 1981. 280쪽.

12) 한국기독교장로회 역사편찬위원회 편, 《한국기독교 100년사》, 1992. 47쪽.

13) 〈한국 에큐메니칼 운동〉, 《그리스도교 대사전》, 1159~1160쪽.

14) 여기서 여성 신학을 따로 소개하지 못한 것은 아쉬운 일이다. 한국교회와 사회에 여전히 만연되어 있는 가부장적 사고와 관행을 깨고 여성의 힘과 미래를 밝힌 여성 신학의 성과와 의미는 한국 에큐메니칼 운동에서 중요하게 평가되어야 할 것이다.

15) 김재준, 〈한국교회와 기독학생의 사명〉, 김재준전집 17. 371쪽. 한국기독교역사편찬위원회, 《한국기독교 100년사》, 한국기독교장로회출판사, 1992. 327쪽.

16) 김재준, 〈學問의 自立〉, 김재준전집 18. 107쪽 이하.

17) 김재준, 〈그리스도와 함께 50년 (2)〉, 김재준전집 12. 164쪽.

18) 김재준, 〈종교적 역사〉, 김재준전집 1. 316쪽.

19) 김재준, 〈역사와 통합의 출발점〉, 《기독교사상》1964년 5월 호.

20) 김재준, 〈역사참여의 문제와 우리의 실존〉, 김재준전집 1. 72쪽.

21) 김재준, 〈基督敎的 人間像〉, 김재준전집 7. 148~151쪽.

22) 김재준, 〈영광의 그리스도〉, 김재준전집 3 .382쪽.

23) 김재준, 〈한 크리스천의 宣言〉, 김재준전집 1. 89쪽.

24) 김재준, 〈우리가 예수를 보고자 하노라〉, 김재준전집 17. 5쪽.

25) 김재준, 〈예수의 모습을 되찾아야〉, 김재준전집 17. 339쪽.

26) 김재준, 〈그리스도와 역사〉, 김재준전집 4. 532쪽.

27) 김재준, 〈혁명과 그리스도〉, 김재준전집 10. 191쪽.

28) 김재준, 〈그리스도와 함께 50년 (2)〉, 김재준전집 12. 143쪽.

29) 김경재, 《문화신학담론》, 대한기독교서회, 1997. 100쪽.

30) 김재준, 〈한국기독교와 민족사적 과제〉, 김재준전집 17. 279쪽.

31) 김재준, 〈기독교와 문화〉김재준전집 7. 406쪽.

32) 김재준, 〈不滅의 憧憬〉, 김재준전집 1.97쪽.

33) 김재준, 〈第三意志〉, 김재준전집 1. 202쪽.

34) 같은 글.

35) 함석헌, 〈우리 민족의 理想〉, 함석헌전집 1. 345~347쪽. "글은 말의 닦이운 것이요, 말은 생각의 엉킨 것이요, 생각은 살림의 피어난 것 아니냐?" 함석헌, 〈누에의 철학〉, 함석헌전집 2. 17쪽.

36) 박영호, 《진리의 사람 다석 류영모(上)》, 두레, 2001. 156쪽 이하.

37) 유동식도 '한'이 "예로부터 오늘에 이르기까지 한국인의 사상을 밑받침하고 있는 마음바탕"이라고 보았다. 유동식, 《한국종교와 기독교》, 대한기독교서회, 1965. 217쪽.

38) 함석헌, 《뜻으로 본 한국역사》, 함석헌전집 1. 105쪽.

39) 함석헌, 《뜻으로 본 한국역사》, 함석헌전집 1. 105쪽.

40) 함석헌, 〈정치와 종교〉, 함석헌전집 3. 301쪽. 〈생활철학〉, 함석헌전집 12. 232쪽. 〈민족통일의 종교〉, 함석헌전집 3. 187쪽.

41) "민중은 난 대로 있으므로 素요, 朴이므로 畢이요, 純이므로 하나다. ……천하에 용

맹한 것은…… 민중이다. ……상놈인 민중은 잃을 것이 없고 대적이 없으므로 근심이 없다. 천하에 무서운 것은 근심 없는, 두려움이 없는 얼굴이다. ……민중이고서야 인할 수 있고 지할 수 있고 용할 수 있다." 함석헌, 〈백두산 호랑이〉, 함석헌전집 4. 147~148쪽.

42) "생명의 근본원리는 스스로 함이다. 하나님은 스스로 하는 정신이기 때문에 지은 그 세계도 스스로 하는 생명에 이르기를 바란다." 함석헌, 《뜻으로 본 한국역사》, 함석헌전집 1. 48쪽.

43) 함석헌, 〈새 나라 꿈틀거림〉, 함석헌전집 2. 299쪽.

44) 함석헌, 〈人間革命〉, 함석헌전집 2. 74쪽.

45) 함석헌, 〈씨올의 설움〉, 함석헌전집 4. 76쪽.

46) 함석헌, 〈이름도 없는 사람들〉, 함석헌전집 8. 136쪽.

47) 함석헌, 〈사랑의 빚〉, 함석헌전집 8. 379쪽.

48) 함석헌, 〈80년대 민족통일의 꿈을 그려 본다〉, 함석헌전집 12. 43쪽.

49) 함석헌, 〈인간을 묻는다〉(대담), 함석헌전집 4. 355~356쪽.

50) 같은 글, 340~341쪽.

51) 김형수, 《문익환 평전》, 실천문학사, 2004. 374~375쪽.

52) 문익환, 《하나가 되는 일은 더욱 커지는 일입니다》, 삼민사, 1991. 68쪽 이하, 208~210쪽.

53) 김형수, 《문익환 평전》, 806~807쪽.

• 3장 반전反戰, 평화를 위한 신학적 성찰

1) Heinz-Horst Schrey, "Krieg Ⅳ", *Theologische Realenzyklopädie* Band XX(이후 TRE로 표기). Walter de Gruyer, 1990. s. 43.

2) Peter Gerlitz, "Krieg Ⅰ", *TRE* XX. s.11.

3) 같은 글, 13쪽.

4) 같은 글, 12쪽.

5) 아놀드 토인비, 《文明의 研究》Ⅰ, 홍사중 역, 東西文化社, 1978. 444쪽 이하. 도로테 죌레도 절대안보에 대한 갈망이 불안정을 증대시키고 자기 파멸을 초래한다고 말한다. Dorothee Sölle, *Of War and Love*. tr. by Rita and Robert Kimber, Orbis Books, 1984. xi,

6) "Krieg Ⅳ", *TRE* XX. s.28.

7) 같은 글, 29쪽.

8) 같은 글.

9) *D. Martin Luthers Werke* 19. Schriften 1526. WA(Weimarer Ausgabe) 2009. 626,19f.

10) "Krieg Ⅳ", *TRE* XX. s.30-31.

11) 같은 글, 31쪽.

12) 같은 글.

13) *Kritik der Urteilskrafts* 107. "Krieg IV", *TRE* XX. s.30-31에서 재인용.

14) 같은 글, 31쪽.

15) 같은 글, 33쪽,

16) *Persev.* 6. "Krieg IV", *TRE* XX. s. 38에서 재인용.

17) 같은 글, 38쪽.

18) 같은 글.

19) R. Rothe, Theol. Ethik, V. 1164. 38.

20) 같은 글, 41쪽.

21) 같은 글, 39쪽.

22) 같은 글, 40쪽.

23) 같은 글, 40~41쪽.

24) 같은 글, 28쪽.

25) J. Alberto Soggin, "Krieg II", *TRE* XX. s.19.

26) 구약성경은 고대에서 이스라엘 민족의 전쟁과 당시의 민족신으로 경배된 야훼 사이에 결속이 있었음을 말해준다. 프레데릭슨에 따르면 부족신은 그 자체가 전쟁신이었다. 전기 예언서들의 신명기 편집구들에서는 사울 왕 때까지 모든 전쟁은 야훼의 전쟁으로 선언되었다. 야훼는 다른 민족들을 통해서 반이스라엘 전쟁을 일으킬 수도 있다. 야훼 전쟁 이데올로기는 주로 후대에 책상에서 구상된 것이다. 같은 글. 22~23쪽.

27) 창세기에서 유다는 난폭한 행위를 한 것으로 나온다. 왜 유다 민족은 자기 선조의 난폭한 행위를 전했는가? 르네 지라르(Ren Girard)에 따르면 구약성경을 집필할 당시에 유다 민족이 독립을 잃었으므로 정치적인 영역에서 직접 폭력 행사를 할 수 없었기 때문에 유다 민족은 폭력 행위에 대한 열망을 이전의 초기 역사로 이전시킨 것이다. 같은 글, 23쪽.

28) 기독교 신앙에 따르면 가해자가 아닌 순수한 피해자, 죄 없는 순전한 희생양은 예수밖에 없다. 남을 희생시키지 않은 희생양이란 의미에서 예수는 죄 없는 분이다.

29) 문익환, 《하나가 되는 것은 더욱 커지는 일입니다》, 삼민사, 1991. 209~210쪽, 212~213쪽.

30) Dietrich Bonhoeffer, "The Church and Peoples of the World", *Gesammelte Schriften* 1. hrg. von E. Bethge Chr. Kaiser Verlag München, 1958. p.448.

31) Dorothee Sölle, *The Window of Vulnerability*. tr. by Linda M. Maloney, Fortress Press, 1990. vii.

32) 같은 책, 7쪽.

33) Dorothee Sölle, *Of War and Love*. orbis books, 1984. 53쪽.

34) 같은 책, 54-58쪽.

35) 유영모, 〈맙〉, 《柳永模 先生 말씀》 上, 858쪽.

36) 유영모, 〈짐짐〉,《柳永模 先生 말씀》上, 789~92쪽.

37) 김흥호 편,《다석 유영모 강의록 제소리》, 솔, 2001. 323쪽.

38) 함석헌, 〈열두 바구니〉, 함석헌전집 4. 393~394쪽.

39) 함석헌, 〈정치와 미신〉, 함석헌전집 8. 한길사, 1983. 89, 91쪽.

40) 함석헌, 〈인간을 묻는다〉(대담), 함석헌전집 4. 353쪽.

• 4장 동아시아의 평화―우찌무라 간조와 한국 제자들, 함석헌과 김교신

1) 內村鑑三 全集 刊行委員會 編, 內村鑑三 全集 15券, 東京 岩波書店, 1980~1984. 377쪽.

2) 양현혜,《윤치호와 김교신》, 한울, 1994. 126~135, 379쪽.

3) 土肥昭男,《內村鑑三》, 基督敎團出版局, 東京 日本, 1962. 99쪽.

4) 土肥昭男, 같은 책. 123쪽.

5) 鈴木範久,《내촌감삼》, 김진만 역, 소화출판사, 1984. 133~135쪽.

6) 丸山眞男,《忠誠反逆》, 筑摩書房, 東京, 1992. 273~292쪽.

7) 咸錫憲, 〈私の知っている 內村鑑三先生〉,《內村鑑三 全集》39券, 月報 39호, 東京, 岩波書店, 1983. 12. 4쪽.

8) 土肥昭男, 같은 책. 85~89쪽.

9) 양현혜,《윤치호와 김교신》, 한울, 1994. 381쪽.

10) 內村鑑三全集 刊行委員會 編, 〈興國史談〉, 內村鑑三 全集 2券, 383쪽.

11) 內村鑑三全集 刊行委員會 編, 〈興國史談〉, 內村鑑三 全集 2券, 388~389쪽.

12) 內村鑑三全集 刊行委員會 編, 〈興國史談〉, 內村鑑三 全集 2券, 271쪽.

13) 양현혜,《윤치호와 김교신》, 한울, 1994. 383쪽.

14)《김교신전집》제2권, 일심사, 1981. 305~306쪽.

15) 양현혜, 같은 책. 387쪽.

16) 김교신, "조선지리소고", 〈성서조선〉1934년 8월.

17)《교수신문》2010년 4월 12일.

18) 咸錫憲, 〈私の知っている 內村鑑三先生〉,《內村鑑三全集》39券, 3쪽.

19) 함석헌의 〈프로테스탄트의 정신〉, 〈히브리서강의〉에 나타난 사상에 대해서는 양현혜, 같은 책. 385~386쪽.

20) 함석헌, "선지자", 〈성서조선〉1928년 1월 호. "물 위에 씨 뿌리는 자", 〈성서조선〉1928년 7월 호.

21) 함석헌, 〈세계구원과 양심의 자유〉, 함석헌전집 9권. 293~294쪽.

22) 함석헌, 〈씨울의 소리〉, 함석헌전집 14권. 336쪽.

23) 함석헌, 〈세계구원과 양심의 자유〉, 함석헌전집 9권. 290쪽.

24) 함석헌, 〈사람 노릇·나라노릇·마음대로·뜻대로〉, 함석헌전집 5권. 122~123쪽.

3부 살림의 신학과 실천

• 1장 모름의 인식론과 살림의 신학―관념에서 실천에로

1) 토를라이프 보만, 《히브리적 思惟와 그리스적 思惟의 比較》, 허혁 옮김, 분도출판사, 1975. 33쪽.

2) 같은 책, 265~6쪽.

3) 같은 책, 34쪽.

4) 같은 글.

5) 같은 책, 273쪽.

6) 같은 책, 276쪽.

7) 같은 책, 266쪽.

8) 존 도미닉 크로산, 《역사적 예수》, 김준우 옮김, 한국기독교연구소, 2000. 489쪽.

9) 함석헌, 〈인간혁명〉, 함석헌전집 2. 82쪽.

10) 페터 아이허, 《신학의 길잡이: 신학연구입문》, 박재순 옮김, 대한기독교서회, 2002. 69쪽 이하.

11) 김이곤, 〈고난신학의 맥락에서 본 야훼신명연구〉, 《신학연구》27, 한신대학 신학부, 1986. 189쪽 이하 참조.

12) 김민수 편, 《우리말 語源辭典》, 태학사, 1997. 366쪽.

13) 카를 바르트는 신 인식론에서 인간의 신 인식 능력을 부정하고 하나님의 자기 계시에 대한 믿음을 통해서 하나님의 존재와 행위가 인간에게 알려진다고 보았다. Karl Barth, *Kirchliche Dogmatik II/1*. Evangelisher Verlag AG. Zollikon-Zürich 1948. s.92, 254. 인식 주체인 인간은 믿고 기다리며, 인식 대상인 신이 스스로 자기를 알림으로써 인간의 신 인식이 이루어진다. 인식 대상이 인식 행위를 주도한다는 점에서 바르트의 신 인식론은 모름의 인식론과 일치한다.

14) 서정범, 《國語語源辭典》, 보고사, 2000. 110~111쪽.

15) 김민수 편, 《우리말 語源辭典》, 태학사, 1997. 162~3쪽.

16) 같은 글.

17) 유영모, 〈깨끗〉, 《柳永模 先生 말씀》, 다석일지 上(영인본). 841~844쪽.

18) 유영모, 〈까막눈〉, 《柳永模 先生 말씀》, 다석일지 上(영인본). 833쪽.

19) 디트리히 본회퍼, 《윤리》, 손규태 역, 대한기독교서회, 1974. 27쪽.

20) 디트리히 본회퍼, 《창조, 타락, 유혹》, 문희석 역, 대한기독교서회, 1976. 101쪽.

21) 디트리히 본회퍼, 《윤리》, 3쪽.

22) 숭산문도회, 《世界一花 산은 푸르고 물은 흘러간다》, 불교춘추사, 2001. 13, 15, 19쪽.

23) 숭산의 스승인 고봉은 중국 달마, 조주 선불교의 맥을 이어서 "나에 대한 앎에서 모름에로" 나간다. 모름을 지키라고 하면서 고봉선사는 이렇게 말했다. "알려고 하면 알 수 없다. 모르는 줄 깨닫는 것이 본래의 참된 성품이다. 부처도 달마도 오직 모를 뿐으로 앉아 계셨다. 너희가 무엇을 알려고 하면 화살처럼 날아 지옥으로 가

고, 모르는 줄 깨달으면 부처님의 머리와 달마 대사의 몸을 얻는다." 무심 편집, 《온 세상은 한 송이 꽃 숭산 선사 공안집》, 현암사, 2001. 281쪽. 육조 혜능이 자신을 잡으려고 쫓아온 혜명에게 "선함도 악함도 생각하지 않는 자리에 있을 때 혜명 상좌의 본래 면목은 무엇입니까?" 물었을 때 혜명은 깨닫고 우는데 온몸에서 땀이 흘렀다고 한다. 같은 책, 435쪽.

24) 같은 책. 6~7쪽.

25) 같은 책. 8~9쪽.

• 2장 삶 속에서 몸으로 성경 보기

1) 안병무, 《역사 앞에 민중과 더불어》, 한길사, 1986. 76쪽('예수와 해방') 참조.

2) Dan. O. Via 편, 《聖書研究方法論》, 황성규 역, 한국신학연구소, 1983. 199쪽.

3) 게르트 타이쎈·아네테 메르츠, 《역사적 예수》, 손성현 옮김, 다산글방, 2001. 41~46쪽.

4) 《朱子語類》의 〈讀書法〉에 역주와 해설을 붙인 송주복, 《朱子書堂은 어떻게 글을 배웠나》, 청계, 1999. 31, 35, 36, 99, 104쪽 참조.

5) 송주복, 같은 책, 21~23쪽.

6) 송주복, 같은 책, 108쪽.

7) 朴一峰, 近思錄, 東洋古典新書 21. 育文社, 1993. 104~105쪽.

8) 近思錄, 214쪽.

9) 近思錄, 175쪽.

10) 近思錄, 579쪽.

11) 近思錄, 176쪽.

12) 近思錄, 214쪽.

13) 1956년 1월 17일 다석일지. 《다석일지 공부》 1, 315~317쪽.

14) 헨리 나우엔, 《예수님의 이름으로》, 두란노, 1998. 13쪽 이하.

15) 선순화신학문집출판위원회 편, 《공명하는 생명신학》, 다산글방, 1999. 48쪽.

16) 같은 글.

17) 같은 책, 49쪽.

18) E. Zinn, *Die Theologie des Friedrich Christoph Oetinger.* Gütersloh, 1932. 118ff. 이에 대해서는 J. 몰트만, 《창조 안에 계신 하나님》, 김균진 옮김, 한국신학연구소, 1986. 288쪽 이하 참조.

19) 박재순, 《삶의 씨앗》, 대한기독교서회, 2001. 22쪽.

• 3장 21세기와 생명 교회론

1) Larry L. Rasmussen, *Earth Community, Earth Ethics.* Orbis Books, 1996. pp.54, 86.

2) 같은 글.

3) 테오도르 제닝스, 〈바울의 '구원의 정치학'〉, 《기독교사상》 2012년 5월 호. 216~217쪽.

4) 본회퍼에게 있어서 믿음은 그리스도와의 직접적인 결속이다. Dietrich Bonhoeffer, *Akt und Sein*. DBW Vol.2. München: Chr. Kaiser Verlag. 1988. pp.158-159.

5) Dietrich Bonhoeffer, *Sanctorum Communio* DBW Vpl.1. 1986. pp.117-118. 120.

6) Dietrich Bonhoeffer, ibd. pp.85. 91-92.

7) Dietrich Bonhoeffer, ibd. p142.

8) Dietrich Bonhoeffer, *Widerstand und Ergebung*. München: Chr. Kaiser Verlag. 1970. p.414.

9) 고대교회의 몬타누스파, 노바티아누스파, 도나투스파는 교회를 '거룩한 사람들의 모임'으로 보았다. 종교개혁 시대의 소종파들도 교회를 '신자들의 모임'으로 보았다. 이들에게는 성직자와 평신도의 구별이 없었고 신도들의 모임에서 목사를 임명했다. E. G. 제이, 《敎會論의 歷史》, 주재용 역, 대한기독교출판사, 1988. 209~210쪽.

10) 제2차 바티칸공의회의 교리헌장에 따르면 "교회는…… 베드로의 후계자에 의해서 그리고 그 후계자와 협조하고 있는 주교들에 의하여 통치되는 가톨릭교회 안에 존재하고 있다." "Dogmatic Constitution on the Church" i,8; Walter M. Abbot, S. J., ed., *The Documents of Vatican II*, New York, Guild Press, 1966. pp.22-3.

11) Karl Barth, *Church Dogmatics* vol. iv. 1, Edinburgh, T. & T. Clark, 1936-1962. pp.650ff.

12) 벧후 1:4. E. G. 제이, 《敎會論의 歷史》, 주재용 역. 대한기독교출판사, 1988. 178~180쪽,. 96쪽.

13) The Ecumenical Institute, Bossey, 스위스 보세이에 있는 에큐메니칼 연구소가 1971년 4월에 개최한 '정교회 신학과 예배'에 관한 연구 모임 준비 자료. E. G. 제이, 《敎會論의 歷史》, 185쪽 참조.

14) 라틴어, 희랍어, 히브리어 그리고 우리말에서 몸의 각 기관들은 생각과 느낌의 자리이다. 예를 들어 희랍어로 '스프랑크니조마이'(불쌍히 여기다, 긍휼히 여기다)는 '스프랑크스'(자궁, 창자)에서 온 말이다. 우리말 '애 끊는 슬픔'에서 '애'는 창자를 뜻한다.

15) 함석헌, 《뜻으로 본 한국역사》, 함석헌전집 1, 한길사, 1983. 105쪽. Kwang Shik Kim, *God in Humanity: The Belief in Hananim and the Faith in God*. Chungmyung Verlag Seoul. 1992. pp.44-45.

16) 한민족의 사유 구조는 '하나'를 지향하고 '하나'가 되려는 강한 경향을 지니고 있다. 유교, 불교, 선교를 아우르는 현묘지도를 말한 최치원에게서, 불교의 모든 사상들의 차이를 넘어서서 원융무애의 진리에 이르려 했던 원효에게서 그리고 유교, 불교, 도교, 기독교, 무교를 아울러서 고유한 민족종교 사상들을 형성한 19세기 민족종교에서 이런 경향을 확인할 수 있다.

17) 한국 교회의 일치 운동에 앞장선 전병금 목사는 보수 정통 교단의 복음적 신앙, 진보 교단의 사회 참여와 역사 의식, 오순절 교단의 뜨거운 기도와 열정이 하나로 통전되어야 한다는 것을 강조한다. 김신국, 《미래를 준비하는 목회자들》, 신망애출판사, 1995. 163쪽.

18) 임승국 번역·주해, 《한단고기》, 정신세계사, 1998. 235~236쪽.

19) 유승원, 〈인터넷 시대, 성경학의 나아갈 길〉,《성경마당》 2000년 9월 호, 한국성경학
연구소. 6쪽.

20) 같은 글.

• 4장 장애인의 현실과 장애인 신학

1) 유교 경전은 사회의 주도적인 가치와 질서를 중심으로 가르침을 펼치므로 장애인에
대한 직접적인 관심을 보이지 않는다. 기껏해야 과부와 고아 같은 불쌍한 인간들을
어질게 대하라는 시혜적 자세를 보일 뿐이다. 유교 문화에서 장애인은 주변적 존재
또는 부끄러운 존재로 전락하기 쉽다. 이에 반해 장자莊子는 장애인을 중심에 내세워
기존의 가치관과 사고를 뒤집고 새로운 가치관과 사고를 제시한다. 김동성 역,《장자
莊子》, 을유문화사, 1974. 50, 53쪽 이하 참조.

2) 신용호, 〈한국장애인의 현황〉,《1993년 장애인 주일 자료집》, 한국기독교 교회협의회.
25~27쪽.

3) 권도용,《장애인재활복지 체계와 실태》, 弘益齋, 1995. 30~32쪽.

4) 신용호, 앞글. 27~28쪽.

5) 1991년에 보사부 재활과에서 발표한 '장애인복지현황'에 따르면 인구대비 장애인 출
현율은 세계 9.7%, 미국 14.5%, 독일 13%, 필리핀 9.0%, 일본 3.5%, 한국 2.2%이다.
신용호, 앞글. 26쪽 참조.

6) 김성재, 〈장애자 현실과 사회적 인식〉,《평등과 사회참여 장애자 현실과 교회교육》,
장애자문고 3집, 한국기독교교회협의회, 1989. 14~15쪽.

7) 같은 글.

8) 몰트만에 의하면 장애인의 재활 이전에 비장애인의 재활이 요구된다. 몰트만, 〈신이
오신다면〉, 일본 NCC 장애인과 교회문제 위원회 편,《장애인 신학의 확립을 지향하
여》, 한국기독교교회협의회 역, 한국기독교교회협의회, 1994. 49~50쪽.

9) David Anthony. "Second Bible Study Disabled Concerns Workshop" p.13.
presented at Christian Conference of Asia Workshop Disabled Concerns 23-
28 June 1993 Kuala Lumpur, Malasia.

10)《함께 걸음》, 1996년 12월 호, 장애우권익문제연구소, 14쪽.

11) 지난 20여 년 전부터 아시아기독교협의회와 세계교회협의회, 미국, 일본 등에서 장
애인에게 초점을 둔 성경 읽기와 신학적인 성찰이 시도되고 있다. 한국에서도 장애
인 신학에 대한 논의가 이어져 왔다. 최근에 한국기독교교회협의회에서 장애인 신
학의 정립을 시도하는 책이 나왔다. 이 책에서 예장 장애인복지 선교협의회장 최대
열 목사는 "드디어 장애인 신학의 때가 찼다"면서 장애인 신학의 역사와 전망을 자
세히 살피고 있다. 최대열, 〈장애인 신학의 역사와 전망〉,《장애 너머 하나님 장애인
신학 정립을 위하여》, 한국기독교교회협의회 정의평화위원회 장애인소위원회 엮음,
대한기독교서회, 2012. 14쪽 이하 참조.

12) 지극히 순수한 마음, 하나님의 마음으로 우리의 약함과 상처와 죄를 지셨기 때문에
그리스도는 우리 영혼의 중심에 들어 오셨다. 그리스도는 주님으로서 우리 영혼
의 중심에 사신다. 다른 어느 누구도 내 마음의 중심에 영원히 참되게 들어오지 못
한다. 아내도 자녀도 남편도 내 혼의 중심에서 내 짐을 대신 져주지 못한다. 아무리

위대한 인물이라도 나를 대신하지 못한다. 만일 다른 인간이 나의 죄짐을 대신 짊어지고 내가 내 죄짐을 다른 인간에게 맡긴다면 나는 비도덕적이자 비주체적인 인간이 된다. 다른 인간은 나를 대신할 수 없다. 그러나 하나님은 나보다 내게 더 가까운 분이시므로 나의 중심에서 나를 대신할 수 있다. 예수는 하나님의 마음으로 살고 죽었기 때문에 나의 중심에 들어와서 나를 대신할 수 있다. 하나님의 마음으로 살고 죽은 예수는 우리의 삶 속에서 우리와 함께 우리의 약함과 고난을 지고 계신다. 예수가 우리의 짐을 지고 신음하며 부르짖기 때문에 우리는 살아나고 힘을 얻고 생명의 기쁨과 축복을 얻는다. 우리의 죄와 죽음, 고난과 저주를 져주시는 예수가 있기 때문에 우리는 결코 외롭지 않고 홀로 망하지 않고 영원한 생명의 축복을 받는다. 예수 때문에 세상은 망하지 않고 충만한 생명을 누린다.

13) E. Zinn, Die Theologie des Friedrich Christoph Oetinger, Gütersloh, 1932, 118ff. J. 몰트만,《창조 안에 계신 하느님》, 김균진 옮김, 한국신학연구소, 1986. 288쪽 이하 참조.

참고문헌

1. 국내문헌

• 전집과 일지日誌

長空 金在俊牧師 기념사업회 간,《金在俊全集》1-18, 한신대학 출판부, 1992.

안병무 외 편,《咸錫憲全集》1~20권, 한길사, 1983~1987.

유영모,《柳永模 先生 말씀》다석일지 上(영인본), 김흥호 편, 1982.

김흥호,《다석일지공부》1~7, 솔, 2001.

• 단행본

권도용,《장애인재활복지 - 체계와 실태》, 弘益齋, 1995.

김경재,《解釋學과 宗敎神學: 福音과 韓國宗敎와의 만남》, 한국신학연구소, 1994.

김경재·김상일 편,《과정철학과 과정신학》, 전망사, 1988.

김상일,《한철학》, 전망사, 1979.

김지하,《님》, 솔, 1995.

김지하,〈생명〉, 솔, 1992,

김형수,《문익환 평전》, 실천문학사, 2004.

김흥호 편,《다석 유영모강의록 제소리》, 솔, 2001.

무심 편집,《온 세상은 한 송이 꽃 숭산 선사 공안집》, 현암사, 2001.

문익환,《하나가 되는 것은 더욱 커지는 일입니다》, 삼민사, 1991.

문익환,《목메는 강산 가슴에 곱게 수놓으며》, 사계절, 1994.

문익환,《통일은 어떻게 가능한가?》(학민글밭 16), 학민사, 1984.

박노해,《사람만이 희망이다》, 해냄, 1997.

박봉랑,《기독교의 비종교화 본회퍼 연구》, 범문사, 1975.

박봉랑,《敎義學方法論(II)》, 대한기독교출판사, 1987.

박영호,《다석 유영모》(上), 두레, 2001.

박재순,《한국생명신학의 모색》, 한국신학연구소, 2000.

박재순,《하나님 없이 하나님 앞에》, 한울, 1993. 2010.

박재순,《삶의 씨앗》, 대한기독교서회, 2001.

선순화,《공명하는 생명신학》, 선순화 신학문집출판위원회 편, 다산글방, 1999.

송주복,《朱子書堂은 어떻게 글을 배웠나》, 청계, 1999.

숭산문도회,《世界一花 산은 푸르고 물은 흘러간다》, 불교춘추사, 2001.

안병무,《역사 앞에 민중과 더불어》, 한길사, 1986.

양현혜,《윤치호와 김교신》, 한울, 1994,

유동식,《한국종교와 기독교》, 대한기독교서회, 1965,

유동식,《풍류도와 한국신학》, 전망사. 1992,

유영모,《다석 유영모 어록: 다석이 남긴 참과 지혜의 말씀》, 박영호 엮음, 두레, 2002.

이병도·최태영 공저,《한국상고사입문》, 고려원, 1989.

이준모,《밀알의 노동과 共進化의 敎育》, 한국신학연구소, 1994.

이태곤,《사람사는 이야기》, 함께걸음, 1994.

일본 NCC 장애인과 교회문제 위원회 편,《장애인 신학의 확립을 지향하여》, 한국기독교
　　교회협의회 역, 한국기독교교회협의회, 1994.

조영래,《전태일 평전》, 돌베개, 2001.

조흥윤,《巫와 민족문화》, 민족문화사, 1994.

주재용,《역사와 신학적 증언》, 대한기독교출판사, 1981.

채은하 편,《빗장을 여는 사람들》, 함께걸음, 1996.

천소영,《우리말의 속살》, 창해, 2000.

최남선,《불함문화론》, 정재승·이주현 역주, 우리역사연구재단, 2008.

최민홍,《한철학 한민족의 뿌리》, 성문사, 1984.

한국기독교교회협의회 정의평화위원회 장애인소위원회 엮음,《장애너머 계신 하나님
　　장애인 신학 정립을 위하여》, 대한기독교서회, 2012.

한국기독교역사연구소,《한국기독교의 역사》 II, 기독교문사, 1990.

한국기독교장로회 역사편찬위원회 편,《한국기독교 100년사》, 1992.

한우근,《韓國通史》, 을유문화사, 1970.

• 번역서

게르트 타이쎈·아네테 메르츠,《역사적 예수》, 손성현 옮김, 다산글방, 2001.

Dan. O. Via 편,《聖書硏究方法論》, 황성규 역, 한국신학연구소, 1983.

데이비드 호킨스,《의식혁명》, 이종수 옮김, 한문화, 1997.

J. 디자코모,《갈등하는 인간은 아름답다》, 박재순 옮김, 성바오로출판사, 1994.

디트리히 본회퍼,《윤리》, 손규태 역, 대한기독교서회, 1974.

디트리히 본회퍼,《창조, 타락, 유혹》, 문희석 역, 대한기독교서회, 1976.

마르틴 부버,《나와 너》, 표재명 역, 문예출판사, 1980.

J. 몰트만,《창조 안에 계신 하나님》, 김균진 옮김, 한국신학연구소, 1986.

스털링 P. 램프레히트,《西洋哲學史》, 김태길 외 공역, 을유문화사, 1963.

아놀드 토인비, 《文明의 研究》I, 홍사중 역, 東西文化社, 1978.

에드워드 윌슨, 《통섭》, 최재천·장대익 옮김, 사이언스북스, 2005.

鈴木範久, 《내촌감삼》, 김진만 역, 소화출판사, 1984.

존 도미닉 크로산, 《역사적 예수》, 김준우 옮김, 한국기독교연구소, 2000.

토를라이프 보만, 《히브리적 思惟와 그리스적 思惟의 比較》, 허혁 옮김, 분도출판사, 1975.

페터 아이허, 《신학의 길잡이: 신학연구입문》, 박재순 옮김, 대한기독교서회, 2002.

헨리 나우엔, 《예수님의 이름으로》, 두란노, 1998.

• 논문

고영완, 〈늦봄 문익환의 생애와 사상〉, 한신대학교 신학대학원 석사학위논문, 1994.

김교신, 〈조선지리소고〉, 《성서조선》, 1934년 8월.

金庠基, 〈東夷와 淮夷, 徐戎에 대한 연구〉, 《東方學誌》

김상일, 〈동학과 과정철학의 신관 비교〉, 《우원사상논총》, 강남대학교 우원사상연구소 편, 제11집/2002.

김성재, 〈장애자 현실과 사회적 인식〉, 《평등과 사회참여 장애자 현실과 교회교육》, 장애자문고 3집, 한국기독교교회협의회, 1989.

김이곤, 〈고난신학의 맥락에서 본 야훼신명연구〉, 《신학연구》 27, 한신대학신학부, 1986.

김종서, 〈종교학적 관점에서 본 한국교회사 연구〉, 국제학술심포지엄 자료집, 《한국교회사 연구의 과제와 전망》, 연세대학교 신과대학, 2002년 9월 6일.

김지하, 〈단군신화의 재해석〉, 《상고사교육의 현황과 문제점》, 민족정신회복시민운동연합 역사연구위원회 편, 4332.6.

김지하, 〈21세기에는 단군 사상이 인류를 구원한다〉, 《신동아》, 1999 봄.

김형효, 〈한국인의 사유범주에 대한 철학적 숙고〉, 《한민족 철학자 대회 1999: 한민족과 2000년대의 철학》, 1999년 8월 17~19일.

로저 윌리암슨(Roger Williamson), 〈실질적인 비무장 세계를 향한 15단계〉, 《정의·평화·창조질서의 보전 세계대회 자료집》, 한국기독교사회문제연구원, 1990.

사단법인 새누리장애인부모연대, 〈2011년 장애인 복지 예산 그 주요 내용과 문제점〉, 《주간부모연대 브리핑 31호》, 2010년 8월 3주, www.cafe.daum.net/gghope.

신용호, 〈한국장애인의 현황〉, 《1993년 장애인 주일 자료집》, 한국기독교교회협의회.

어니 레제르(Ernie Regehr), 〈세계군국주의의 현실〉, 한국기독교사회문제연구원 편, 《평화문제와 국제질서》, 자료모듬/No.83-01, 1983.

유동식, 〈한국민족의 영성과 한국종교〉, 《한국의 문화와 신학》, 기독교사상 편집부 편, 대한기독교서회, 1992.

유승원, 〈인터넷 시대, 성경학의 나아갈 길〉, 《성경마당》, 2000. 9, 한국성경학연구소.

이남영, 〈사상사에서 본 단군신화〉, 《韓國思想의 深層研究》, 韓國學시리즈 1, 도서출판 宇石, 1984.

이삼열, 〈평화운동의 이념과 평화연구의 과제〉, 《평화문제와 국제질서》, 회문제연구원 편, 자료모듬/No.83-01. 1983.

이을호, 〈단군신화의 철학적 분석〉, 《韓國思想의 深層研究》, 우석, 1984.

이형기, 〈에큐메니칼 신학은 무엇이고 어떻게 하는 것인가?〉, 한국기독교교회협의회 신학연구위원회 편, 《에큐메니칼신학과 운동》, 한국기독교교회협의회, 1999.

장병길, 〈제천·제정에 대한 사상〉, 《한국사상의 심층연구》, 우석, 1984.

정양모, 〈한국인의 예술정신〉, 《한민족 철학자 대회 1999: 한민족과 2000년대의 철학》, 1999년 8월 17~19일.

좌혜경, 〈복지예산 분석 2011년 경부예산안, 과연 친서민인가〉, www.newjinbo.org

2. 해외 문헌

David Anthony. "Second Bible Study Disabled Concerns Workshop" p.13. presented at Christian Conference of Asia Workshop Disabled Concerns 23-28 June 1993, Kuala Lumpur, Malasia.

Dietrich Bonhoeffer, *Widerstand und Ergebung*. München: Chr. Kaiser Verlag, 1970.

Dietrich Bonhoeffer, *Akt und Sein*. DBW Vol.2. München: Chr. Kaiser Verlag. 1988.

Dietrich Bonhoeffer, "The Church and Peoples of the World", *Gesammelte Schriften* 1. hrg. von E. Bethge Chr. Kaiser Verlag München, 1958.

Dietrich Bonhoeffer, "Kirche und Vülkerwelt", *Gesammelte Schriften*. 1. Chr. Kaiser Verlag München, 1958.

Dietrich Bonhoeffer, *Sanctorum Communio* hrg. von Joachim von Soosten.

Dietrich Bonhoeffer Werke hrg. von Eberhard Bethge, Ernst Feil... vol 1. München: Chr. Kaiser Verlag. 1986.

Dietrich Bonhoeffer, *The Way to Freedom*. ed. by E. Robertson, Letters, Lectures and Notes from Collections of Dietrich Bonhoeffer, Vol. II, London, Collins, 1966.

Dorothee Sölle, *The Window of Vulnerability: A Political Spirituality*. tr. by Linda M. Maloney. Fortress Press, 1990.

Dorothee Sölle, *Of War and Love*. tr. by Rita and Robert Kimber, Orbis Books, 1984.

Eberhard Bethge, *Dietrich Bonhoeffer-Theologe, Christ, Zeitgenosse*. Chr. Kaiser Verlag München, 1967.

Eberhard Bethge, *Dietrich Bonhoeffer*. N.Y. Harper & Row, 1970. p.15.

Eberhard Bethge, "Dietrich Bonhoeffer, Person und Werk", *Die mündige Welt I*. Chr. Kaiser Verlag, München, 1955.

Heinz-Horst Schrey, "Krieg IV", Theologische Realenzyklopädie Band XX.

Walter de Gruyer, 1990.

J. Pokorny, *Indogermanisches etymologisches Wörterbuch*. Bern, A. Francke Hg. 1969.

Karl Barth, *The Epistle to the Romans*. trans. by E.D. Hoskins, London, Oxford Univ., 1933.

Karl Barth, *Kirchliche Dogmatik Die Lehre von Der Versöhnung IV/1*. Evangelisher Verlag AG. Zollikon–Zürich 1953.

Karl Barth, *Kirchliche Dogmatik II/1*. Evangelisher Verlag AG. Zollikon–Zürich 1948.

Kenneth L. Woodward, "2000 years of Jesus", Newsweek. April 5. 1999.

Konrad Raiser, "Oikoumene", *Dictionary of the Ecumenical Movement*. ed. by Nicholas Lossky, etc. WCC Publications, William B. Eerdmans Publishing Co. 1991.

Kwang Shik Kim, *God in Humanity: The Belief in Hananim and the Faith in God*. Chungmyung Verlag Seoul, 1992.

Larry L. Rasmussen, *Earth Community, Earth Ethics*. Orbis Books, 1996.

Ren Descartes, *Discourse on Method*, tr. by Laurence J. Lafleur Indianapolis, 1956.

內村鑑三全集刊行委員會 編, 內村鑑三 全集 15卷, 東京, 岩波書店, 1980~1984.

3. 동양고전과 경전

공동번역 《성서》 개정판, 대한성서공회, 1999.

《近思錄》東洋古典新書 21, 朴一峰, 育文社, 1993.

《東洋의 智慧: 論語, 孟子, 中庸, 大學》世界文學全集 60, 차주환 역, 乙酉文化史, 1964.

《老子 道德經》, 남만식 역, 을유문화사, 1975.

《莊子》, 김동성 역, 을유문화사, 1974.

《한단고기》, 임승국 번역·주해, 정신세계사, 1998.

4. 사전

《그리스도교 大事典》, 대한기독교서회, 1972.

김민수 편, 《우리말 語源辭典》, 태학사, 1997.

서정범, 《國語語源辭典》, 보고사, 2000.

張三植 編, 《大漢韓辭典》, 博文出版社, 1975.

모름의 인식론과
살림의 신학

The Epistemology of Not
Knowing and the Korean
Theology of Life

2014. 11. 4. 초판 1쇄 인쇄
2014. 11. 10. 초판 1쇄 발행

지은이 박재순
펴낸이 정애주
곽현우 국효숙 김기민 김의연 김준표
김진성 박상신 박세정 박혜민 송승호
염보미 오민택 오형탁 윤진숙 임승철
정한나 조주영 차길환 한미영

펴낸곳 주식회사 홍성사
등록번호 제1-449호 1977. 8. 1.
주소 (121-885) 서울시 마포구 양화진4길 3
전화 02) 333-5161
팩스 02) 333-5165
홈페이지 www.hsbooks.com
이메일 hsbooks@hsbooks.com
트위터 twitter.com/hongsungsa
페이스북 facebook.com/hongsungsa
양화진책방 02) 333-5163

ISBN 978-89-365-1048-0 (03230)